우리는 가장 빠르고 확실하게 죽어가고 있다

인류세의 해법을 모색하는
재난시대 인문학

일러두기

1. 『우리는 가장 빠르고 확실하게 죽어가고 있다 1, 2』는 건국대 인류세인문학단의 "인류세 인문학" 총서 시리즈에 속한다.
2. 단행본은 겹낫표(『』)로, 시·기사·논문·보고서는 홑낫표(「」)로, 신문·잡지·학술지·음반·전시는 겹꺾쇠(《 》)로, 영화·텔레비전 시리즈·노래·만화는 홑꺾쇠(〈 〉)로 표시했다.
3. 인·지명 및 외래어 표기는 국립국어원 외래어표기법에 따랐다.
4. 외서 중 국내 번역 출간된 저서는 번역본의 제목을 따라 표기하였고 원제는 병기하지 않았다. 번역본이 없는 저서는 원제를 우리말로 옮겨 적고 원제를 병기하였다.

우리는 가장 빠르고 확실하게 죽어가고 있다 2

인류세의 해법을 모색하는 재난시대 인문학

ⓒ 건국대 인류세인문학단 2020

초판 1쇄	2020년 4월 16일		
지은이	건국대 인류세인문학단		
출판책임	박성규	펴낸이	이정원
편집주간	선우미정	펴낸곳	도서출판 들녘
편집진행	이수연	등록일자	1987년 12월 12일
디자인진행	한채린	등록번호	10-156
편집	김혜민·이동하	주소	경기도 파주시 회동길 198
디자인	김정호	전화	031-955-7374 (대표)
마케팅	전병우		031-955-7381 (편집)
경영지원	김은주·장경선	팩스	031-955-7393
제작관리	구법모	이메일	dulnyouk@dulnyouk.co.kr
물류관리	엄철용	홈페이지	www.dulnyouk.co.kr
ISBN	979-11-5925-533-5 (03300)	CIP	2020013954

이 도서의 국립중앙도서관 출판예정도서목록(CIP)은 서지정보유통지원시스템 홈페이지(http://seoji.nl.go.kr)와 국가자료공동목록시스템(http://www.nl.go.kr/kolisnet)에서 이용하실 수 있습니다.

'You have stolen my dreams and my childhood with your empty words,' climate activist Greta Thunberg has told world leaders at the 2019 UN climate action summit in New York. In an emotionally charged speech, she accused them of ignoring the science behind the climate crisis, saying: 'We are in the beginning of a mass extinction and all you can talk about is money and fairy tales of eternal economic growth - how dare you!'

UN secretary general hails 'turning point' in climate crisis fight
This video was relaunched on 24 September 2019 to reinstate a short segment of speech that was edited out in the original version

인류세의 얼룩들을 모색하는
재난시대 인문학

건국대 인류세인문학단 지음

차 례

재난시대 인문학의 역할을 돌아보며

45억 년 지구 역사에서 가장 엄중한 시기다. 지구 생태계 전체가 인간이 뿌린 재앙의 씨앗으로 몸살을 앓고 있으며 세계 곳곳에서 그 징후가 나타나고 있다. 무절제한 화석연료 사용으로 인한 탄소 배출 증가는 기후변화의 주범이 되었다. 줄어든 강수량에 고온 현상과 강풍이 합세하여 대형 산불도 빈번하게 발생하고 있다. 2019년 9월에 발생하여 2020년 2월에야 겨우 진압된 호주 산불이 대표적인 사례다. 지난해 푸에르토리코를 집어삼켰던 태풍도 기후변화와 밀접한 관련이 있다고 한다. 또한 많은 과학자들은 2020년 전 세계를 공포로 몰아넣은 코로나19와 같은 신종 바이러스가 창궐하는 원인 중 하나로 기후변화를 지목하기도 했다.

기후변화 외에도 핵실험으로 인한 방사능 확산, 넘쳐나는 플라스틱 쓰레기가 촉발한 해양 생태계 파괴, 치킨에 대한 인류의 열렬한 사랑을 반증하는 듯 지구를 뒤덮은 닭 뼈 등 인류가 지구 생태계에 초래한 위험 요소는 일일이 열거할 수 없을 정도다. 진정 우리가 인류세를 살고 있음을 실감하지 않을 수 없다. 이대로 가다가 인류는 금세기 내로 멸종할 것이다. 인류세는 인간 활동의 산물로서 인간에게 부메랑처럼 돌아오는 생태계 위기를 총칭하는 불명예스러운 이름이다.

인류의 대멸종을 막고 지구 생태계를 보존하기 위해서는 단편적인 처방에 그쳐서는 안 된다. 세계관 및 가치관을 대전환하여 인류세의 당면 과제를 자각하고 계몽에 앞장서야 할 때다. 먼저 인류세는 근대 휴머니즘의 인간중심주의에서 비롯되었다는 것을 깨닫고, 인간/비인간, 인공/자연, 서양/동양, 남자/여자, 정신/물질 등과 같은 폭력적인 이분법을 뛰어넘는 새로운 담론을 채택해야 한다. 우리는 비판적 포스트 휴머니즘critical post-humanism, 행위자-연결망 이론actor-network theory, 횡단신체성transcorporeality과 신유물론new materialism, 가이아 이론Gaia hypothesis 등의 사유 체계에서 이를 위한 새로운 철학 사조를 접할 수 있다.

이들 사유 체계는 인간과 비인간/자연, 즉 '나와 타자' 간에 근본적 구분은 없으며, 이 세상의 모든 존재는 서로 유기적이고 대등한 '관계'를 맺고 있다고 여긴다. 지구 공동체 가이아는 생동하는 거대한 연결망이며, 인간 역시 지구에 있는 모든 존재들과의 상호 긴밀한 관계 속에 존재한다. 즉 인간은 환경과 기술에 얽혀 있으면서 (자연물이든 인공물이든) 다른 지구의 구성원과 상호 관계하면서 살아가고 공진화하는 존재라는 것이다. 이때 자연물과 인공물 역시 인간과 마찬가지로 모두 매 순간 상호작용하며 '잠재적 행위자'로서의 역할을 수행하며, 자연이라는 거대한 공동체의 촘촘한 네트워크를 이룬다. 이러한 전환적 사고는 인류세 문제를 해결하기 위한 자연 중심적이고 생태학적인 접근을 가능케 한다.

두 권으로 출간되는 『우리는 가장 빠르고 확실하게 죽어가고 있다』1권 '인간이 만든 절망의 시대, 인류세'와 2권 '인류세의 해법을 모색하는 재난시대 인문학'은 모두 이러한 새로운 조류와 호응하는 내용으로 구성되어 있으며 인류세 인문학의 여러 쟁점들을 심도 있게 다루고 있다. 1권은 대체로 일반 독자를 감안하여 구성하였고, 2권은 일반 독자는 물론 인문학자나 관련 분야 연구자까지 고려하였음을 밝힌다.

이 책은 총 8개의 장으로 이루어져 있다. 1장은 언어를 살아 숨 쉬는 유기체와 같이 인식하며 언어 연구의 관점을 '언어 사용자'와 '언어 환경'의 긴밀한 관계로 재정립한 인류세 언어학의 여러 이슈를 논한다. 안희돈·조용준 교수는 인류세 언어학의 최근 동향으로 다면적 대화 분석, 다중언어 연구와 횡단언어, 비판적 담화 분석, 생태언어학, 포스트 휴머니즘 언어학 등의 연구를 고찰하고 언어 다면성, 언어 다양성, 언어 소멸, 언어 차별 문제를 살펴본다.

2장은 지구온난화 문제와 더불어 최근 몇 년간 우리나라의 기후 변화에 대하여 상술하고 그 심각성을 다시금 일깨운다. 최영은 교수는 실증적 연구에 기초하여 우리나라에는 현재 온대와 냉대 기후가 공존하고 있지만, 2100년에는 높은 산지 지형을 제외하고 전체 면적의 약 52퍼센트가량이 아열대기후형으로 변할 수도 있다고 경고한다.

3장은 인류세를 헤쳐가고 있는 북극 원주민 이누이트에 대한 다

큐멘터리다. 이승호 교수는 직접 북극을 답사하면서 이누이트와 면담한 기록과 관련 자료를 바탕으로, 이누이트가 아시아 대륙을 벗어나 북극으로 이주하게 된 경위와 어떻게 혹독한 환경에서 살아남을 수 있었는지 설명한다. 그리고 경험에서 얻은 지혜와 아름다운 전통으로 삶을 영위해왔던 이누이트가 오늘날 다른 인류로부터 어떤 영향을 받고 있는지, 최근의 급격한 기후변화 속에서 이누이트의 미래는 어떠할지에 대하여 살핀다.

4장은 현대 소비사회에서 발생하는 패키징문제를 인류세적 관점에서 재조명한다. 송치만 교수는 기업이 이윤을 위해 고안한 상품 패키징이라는 인공물을 소비자가 일상에서 아무 저항감 없이 소비하는 가운데 다량의 플라스틱 폐기물이 발생한다고 지적한다. 또 상품 기획에 영향을 미치는 개인의 현명한 소비만이 병들어가고 있는 지구를 조금이나마 살릴 수 있는 길이라는 사실을 환기하고, 기업과 소비자는 환경을 지켜내기 위해 협력적 관계를 맺어야 함을 강조한다.

5장은 인간이 환경에 적응해 만든 독특한 문화경관의 아름다운 도시 베네치아가 기후변화로 인한 해수면 상승과 폭우 등 이상기후로 위기에 빠졌다는 것을 조명한다. 인류세라는 시대적 상황은 환경과 문화를 바라보는 시각의 근본적인 변화를 요구한다. 김숙진 교수는 국제사회에서 환경 위기와 지속 가능한 발전이 의제화되었던 과정과 문화다양성 논의를 둘러싼 국제사회의 변화를 살펴봄으로써 환경과 문화의 접점을 찾는다.

6장은 고려 시대 대문장가 이규보의 문학 작품을 중심으로 인류세를 살아가는 인간에게 필요한 인문학적 상상력과 다른 종에 대한 공감과 연민을 논한다. 황혜진 교수는 다른 종에 대한 이규보의 생태적 사유와 감수성을 단계적으로 살펴보고 인간이 자기중심성을 벗어날 때 다른 구슬의 상을 제 안으로 받아들이는 '공감'이 가능하다고 말한다.

7장은 지구 생태 환경을 급격히 무너뜨려 결국 그 자신의 생존까지 위협하는 인간의 욕망을 그린 자오더파[趙德發]의 장편 소설『인류세人類世』를 다루었다. 당윤희 교수는 이 소설이 인간중심주의를 탈피하여 대자연에 대한 소중한 기억을 떠올리고 과거 인간과 자연이 공존하며 화합하였던 경험을 되찾기 위해 노력하고 있는 현대 중국 문학계의 일면을 보여준다고 설명한다.

8장은 인간이 먹이사슬의 최상위 포식자로 등장하면서 지금까지 유지되던 생태적 순환의 흐름이 끊기고 말았으며, 야생동물들은 대부분 멸종하거나 가축이 되어 공장식 축사에서 대량으로 사육되고 있음을 지적한다. 김종갑 교수는 로컬 푸드 운동만으로는 생태계를 회복하기에 부족하며 인간 역시 먹이사슬의 일부로 포함되는 근본적 변화가 필요하다고 역설한다.

이제 세계의 관심은 점점 인류의 생존과 지구 생태계 복원을 위한 인류세의 실천적 문제로 옮겨가고 있지만, 아직도 대한민국은 4차 산업혁명 담론에 매몰된 채 헤어나지 못하고 있다. 이는 아직 우리 사회에 인류세 문제에 대한 보다 체계적이고 통합적인 접근이 부족하기 때문으로 사료된다. 자연과학자의 역할이 인류가 지구 생태계에 끼친 영향을 객관적인 수치로 증명하는 데 있다면, 인문·사회과학자의 역할은 인류세의 심각성을 자각하여 문제 해결을 위한 처방적·실천적 대안 및 올바른 사회운동의 방향을 제시하는 것이다. 이를 위해서는 인문사회과학기술의 초학제적·융합적 연구가 병행되어야 한다. 본 "인류세 인문학" 시리즈는 이러한 취지로 모인 다양한 전공의 학자들에 의해 기획되었다.

이 책은 작년 이맘때 발족하여 공동 연구를 시작한 "인류세 인문학" 워킹 그룹의 작은 결실이다. 본 워킹 그룹의 전신과 지적 토대는 지난 몇 년간 이어진 건국대 몸문화연구소의 "포스트휴먼" 프로젝트에 기반한다. 특히 몸문화연구소의 포스트휴먼 총서 시리즈 중 하나인 『인류세와 에코바디』(필로소픽, 2019)는 인류세인문학단의 연구 단초이자, 이 책의 시발점이다. 『우리는 가장 빠르고 확실하게 죽어가고 있다』 두 권과 더불어 일독을 권유한다.

지난 1년간 인류세 인문학 연구 모임에 적극 참여하여 발표와 토론, 홍보 등을 통하여 직간접적으로 여러 가지 유익한 정보를 제공해준 김석, 김조천, 민동기, 서길완, 선우영, 심귀연, 심지원, 어양담, 오창섭, 원영선, 이관홍, 이승미, 이지용, 조천호, 주기화, 최은주, 최창모 선생님들께 진심으로 감사드린다. 그리고 무엇보다 기꺼이 『우리는 가장 빠르고 확실하게 죽어가고 있다 1, 2』의 필진으로 참여해주신 김숙진, 김운하, 김종갑, 당윤희, 서윤호, 송은주, 송치만, 윤지영, 이승호, 이형식, 임지연, 조용준, 최영은, 허정림, 황혜진 교수님들께 존경과 감사를

전한다. 아울러 본 연구를 물심양면으로 지원해준 건국대학교 2019 대
학혁신지원사업 PRIME Research Group 프로그램에도 사의를 표하며,
출판을 위해 힘써주신 도서출판 들녘의 이정원 대표님과 편집부의 노
고에 감사드린다.

2020년 4월

안희돈

01

안희돈 · 조용준

인류세 언어학의 쟁점

현대 언어학의 주류는 언어란 인류를 다른 동물과 구별하는 '인간의 정수human essence'라 규정하는 인간 중심적인 사고를 견지한다. 특히 놈 촘스키(Noam Chomsky, 1928~)로 대변되는 생성문법과 같은 형식언어학 이론은 언어학을 인지심리학으로 환원하고, 언어의 문제를 인지cognition의 문제와 밀접하게 결부해, 데카르트 등이 정립한 근대 이성주의 르네상스를 부활시켰다고 할 수 있다. 이러한 언어학의 조류는 소위 휴머니즘 철학에 기반하여 발전해온 것인데 최근 들어 휴머니즘에 대한 철학적 도전이 이루어지면서 언어학 분야 역시 새로운 조류의 도전을 받고 있다.

현대 철학에서는 최근에 이르러 휴머니즘에 대한 찬반 논쟁이 활발하게 일어나고 있는데, 특히 최근 인류세에 대한 고찰을 중심으로 휴머니즘을 극복하려는 경향이 등장하였다. 인류세Anthropocene란 명칭은 1980년대에 미국의 생물학자인 유진 스토머(Eugene Stoermer, 1934~2012)가 처음 사용한 것으로 알려져 있으나, 널리 전파된 것은 2000년 2월 멕시코에서 열린 지구환경 관련 국제회의에서 노벨화학상

수상자 파울 크뤼천(Paul Crutzen, 1933~)이 새로운 지질시대의 용어로[1] 공식 사용한 이후부터다.[2]

인류세란 1만 년 전 시작된 현 홀로세Holocene와 별개의 세(世; Epoch)로, 인간의 사고와 행동이 지구환경에 물리적 변화를 일으킬 만큼 큰 영향을 미치기 시작한 시점을 분리한 비공식적인 지질시대를 가리킨다. 이후 지구의 생태적 위기를 일컫는 용어로 인식되었는데, 인문학에서는 이러한 위기의 심층적 원인을 근대 이성주의에 기초한 휴머니즘으로 간주하기도 한다. 휴머니즘은 자연을 인간 세계와 비인간 세계로 분할하는 '이분화' 관념에 기반을 두고 있다. 따라서, 인류세적 전환으로 인간과 지구 생태계의 경계가 무너진 현실에서, 인간은 이제 자신이 지구의 지배자가 아니라 생태계의 일부임을 겸허히 인정해야 하며, 인본주의적 사고에서 탈피해야 한다고 주장하는 것이다.

이러한 사조를 '반휴머니즘anti-humanism' 또는 '포스트 휴머니즘 post-humanism'이라고도 한다. 포스트 휴머니즘을 트랜스휴머니즘과 혼동해서 쓰는 경향도 있는데, 트랜스휴머니즘은 포스트 휴머니즘과는 달리 반휴머니즘이라기보다는 휴머니즘을 인류의 경계를 넘어서 확대한 것이라고 할 수 있다. 이러한 용어상 혼란 때문에 순수하게 반휴머니즘적 성격을 나타내는 포스트 휴머니즘을 '비판적critical 포스트 휴머니즘'이라고 칭하기도 한다. 여기서 가정하는 인류세적 관점은 비판적

---

1   Crutzen, Paul, Stoermer, Eugene, The "Anthropocene", *IGBP* 41, 2000, pp.17-18.
2   김지성·남욱현·임현수, 「인류세(Anthropocene)의 시점과 의미」, 『지질학회지』 제52권 제2호, 2016, 163~171쪽.

포스트 휴머니즘과 동궤의 것으로 이해할 수 있다.

한편 이러한 사조에 호응하는 언어학 분야의 신조류를 주목할 필요가 있다. 에이나르 하우겐(Einar Haugen, 1906~1994)은 1970년에 '언어의 생태학ecology of language'이라는 패러다임을 제안하면서 인간의 마음과 다언어 공동체multilingual communities 속의 언어 관계를 생태학적 견지에서 분석하기 시작했다.[3] 이후 '생태학'이라는 개념이 언어학의 여러 분야에 급속도로 확산하기 시작하여 화용론, 담화 분석, 대화 분석, 인류언어학anthropological linguistics 등의 새로운 분야를 양산해냈다. 언어 습득이나 교육 이론 등에도 이러한 신조류가 퍼지면서 언어의 다양성 diversity과 역동성dynamicity 및 상호 연관성interrelationships을 생태학적인 원리로 새롭게 조명할 수 있었다. 특히 언어를 살아 숨 쉬는 유기체와 같이 인식하며, 언어 연구의 관점 역시 '언어' 자체의 문제라는 미시적 차원을 넘어 '언어 사용자'와 '언어 환경'의 긴밀한 관계라는 거시적 차원에서 주목하게 되었다.

한편 1990년대 들어 인류와 조화를 이루어야 할 지구환경이 악화되고 자연 생태계의 파괴가 주요 이슈로 부각하면서 언어 영역에서의 생태학적 관점도 새롭게 정립되었는데, 아란 스티브(Arran Stibbe)가 발전시키고 있는 '생태언어학ecolinguistics' 분야나[4] 알라스테어 페니

---

3   Haugen, Einar, The Ecology of Language: Essays by Einar Haugen, *The Ecology of Language*, in Dil, A. S. (ed.), Stanford: Stanford University Press, 1972.

쿡(Alastair Pennycook)이 제안하고 있는 '포스트 휴머니즘 응용언어학'[5] 등이 대표적인 예다. 이것들은 모두 인류세 생태계에 긍정적인 변화를 이끌어내려는 환경 운동에 호응하여 새로운 언어학적 관점을 제공하려는 시도로 볼 수 있다. 이들 신조류 언어학은 인간과 환경의 관계 속에서 언어의 통시적diachronic, 공시적synchronic 양상을 인간 중심적anthrophocentric이지 않고 생태 중심적인ecocentric 관점에서 탐구하는 이론들이다.

이러한 인류세적 관점에서의 언어 연구를 '인류세 언어학'으로 명명해보자. 인류세 언어학은 생태언어학적인 시각과 밀접하게 연결되는 것으로, 언어 구조의 본질적인 문제를 초월하여 언어 '사용'의 문제에 초점을 맞추고 있다. 특히 인간이 의사소통함에 있어서 언어 자체의 소리, 통사 및 의미 체계를 초월할 뿐 아니라, 그 언어가 쓰인 환경(주변 사물 포함) 외에 언어 참여자의 모든 행위(몸짓이나 시선 등의 비언어적 행위 포함)까지 총괄적으로 작용함에 주목하고 있다.

이러한 인류세적 언어 관점을 '분산 언어distributed language'라고도 칭하는데, (넓은 의미의) 언어를 내재화된 체계internalized system나 개개인의 독립적인 능력competence을 초월하여, 화자/청자와 발화 장소, 시간, 주변 환경 요소가 다면적으로 체화되고embodied, 포함되며embedded, 분산된distributed 유기체로 간주하는 것이다. 이러한 견해는 스티븐 카울리

---

4   Stibbe, Arran, *Ecolinguistics: Language, ecology and the stories we live by*, Routledge, 2015.

5   Pennycook, Alastair, *Posthumanist applied linguistics*, Routledge, 2018.

인류세 언어학의 쟁점

(Stephen Cowley)에 의해 부각하였는데[6] 로이 해리스(Roy Harris)의 통합언어학integrational linguistics과[7] 에드윈 허친스(Edwin Hutchins, 1948~)의 분산 인지distributed cognition[8] 연구와 맥을 같이한다고 할 수 있다. 가령 해리스의 통합언어학에서는 '언어' 자체가 항상 (넓은 의미의) 의사소통의 핵심core 역할을 하는 것은 아니라고 본다. 즉 몸짓과 대화자 주변의 모든 환경 요소가 언어 못지않게 의사소통에 중요하게 작용한다는 주장이다.[9]

여기서는 '인류세'를 단순히 지질학적 개념을 넘어 인류가 초래한 생태학적 위기에 대한 근본 철학과 담론을 지칭하는 용어로 사용하며, '인류세적 관점'이란 이러한 문제를 극복하기 위한 총체적인 철학/담론을 의미하는 것으로 간주한다. 또한 '인류세 인문학anthropocene humanities'은 인간도 다른 모든 유기체organism와 마찬가지로 자연이라는 하나의 커다란 체계에서 서로 유기적으로 영향을 주고받는다는 생태학적 사고와 인간 삶의 의미와 가치를 탐구하는 인문학을 결합한 것이라고 볼 수 있다. 즉 인류세 인문학에서는 인간을 그 자체로서 고립적으로 고찰하지 않고, 자연의 체계 및 환경과 유기적으로 연관하여 고찰

---

6   Cowley, Stephen, *Distributed language*, In S Cowley (Ed.), Amsterdam: John Benjamins, 2012, pp.1-14.

7   Harris, Roy, *Introduction to integrational linguistics*, Oxford: Pergamon, 1998.; Harris, Roy, *After epistemology*, Sandy: Authors Online, 2009.

8   Hutchins, Edwin, *Cognition in the wild*, Cambridge, MA: MIT Press, 1995.

9   Harris, Roy, Integrationism, language, mind and world, *Language Sciences* 26(6), 2004, pp. 727-739.

하는 학문이다.

　인류세 인문학의 화두 중 하나는 지구를 포함한 자연이 단지 물질
로만 인식되어서는 안 되고, 인류의 사회적 행동의 산물로 인지되어야
한다는 것이다. 이러한 견해는 브뤼노 라투르(Bruno Latour, 1947~)의 행
위자-연결망 이론Actor-Network Theory의 근본 명제와도 일맥상통한다고
볼 수 있다.[10] 라투르에 의하면 이 세상의 모든 개체는 사회적이든 자연
적이든 끊임없이 변화하는 상호 '관계' 속에 존재한다. 행위자-연결망
이론에서 가장 중요한 것은 비인간 행위자agent의 '행위성agency'인데,
행위성은 자유의지나 의도성과는 구분되는 개념으로 그 존재에 기인
한 차이가 발생하고 또 그 차이를 다른 행위자가 알아챌 수 있으면 인
간과 비인간의 구분 없이 행위성을 가진 행위자로 간주한다.

　라투르는 인간 객체들과 비인간 객체들에 모두 같은 자격을 부여
하면서 각각의 객체는 다른 객체들과 맺은 관계의 네트워크라고 주장
함으로써 민주적이고 생태적인 세계관을 제시한다. 따라서 사회란 인
간과 비인간의 구분이 없는 혼종 연결망heterogeneous network이라는 것이
행위자-연결망 이론의 핵심이라고 할 수 있다.[11] 이러한 견지에서는 지
구를 인간과 독립적인 감응 능력을 갖추고 있는 실재적 객체로 인지해
야 한다. 더 나아가 인간의 무절제한 '화석 자본주의' 활동이 초래한 기

10　Latour, Bruno, Translated by Catherine Porter, *We have never been modern*, Cambridge, MA: Harvard University Press, 1993.

11　Latour, Bruno, Translated by Catherine Porter, *Politics of nature: how to bring the sciences into democracy*, Cambridge, MA: Harvard University Press, 2004.

후변화 등은 지구 생태계 몰락의 징조를 나타낸다고 볼 수 있다. 인간을 포함한 자연의 독립적인 객체들의 생태(관계)적 균형이 무너지면서 제어할 수 없는 상태로 전환되고 있는 것이다.

근대화modernization란 사회과학에서 현대 이전 또는 전통에서 현대 사회로 가는, 진화하는 변화 모델을 가리킨다. 많은 사회과학자는 근대화를 자연으로부터의 해방, 즉 비인간(자연)과 인간(사회)의 분리로 이해했다. 다시 말해, 자연과 사회, 비인간과 인간을 분리하지 못했던 비합리적인 전근대인과는 달리 근대인은 이를 분리함으로써 합리성을 획득했다는 것이다. 그러나 라투르는 지난 수백 년간 우리는 주로 과학기술을 통해서 인간과 비인간(사물)을 끊임없이 결합하는 방향으로 역사를 이끌어왔다고 주장한다. 그리고 한 예로 오늘날과 같은 산업 문명이 등장하는 데는 석탄, 석유와 같은 비인간(사물)에 대한 의존이 필수불가결했음을 지적하고 있다. 유례를 찾아볼 수 없는 인류세 생태 위기는 그 파장으로 나타난 결과라는 것이다.

주지하다시피, 전근대 전통 사회에서는 '자연'이, 근대 산업사회에서는 '기술'이, 탈근대 지식사회에서는 '지식'이 인간의 주된 환경 층위로 인식되어왔다. 이들 세 요소를 넓은 의미의 환경 층위로 간주할 때, 모든 시대에서 자연, 기술, 지식의 세 층위가 서로 긴밀하게 얽혀 인간의 사회와 역사를 규정하는 힘으로 작용한다고 봐야 할 것이다. 특히 근대 산업혁명 이후 우리 인류는 기술의 산물, 즉 인간이 만든 여러 기기와 시설 등 자연을 가공한 물리적 인공 환경에 둘러싸여 살고 있다. 게다가 소위 3차 산업혁명이라 일컫는 정보화 시대에 접어들어서는 인터넷망으로 연결된 엄청난 양의 지식과 정보가 새로운 환경 층위로 우리의 일상을 지배하고 있다. 4차 산업혁명으로 대변되는 인공지능의 시대에는 사람과 사물 및 자연의 구분이 점점 모호해지고 이 모든 것들이 한 덩어리로 작동하는, 소위 초연결 시대로 접어들게 될 것이다. 따라서 오늘날 인류세 인문학의 핵심 쟁점은 인류가 자연, 기술, 지식 등과 같은 다차원의 환경에서 어떻게 조화롭고 지속 가능한sustainable 삶을 영위할 수 있는가 하는 문제와 밀접하게 연관되어 있다. 특히 근대주의 전통의 인간중심주의를 과감히 청산하고 비근대적인 탈인간중심주의, 즉 자연·생태 중심주의적 세계관을 확산·심화하는 것만이 무너져가고 있는 지구 생태계를 복원하기 위하여 인류세 인문학이 영도해야 할 당면 과제라고 할 수 있다.

페터 슬로터다이크(Peter Sloterdijk, 1947~)는 휴머니즘이 문자를 통한 소통에 기초하며, 문자화된 것, 다시 말해 텍스트를 통해 시간과 거리를 초월하여 사람들 사이에 지식이 전달되고 가치가 교육되는 방식으로 지탱되어왔다고 본다. 즉 문자가 발명되고 기록이 일상화되면서 기존에 오로지 몸과 마음으로만 기억해야 했던 정보나 상념들이 글이라는 가시적이고 고정된 형태로 전환되는 새로운 언어문화가 탄생한 것이다. 이러한 휴머니즘 시대의 문자 문화가 인류사 문명 발전에 크게 이바지한 것은 부인할 수 없는 사실이나, 동시에 문자 기록 시스템은 '인지구조에 충실한 담화 축'을 약화하는 현상을 낳았다고도 볼 수 있다.[12] 따라서 문어가 구어보다 존중되고 문자로 기록할 수 없는 다양한 비언어적인 소통 수단은 상대적으로 언어학 연구에서 소홀히 취급될 수밖에 없었다. 그러나 인간의 의사소통은 언어를 둘러싸고 있는 환경(사물)과 언어 사용자의 모든 행위에 영향을 받는다. 따라서 이를 모두 포함한 다면적multimodal 언어 행위를 체계적으로 분석할 때 비로소 의사소통의 본류를 파악할 수 있을 것이다. 이것이 인류세적 관점에서의 포스트 휴머니즘적 생태언어학의 정수라고 할 수 있다.

인류세적 관점은 인간 중심의 휴머니즘을 전면적으로 부정하는데, 특히 인간 대 동물, 인간 대 사물, 인간 대 자연 등과 같은 이분법적 사고를 지양하고 다른 유/무기체와 구분이 없는 자연의 일부로서 인류를 조명한다. 동일한 맥락에서 인류세적 언어관, 즉 인류세 언어학은 언어적 요소 대 비언어적 요소(제스처, 시선, 주변 환경물 등)의 구분이 없이 모든 요소를 의사소통에 있어 중요한 것으로 간주한다. 인류세 언어학적 담론은 언어의 다면성과 더불어 언어 다양성 보장과 언어 평등성 실현에도 주목한다. 이것은 인류세 인문학에서 지향하는 지구 생명체의 다양성 보존과 사회·경제적 불평등 해소와 맞닿아 있다. 생명체의 다양성이나 멸종 위기 등은 일반적으로 문화의 다양성이나 소멸 등과 운명 공동체로 인식되는데, 그 연장선에 언어 다양성과 소멸 역시 포함될 수 있다.

윌 스테판(Will Steffen, 1947~) 호주국립대 석좌교수는 작년에 한국

---

12   신동흔, 『스토리텔링 원론』, 아카넷, 2018, 37쪽.

에서 한 강연에서 "인류세 문제를 직접적으로 촉발한 것은 인류 전체가 아니라 화석 연료를 사용하는 특정 인류이며 이들이 더 많은 책임을 져야 한다"고 역설한 바 있다. 그는 불평등이 인류 사회뿐만 아니라 인류세 전반에 악영향을 미치고 있음을 지적했다. 언어 차별도 이러한 불평등 세계의 부분집합이다. 지금부터 언어의 다면성, 언어의 다양성, 언어의 소멸, 그리고 언어의 차별 문제를 인류세 언어학적인 관점으로 살펴볼 것이다.

다면적 대화 분석의 필요성

인류세 언어학에서 강조하는 (소리) 언어와 몸짓gesture, 주변 상황과의 연계성을 총체적으로 고찰하려는 연구 방법론 중 하나가 소위 다면적 대화 분석multimodal conversation analysis이다. 다면적 대화 분석은 말 그대로 대화 분석에서 '다면성multimodality'을 고려하고자 하는 이론이다.

하비 색스(Harvey Sacks, 1935~1975)에 의해 1960년대부터 시작된 대화 분석 이론은 "사회적 행위의 구조적 체계성"을 찾고자 하는 이론이다. 자연적 대화 자료를 분석하여 사회적 상호작용 과정에서 대화 참여자들이 취하는 상대방의 말에 대한 정향성을 연구한다.[13] 초기 이론은 주로 언어적 행위에 초점을 두었으나, 1980년대 후반부터 영상 녹화가 대중화되면서 언어학 및 사회적 상호작용 연구자들은 체화embodiment에 대해서도 관심을 가지게 되었다. 이러한 이른바 '체화적 전환embodied turn'이 일어난 이후 비언어적 행위에 대해서도 상당한 연구가 이루어지고 있다. 이는 비체화적 성격을 지닌 데카르트주의Cartesianism에 대한 비판으로서 사람들에게 체화된 의사소통 방식에 대한 고려를 포함한다. 이때 체화란 '다면성'의 다른 이름으로서, '가리킴'이나 '손 흔들기'와 같은 손과 팔의 움직임, 시선 방향, 몸의 자세 및 정향성orientation, 얼굴 표정, 특정 신체 부위의 위치와 움직임, 장소 이동 시 온몸의 움직임, 손과 신체의 움직임, 주위 환경, 다른 참여자, 도

---

13   김규현, 「대화분석」 『담화분석』 종합출판, 2016.

구 활용에서의 행위 등 우리의 몸에 관련된 모든 측면을 포괄한다.

　대화 분석에 있어 체화의 중요성은 여러 선행 연구에서 지적되어 왔을 뿐 아니라 경험적 증거도 상당히 축적되어 있다. 우리가 무언가를 요청할 때 그에 대한 수락 반응은 대답 대신 요구받은 행위를 직접 수행함으로써 비언어적으로 이루어지기도 한다. 칭찬에 대한 반응 역시 손이나 고개를 젓는 등의 비언어적 행동을 통해 나타나기도 한다. 같은 언어 기능을 언어적으로도, 비언어적으로도 수행할 수 있는 것이다. 소르조넨(Marja-Leena Sorjonen)과 라에바아라(Liisa Raevaara)는 대화 참여자 간 거리가 언어 선택에 영향을 준다는 연구 결과를 제시했다. 점원에게 담배를 요청하기 위해 카운터에 접근할 때, 고객의 언어는 완전한 절의 형태를 취한다. 하지만 카운터 앞에 도착한 뒤에는 명사구의 형태를 보인다고 한다. 또한 대화 중 한 사람의 이야기가 길어지면, 청자는 내용에 대한 판단 없이 단순히 청취하고 있음을 표현하는 '응' 혹은 '예'와 같은 언어적 반응 표지와 고개 끄덕임 같은 비언어적 반응 표지를 자주 보이게 된다.[14] 스타이버스(Tanya Stivers)에 의하면, 이 경우 이야기의 시작과 중간 부분에서 이 두 반응 표지는 기능을 서로 달리하는데, 언어적 반응 표지는 단지 이야기를 청취하고 있으니 계속 진행하라는 표시 정도의 역할을 하지만, 비언어적 반응 표지는 발화에 드러나는 화자의 감정이나 태도에 동조하는 역할을 한다. 그러나 이야기의 종결부에 이

14　Sorjonen, Marja-Leena, Raevaara, Liisa, On the grammatical form of requests at the convenience store, In P. Drew & E. Kuhlen (Eds.), *Requesting in social interaction*, Amsterdam: John Benjamins, 2014, pp.243-268.

르면 이와 같은 기능 분화는 나타나지 않는다.[15]

한국어 대화 분석에서도 다면적 분석이 유효하다는 여러 경험적 증거들이 제시되었다. 한국어 의문문에서의 시선 처리를 연구한 조용준·이주연·안희돈은 평서문(혹은 서술문)보다 의문문에서 상대방에 시선이 집중되는 정도가 더 높다고 밝혔다. 이는 발화 행위 후 청자의 반응을 기대하는 화자의 심리와 연결되어 있다. 의문문은 화자가 아는 어떤 사실이나 의견을 단순 서술하는 평서문보다 청자의 응답이나 반응에 대한 필요가 크기에 시선 집중도 역시 더 높은 것이라고 볼 수 있다.[16]

그런데 한국어 종결어미 중 상황에 따라 문장 유형이 결정되는 경우가 있다.

비가 왔어.

종결어미 '-어'로 끝나는 위의 발화는 문장 끝에 억양을 올리면 의문문으로 이해되지만, 그러지 않으면 평서문으로 이해된다. 이런 어미를 소위 통용 종결어미라 한다. 그런데 통용 종결어미로 끝난다 해도 중간에 '언제'와 같은 의문사가 끼면 대체로 의문문으로 해석될 가능

---

15 Stivers, Tanya, Stance, alignment, and affiliation during storytelling: When nodding is a token of affiliation, *Research on Language and Social Interaction* 41(1), 2008, pp.31-57.

16 조용준·이주연·안희돈, 「인류세에서의 다면적 대화분석의 전사 원칙」, 『통일인문학』 제80집, 2019, 287~332쪽.

성이 크다. 조용준·이주연·안희돈의 앞의 연구에 따르면 통용 종결어미로 실현되는 의문문(71.4%)이 의문형 어미로 끝나는 의문문(58.3%)보다 더 높은 시선 집중도를 보였으며, 같은 통용 종결어미 의문문이라 해도 의문사가 없는 경우의 시선 집중도(74.4%)가 있는 경우(65.1%)보다 상대적으로 높았다. 언어 행위와 비언어 행위가 서로 공조하여 화자와 청자의 상호작용에 영향을 주는 것이다.

조용준·안희돈의 혼잣말 연구 역시 대화 분석에서 다면적 접근의 유효성을 보여주는 예이다.[17] 혼잣말은 아무도 없는 상황에서 발화되기도 하지만, 상대방이 있는 상황에서도 이루어질 수 있다. 그래서 종종 특정 발화가 혼잣말인지 대화의 일부인지 가려내기 어려워지는 상황이 발생할 수 있다. 특히 청자를 의식하며 반응을 끌어내기 위해 발화하는 혼잣말과 그렇지 않은 혼잣말의 경우, 그 언어적 측면만을 고려하여서는 구별하기가 매우 어렵다.

이에 조용준·안희돈은 방송이라는 공적 대화에서의 혼잣말을 연구하여, 상대방의 반응을 요구하는 혼잣말이 그렇지 않은 혼잣말에 비해 상대방에 대한 시선과 고개 방향의 집중도가 상대적으로 높다는 것을 제시하였다. 이 또한 상대방의 반응이라는 요인을 위해 비언어적 행위가 결정되는 양상을 보여주는 사례다. 청자의 입장에서는 언어적 행위뿐만 아니라 비언어적 행위를 관찰함으로써 화자의 의향을 바로 파악할 수 있다는 점에서, 대화 분석에서 다면적 고려가 필요하다는 것이다.

---

17 조용준·안희돈, 「인류세적 관점에서의 다면적 대화분석 방법론 - 혼잣말을 중심으로-」, 『우리어문연구』 제66집, 우리어문학회, 2020, 301~335쪽.

다중언어, 어떻게 바라볼 것인가?

현대사회와 현대인을 규정짓는 특징 중 하나는 다중언어이다. 생각해 보자. 조선 시대까지는 한평생 한 언어, 혹은 한 방언만 사용하는 사람들이 대다수였다. 그러나 교통과 통신이 발달하고 대중 교육의 수준이 높아지면서 두 개 이상의 언어를 사용할 수 있는 사람들이 많아졌다. 매일 외국어를 말하고 듣는 정도까지는 아니라 해도, 우리는 일상용품과 거리에서 접하는 안내판과 광고, 인터넷 등에서 끊임없이 다중언어에 노출되어 있다. 물론 언어는 가독성readability이 중요하기에 대체로 서너 개의 언어로 국한되는 경우가 많긴 하지만 말이다. 예를 들어 우리나라의 경우 예전에 비해 일본어와 중국어도 쉽게 접할 수 있게 되긴 했지만, 여전히 영어 노출이 더 많다. 그러나 이는 한국 사회 언어 지형도의 극히 일부에 불과하다. 외국인이 단기 혹은 장기로 이주하여 집단적으로 거주하는 외국인 밀집 지역에서는 앞서 언급한 3개 언어 외에도 베트남어, 태국어, 우즈벡어 등 다양한 언어가 사용되고 있다.

이와 같은 현대사회의 다중언어적 양상은 언어 경관linguistic landscape 및 사회언어학적 대중문화 연구를 통해 쉽게 관찰할 수 있다. 언어 경관이란 공적 공간에서의 언어를 말하는 것으로서 도시 경관을 이루는 도로 표지판, 안내표지, 광고물, 간판 등의 언어적 양상을 말한다. 길거리나 상점에서 쉽게 볼 수 있는 외국어 간판을 통해 우리는 언어 경관에서의 다중언어성이 점점 심화하고 있음을 알 수 있다. 이들 언어 경관의 특징은 일반인도 쉽게 이해할 수 있는 수준의 외국어를 사

 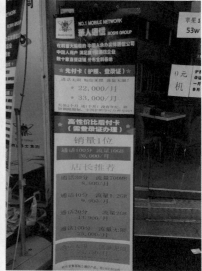

— 커피숍 내 게시판의 모습.　　　　　— 중국인 밀집 지역 내 상점 광고물.

용하거나, 외국어를 장식 용도로 활용한 경우가 많다는 것이다.

　　왼쪽 사진에 있는 커피숍의 게시판을 보면 'Sweet Holiday' 'Coming Soon' 'Holiday with CoffeeBean'처럼 누구나 비교적 쉽게 이해할 수 있는 영어 표현을 장식적으로 활용하고, 세부적인 내용은 한글로 설명하고 있다. 해당 안내물이 외국인을 위한 것은 아님을 보여주는 것이다. 그러나 외국인 밀집 지역에 들어가면 상황은 달라진다. 오른쪽 사진은 서울 모처 중국인 밀집 지역 내에 있는 한 상점의 광고물이다. 주 고객이 중국인이다 보니 세부 사항까지 모두 중국어로 기술되어 있는 것을 볼 수 있다.

　　광고, 영화, 드라마, 대중가요, 블로그, SNS 등 대중문화 혹은 일반 문화에서의 언어 양상을 관찰해봐도 다중언어성을 쉽게 확인할 수 있다. 대중가요를 일례로 들어보자. 예전 대중가요에는 코드 전환code-switching이 드물었지만, 최근의 K-팝에서는 코드 전환을 심심찮게 찾아볼 수 있다. 코드 전환이란 두 언어를 전환하며 사용하는 양상을 가리키는데, 크게 문장 간 코드 전환과 문장 내 코드 전환으로 나뉘어진다. 문장 간 코드 전환이란 한 문장 안에서는 하나의 언어만 사용하고, 이어지는 문장에서 다른 언어를 사용하는 것이다. 반면 문장 내 코드 전환은 한 문장 내에서 두 언어를 번갈아가며 쓴다.

예시를 통해 알아보자. 다음은 방탄소년단의 〈작은 것들을 위한 시〉 가사 중 일부이다.

모든 게 궁금해 how's your day
Oh tell me (oh yeah yeah, ah yeh ah yeh)
뭐가 널 행복하게 하는지
Oh text me (oh yeah yeah, ah yeh ah yeh)

Your every picture
내 머리맡에 두고 싶어 oh bae
Come be my teacher
네 모든 걸 다 가르쳐줘
Your one, your two

위의 가사는 한국어와 영어를 번갈아 쓰고 있는데, 한국어의 큰 틀 안에 영어를 섞어 쓴 예이다. 보다 구체적으로 살펴보면, '뭐가 널 행복하게 하는지 나에게 문자해줘'라고 말하고 있는 가사의 두 번째 문장은 뒤의 두 어절을 'text me'라는 영어로 전환해 사용했다.

이처럼 코드 전환이 증가하고 있다는 것이 최근 한국 가요의 특징이다. 문장 내 코드 전환도 빈번하다. 1980년대부터 2010년대까지 연도별 인기 100순위 안에 들었던 곡들 중 총 400곡의 가사를 살펴본 결과, 1980년대에는 오직 1곡만이 한국어-영어 간 코드 전환을 보여주었으나, 1990년대에는 5곡, 2000년대에는 47곡, 2010년대에는 66곡으로 꾸준히 증가하고 있다.

이러한 경향은 광고에서도 마찬가지이다. 다음 사례를 보면 광고에서도 외국어를 빈번하게 사용하고 있음을 알 수 있다.

1억 800만 화소 이미지 센서와 얇은 두께를 유지하면서도 고배율 촬영이 가능한 폴디드 렌즈를 통해 10배 하이브리드 광학 줌을 구현합니다.

원단만 보아도 감탄이 절로~ 자카르 기법으로 연출한 실키한 원단 위로 페더 디테일을 가미해 고급스러움의 깊이가 급이 달라요! - 샤르망 플라워 실루엣 페더 레이스 블라우스 다중언어 양상을 어떻게 해석하고 평가할 것인가? 과거 한국 사회에서 영어는 주로 장식 용도로 활용되었다. 물론 지금도 그런 측면이 없지는 않으나 앞에 예시로 든 가사나 광고 문구는 어느 정도의 유창성이 뒷받침되는 다중언어 화자가 아니라면 해독하기 쉽지 않은 사례이다. 한국 사회에 다중언어성이 심화하고 있는 것이다.

나아가 이는 언어를 혼용하면서 공유된 시대와 공간을 특징짓는 언어 정체성identity을 구현하는 것이라고 볼 수 있다. 인류세 언어학의 거시적 담론으로 조명해보면, 이러한 하이브리드적 언어 양상은 '횡단 언어translingualism'와 일맥상통한다. 횡단언어란 "언어, 정체성, 문화 사이를 복잡하고 예측할 수 없는 방식으로 가로지르고 관통하면서 이들의 '단일성'을 끊임없이 교란하는 언어의 양상에 주목하고, 또 그 양상을 최대한 드러내주는 방식으로 언어를 사용하는 것"을 의미하며 "언어적 차이를 극복해야 하는 장벽, 혹은 관리되어야 하는 대상으로 인식하기보다는 쓰기, 말하기, 읽기, 듣기의 과정 속에서 의미를 창출하는 하나의 자원"으로 인식한다고 한다.[18]

언어는 살아 있는 유기체이며, 그 수행은 특정한 규범에 얽매이지 않고 모든 생태적·다면적 자원을 활용한다고 보는 점에서 이러한 견해는 인류세적 언어관과도 상통한다. 다음에 논의할 언어 소멸과 언어 차별 등도 이러한 생태주의적 관점에서 새롭게 접근해가야 할 것이다.

---

18 신동일·박수현·김가현·조은혜·심우진, 『접촉의 언어학, 다중언어사회의 교육과 정책』, 커뮤니케이션북스, 2017.

사라져가는 언어들

세상에 존재하는 자연 언어는 줄잡아 7,000여 개에 달하는데, 전 세계 인구의 95퍼센트가 이 중 400여 개 언어에 집중되어 있다. 나머지 대다수는 세계 인구의 5퍼센트밖에 사용하지 않는 언어인 것이다. 특히 세계 인구의 삼 분의 일가량은 영어, 중국어, 스페인어, 아랍어 등을 사용하는데, 최근 수 세기에 걸쳐 영어의 영향력이 점점 증대되어 영어 사용자만 약 15억 명에 달한다. 어느 국가나 사회에 가든지 영어의 점유력이 점점 커져가고 있는 것을 확인할 수 있다. 상황이 이렇다 보니 2주에 1개꼴로 언어가 소멸하고 있으며, 약 18개의 언어는 그 사용자가 단 한 명밖에 남지 않았다고 한다. 결론적으로 현존하는 언어 중 상당수가 소멸할 운명에 처하며 언어적 다양성이 위기를 맞게 된 것이다.

이는 인류세를 규정짓는 요인 중 하나인 생물 다양성의 위기에 준하는 모습이다. 이제까지 지구에는 백악기 공룡의 멸종을 포함해 총 5차례의 대멸종이 일어났다고 하는데, 지구상에 존재하는 생물종의 최소 75퍼센트 이상이 멸종했다고 봐도 과언이 아닐 정도로 광범위한 대멸종이 있었던 것으로 알려져 있다. 한편 미국생물다양성센터는 인류세에 접어들면서 지구온난화, 서식지 감소 등으로 현재 지구에서는 6차 대멸종이 진행되고 있다고 분석했다. 더불어 하루에도 10여 종이 멸종하는 현재 대멸종의 진행 속도는 과거 대멸종의 1000배에서 1만 배에 달한다고 추정하기도 하였다. 반면 인류는 유난히 폭발적인 성장을 거듭하여, 불과 18세기만 해도 7억 명에 불과하던 세계 인구가 현재는 70

억 명을 넘어섰다.

작금의 언어계 멸종 속도도 생물계 멸종 속도와 별반 다르지 않다. 세계화Globalization가 촉발되고 사회·문화적 동질화가 가속되면서 소수 언어는 유례없는 속도로 소멸하고 있다. 그 결과 언어가 획일화되어 언어적 다양성이 파괴되고, 그로 인해 우리의 소중한 문화유산까지 함께 사라지는 비극이 일어나고 있다. 이는 한 언어를 구성하는 방언의 경우에도 마찬가지여서 방언적 다양성 또한 위기에 처한 상황이다. 마치 시장의 논리를 앞세우는 신자유주의가 지구촌 생태계를 함부로 파괴하여 생명체의 다양성을 위협하는 동시에 저개발국의 문화를 침식하고 있는 것과 같은 맥락이다. 우리가 생태학적 다양성의 가치를 근거로 생태계 멸종 위기종을 보호해야 한다고 주장할 수 있듯이, 소수 언어를 보호하고 언어의 다양성을 유지해야 하는 이유 또한 같은 맥락에서 이해할 수 있다.

재러드 다이아몬드(Jared Diamond, 1937~)는 저서 『어제까지의 세계』에서 언어 다양성과 상관관계가 있는 생태적 요인으로 위도, 기후 변화, 생물학적 생산성, 지역별 생태학적 다양성 등을 언급한다.[19] 그는 기후변화가 심한 지역일수록 언어 다양성이 감소하고 생태적으로 다양한 지역일수록 언어 다양성이 증가했음을 지적하고 있다. 언어 다양성에 영향을 미치는 생태적 요인을 포괄적으로 고찰한 것이 매우 흥미롭다. 물론 생태적 요인들 외에도 사회·경제적이고 정치적인 요인들

---

[19]   Diamond, Jared, *The world until yesterday: What can we learn from traditional societies?*, London: Allen Lane, 2012.

이 언어 다양성에 영향을 미치고 있다.

요하나 니콜스(Johanna Nichols, 1945~)에 의하면, 언어 다양성에 영향을 주는 지리적 구분으로는 한 어족의 언어 부류가 퍼져나가는 '확산 지역spread zone'과 많은 다른 어족의 언어들이 보존되는 '잔여 지역 residual zone'이 있다고 한다.[20] 언어 확산 지역은 침략하기 쉬운 지역으로 인도유럽어나 터키어가 퍼져 있는 중앙 유라시아가 대표적인 예다. 반면 잔여 지역은 산악 지대 등 외부 집단이 침략하기 어려운 지형이어서, 이 지역의 언어들은 원래의 어족으로 오랫동안 유지될 수 있다고 하며 뉴기니와 코카서스 지역의 언어들이 이에 해당한다. 언어 잔여 지역은 마치 빙하기에도 비교적 기후변화가 적어 다른 곳에서는 소멸한 생물종들이 생존하여 번성할 수 있었던 레퓨지아refugia와 같다. 오늘날의 인류세 위기가 바로 인간이 초래한 지구 생태계 레퓨지아 파괴에서 비롯한 것처럼, 세계화의 흐름 속에 지역과 국경을 초월하여 전파되고 있는 영어를 위시한 소위 '세계 공용어'들의 침략이 언어 레퓨지아를 파괴하고, 언어 생태계를 무너뜨려 언어 다양성을 소멸하고 있다는 것이다.

한 언어가 사라지면 그 언어로 표현된 문학, 문화, 전통 및 인류가 참조할 지적 기반도 점차 사라지게 된다. 빙하기 도래, 대규모 지각 변동과 화산 폭발, 운석 충돌과 같은 자연재해에 의한 멸종이 아닌, 인간의 산업 활동에 의한 기후변화나 자연 파괴 등에 의한 생명체 소멸은

---

20   Nichols, Johanna, *Linguistic diversity in space and time*, University of Chicago Press, 1992.

우리가 자각하면 막을 수 있다. 마찬가지로 언어의 소멸은 자연재해에 기인한 것이 아니기에 우리가 막을 수 있고, 또 막아야만 한다는 것이 인류 전체의 정치·사회적 책임이다.

유엔은 2019년을 국제 토착어의 해International Year of Indigenous Languages로 명명하고 소멸해가는 언어endangerd languages 보호 운동에 앞장서기 시작하였다. 그만큼 인류의 소중한 자산인 언어를 보존하여 인류가 거둔 지적 성과의 백미를 전승하려는 것이다. 개개인이 이에 동참할 수 있는 방법은 그리 어렵지 않다. 재러드 다이아몬드가 제안하듯이, 자녀들을 이중언어나 다중언어 사용자로 키우는 것이다. 이중언어 또는 다중언어 사용은 아이들의 사고력을 향상하고 삶을 풍요롭게 해준다는 점에서 장기적으로 이익이라는 게 최근의 여러 연구에서 증명되고 있다. 특히 아동심리학자들은 두 가지 이상의 언어를 구사하는 어린이들이 하나의 언어만 구사하는 어린이들에 비해 더 뛰어난 소통 능력을 보이고 문제 해결과 같이 정신적으로 부담이 큰 활동에 필요한 인지 집행 기능executive function에서도 더 뛰어날 수 있다고 밝혔다.[21]

---

21   Liberman, Zoe, Woodward, Amanda, Keysar, Boaz, Kinzler, Katherine, Exposure to multiple languages enhances communication skills in infancy, *Developmental Science* 20(1), 2017, pp.1-11.

비판적 담화 분석,
언어 차별의 이데올로기를 밝혀내다

한편 언어적 다양성이 확대될수록 차별문제가 발생할 수밖에 없다. 다양한 개체들 중 사회적 서열을 정하듯이, 언어적 우열 역시 구분되기 때문이다. 언어적 우열의 구분은 밖으로 향할 수도 있고 안으로 향할 수도 있다. 우세형high prestige과 비우세형low prestige으로 나뉜 기준이 사회적으로 고착되면 끊임없이 확대·재생산 과정을 거치게 된다.

인간중심주의와 사회적 불평등은 은연중 말에 반영될 수밖에 없고, 이 말은 다시 자연스럽게 인간중심주의와 불평등을 강화하는 방향으로 작용한다. 이러한 인식과 불평등을 해소하는 방법 중 하나는 은연중 발화되는 파괴적인 담화, 곧 언어 차별을 인지하고 우리에게 유익한 담화가 삶에 광범위하게 적용되고 통합될 수 있도록 하는 것이다.

한국 사회에서 언어 차별은 다양한 양상을 띤다. 혹자는 그중 하나로 높임법을 들고, 높임법 자체가 한국 사회에 차별과 억압을 조장하여 한국인들이 서로 대등한 인격체로 살아가는 데 근원적 걸림돌로 작용한다고 주장하기도 한다. 이런 인식 아래 선생님과 학생 사이에 반말을 사용하도록 하는 실험적인 유치원이 생겨나기도 했다.

사실 한국 사회에서 높임법 사용으로 인하여 사람 사이의 긴장과 갈등이 발생하는 경우는 아주 흔하다.

우리 회사에 저보다 한 살 많은 아르바이트생이 있는데, 요새 들어서 갑자기 저에게 반말을 하네요. 그래도 사회생활인데 그러면 안 되는 것 아닌가요? 굉장히 불쾌했습니다.

고스톱 중 반말을 했다며 후배 교수에게 2시간가량 폭행과 폭언을 가한 경찰 관련 학과 교수에 대해 동료 교수들이 처벌을 요구하고 나섰다. 23일 충남 모 대학 경찰 관련 학과 교수들에 따르면 같은 학과 A 교수는 이달 초 강원도의 한 리조트에서 열린 학과 MT 행사에서 고스톱을 치던 중 반말을 했다는 이유로 10년 후배인 B 교수의 얼굴과 몸을 발과 주먹으로 무차별 폭행했다.[22]

그러나 높임법 자체를 언어 차별로 볼 수는 없다. 높임법은 상대방을 낮추는 것이 아니라 말 그대로 상대방을 존중하여 '높이는' 것이기 때문이다. 그래서 문법 용어도 낮춤법이나 하대법이 아닌, '높임법' '존대법' '경어법'을 사용한다. 하지만 높임법은 어떤 상황에서 누가 누구에게 사용하거나 사용하지 않느냐에 따라 적합할 수도 있고 그렇지 않을 수도 있다. 다시 말해, 높임법 자체는 차별 언어가 아니지만, 이를 통해 언어적 차별이 발생할 수 있다는 것이다. 가령 학교 교장이라고 해서 교사에게 반말을 한다거나, 자기보다 나이가 어리다는 이유만으로 무턱대고 반말을 사용한다면 상대방에게 불쾌감을 줄 수 있다.

---

22   「'고스톱 중 반말했다'며 후배교수 2시간여 때린 경찰학과 교수, 결국!」,《세계일보》, 2015.04.23.

그렇다면 차별 언어란 무엇이며 어떤 것이 있을까? 차별 언어는 언어적 차별이 사회적으로 고착된 것으로 볼 수 있다. 이정복에 따르면, 차별 언어는 "사람들의 다양한 차이를 바탕으로 명시적 또는 암묵적으로 편을 나누고, 다른 편에게 부정적이고 공격적인 태도를 드러내거나 다른 편을 불평등하게 대우하는 과정에서 쓰는 언어 표현"이다. '맘충' '병신' '짱깨' 등이 이에 해당한다.[23]

차별 언어는 특히 호칭 표현에 많이 나타난다. 호칭 표현은 높임법에 비해 상하 관계에 따라 보다 뚜렷하고 미세하게 구분되는 특징을 지니고 있다. 가령 사회적 수직 구조가 뚜렷이 반영되어 있는 직장 내에는 직급에 따라 호칭이 세분되어 있다. 그렇기 때문에 호칭 표현에서는 높임법에서와는 달리 차별적 요소가 분명히 드러나는 경우도 있다. 친족 호칭의 경우에도 남녀 간의 차별이 심하다. 호칭어에서의 차별을 극복하기 위해 다양한 사회적 시도들이 일어나고 있으나, 이에 대한 과학적 연구는 이루어지고 있지 않다는 점이 아쉬움으로 남는다.

인류세 언어학의 관점에서 보면 언어에 반영되어 있는 인간 중심적 사고와 동물의 사물화, 언어 차별을 발견할 수 있다. 모두 우리의 담화에 숨어 있는 이데올로기와 프레임으로 인해 발생하는 것들이다. 우리에게 필요한 작업은 이러한 이데올로기와 프레임을 평가와 평가 유형이라는 도구를 통해 밝혀내는 것이다. 이는 비판적 담화 분석의 테두리 안에서 이루어질 수 있는데, 이 이론은 사회적 관계 중 담화와 관련

---

23   이정복, 『한국 사회의 차별 언어』, 소통, 2014, 36~37쪽.

된 권력과 지배 관계, 사회적 불평등 및 담화 참여자 간의 상호 관계 등이 언어적으로 어떻게 표현되어 있는지를 연구한다.

인류세 언어학 연구의 책임

다양성은 서로 다름에서 오는 자연스러운 발로이다. 그러나 어느 사회든지 지배자들이나 다수가 피지배자들이나 소수의 차이를 인정하지 않고 열등하게 취급하며 차별하는 일이 벌어진다. 이는 흡사 인간중심주의가 초래한 인간과 자연의 갈등을 연상하게 한다. 이를 해결하기 위해 인간과 자연의 공생, 공존, 공진화를 가능케 하는 생태적 전환이 필요하듯이, 자기중심주의에서 촉발한 언어 차별도 인류세에 당면한 생태적 전환으로 극복할 수 있을 것이다.

생태언어학적인 시각에서의 인류세 언어학은 언어 구조의 본질적인 문제를 초월하여 언어 '사용'의 문제를 중시한다. 인류세 언어 사용의 문제는 위에서 살펴본 바와 같이, 언어의 다면성, 언어적 다양성과 소멸의 위기, 언어 차별의 크게 네 가지로 구분해볼 수 있다. 이들에 대한 언어학적 접근은 다면적 대화 분석과 담화 분석 이론, 다중언어 연구와 현장언어학field linguistics 및 횡단언어, 비판적 담화 분석 이론, 생태언어학, 포스트 휴머니즘 언어학 등 다양한 시각에서 이뤄지고 있으나, 한국에서는 매우 산발적으로 수행되고 있는 형편이다. 인류세 언어학이라는 큰 테두리 안에서 이들 연구가 체계적으로 이루어지도록 하는 것이 바람직해 보인다.

미래 지구 공동체의 지속 가능한 발전을 위한 방법론들을 구체화하기 위해서는, 지구가 당면한 위기에 대한 논의의 방향성을 명확히 확립해야 한다. 또 객관적인 사실의 나열 및 기술에 그칠 것이 아니라, 지구를 살리기 위한 실천적 처방과 행동 양식, 교육적 확산이 필요하다. 인류가 다른 유기체와 더불어 공존할 수 있는 생태 환경을 만드는 것이 이론적 지식보다 우선시되어야 할지도 모른다. 그렇다면 인류세 인문학 연구는 자연과학과 사회과학을 매개하고, 세계와 개인을 연결하는 허브로서 책임과 역할을 다하여야 한다. 근대 구조주의 언어학의 시조 페르디낭 드 소쉬르(Ferdinand de Saussure, 1857~1913) 이후 대부분의 언어학자들은 보통 '처방적prescriptive'이라는 말에 알레르기 반응을 보인다. 하지만 인류세 시대의 언어 연구나 언어학자의 역할은 근본적으로 처방적이고 계몽적일 수밖에 없다는 측면에서, 언어학 연구에 있어 현상에 대한 기술과 사회문제 해결을 모두 지향하는 보다 균형 잡힌 시각이 필요하지 않을까.

참고문헌

● 기사

「'고스톱 중 반말했다'며 후배교수 2시간여 때린 경찰학과 교수, 결국!」,《세계일
보》, 2015.04.23.

● 논문

김지성 · 남욱현 · 임현수, 「인류세(Anthropocene)의 시점과 의미」, 『지질학회지』
제52권 제2호, 2016.

조용준 · 안희돈, 「인류세적 관점에서의 다면적 대화분석 방법론-혼잣말을 중
심으로-」, 『우리어문연구』 제66집, 우리어문학회, 2020.

조용준 · 이주연 · 안희돈, 「인류세에서의 다면적 대화분석의 전사 원칙」, 『통일
인문학』 제80집, 2019.

Crutzen, Paul, Stoermer, Eugene, The "Anthropocene", *IGBP* 41, 2000.

Harris, Roy, Integrationism, language, mind and world, *Language Sciences*
26(6), 2004.

Liberman, Zoe, Woodward, Amanda, Keysar, Boaz, Kinzler, Katherine,
Exposure to multiple languages enhances communication skills in
infancy, *Developmental Science* 20(1), 2017.

Stivers, Tanya, Stance, alignment, and affiliation during storytelling: When
nodding is a token of affiliation, *Research on Language and Social
Interaction* 41(1), 2008.

● 단행본

김규현, 「대화분석」, 『담화분석』, 종합출판, 2016.

신동일 · 박수현 · 김가현 · 조은혜 · 심우진, 『접촉의 언어학, 다중언어사회의 교
육과 정책』, 커뮤니케이션북스, 2017.

신동흔, 『스토리텔링 원론』, 아카넷, 2018.
이정복, 『한국 사회의 차별 언어』, 소통, 2014.

Cowley, Stephen, *Distributed language*, In S Cowley (Ed.), Amsterdam: John
    Benjamins, 2012.
Diamond, Jared, *The world until yesterday: What can we learn from
    traditional societies?*, London: Allen Lane, 2012.
Haugen, Einar, The Ecology of Language: Essays by Einar Haugen, *The
    Ecology of Language*, in Dil, A. S. (ed.), Stanford: Stanford University
    Press, 1972.
Harris, Roy, *After epistemology*, Sandy: Authors Online, 2009.
Harris, Roy, *Introduction to integrational linguistics*, Oxford: Pergamon, 1998.
Hutchins, Edwin, *Cognition in the wild*, Cambridge, MA: MIT Press, 1995.
Latour, Bruno, Translated by Catherine Porter, *Politics of nature: how to
    bring the sciences into democracy*, Cambridge, MA: Harvard University
    Press, 2004.
Latour, Bruno, Translated by Catherine Porter, *We have never been modern*,
    Cambridge, MA: Harvard University Press, 1993.
Nichols, Johanna, *Linguistic diversity in space and time*, University of
    Chicago Press, 1992.
Pennycook, Alastair, *Posthumanist applied linguistics*, Routledge, 2018.
Sorjonen, Marja-Leena, Raevaara, Liisa, On the grammatical form of
    requests at the convenience store, In P. Drew & E. Kuhlen (Eds.),
    Requesting in social interaction, Amsterdam: John Benjamins, 2014.
Stibbe, Arran, *Ecolinguistics: Language, ecology and the stories we live by*,
    Routledge, 2015.

'You have stolen my dreams and my childhood with your empty words,' climate activist Greta Thunberg has told world leaders at the 2019 UN climate action summit in New York. In an emotionally charged speech, she accused them of ignoring the science behind the climate crisis, saying: 'We are in the beginning of a mass extinction and all you can talk about is money and fairy tales of eternal economic growth - how dare you!'

UN secretary general hails 'turning point' in climate crisis fight
This video was relaunched on 24 September 2019 to reinstate a short segment of speech that was edited out in the original version

'You have stolen my dreams and my childhood with your empty words,' climate activist Greta Thunberg has told world leaders at the 2019 UN climate action summit in New York. In an emotionally charged speech, she accused them of ignoring the science behind the climate crisis, saying: 'We are in the beginning of a mass extinction and all you can talk about is money and fairy tales of eternal economic growth - how dare you!'

retary general 'turning p   climate crisi
deo was r   d on 24   er 2019 t   e a shor
ch that   out i   versio

02

최영은

더 강력한 기후 위기가
기다리고 있다

오늘날의 기후변화를 생각하며

1980년대 중반 갓 대학에 입학한 나는 다른 대학생들과 마찬가지로 영어 주간지 T를 정기 구독하였다(N 잡지를 구독하는 친구들도 많았다). 그러나 매주 배달되는 잡지는 포장도 풀지 않은 채 그대로 우리 집 툇마루에 쌓여가기 일쑤였고, 이를 탐탁지 않게 여기면서도 꼬박꼬박 구독료를 챙겨 내주시던 아버지의 눈치를 보며 나는 새로운 잡지가 배달될 때마다 최소한 한 쪽씩은 읽어보자고 다짐했다. 그렇게 비교적 분량이 적고, 지리학도가 읽을 만한 주제라고 판단되는 '환경environment' 섹션을 선택하여, 탐독(?)을 시작했다. 미천한 영어 실력에 정확한 내용을 파악하기는 어려웠지만, 다수의 기사는 '지구는 계속 추워져서 종국에는 핵겨울nuclear winter이나 빙하기를 맞이하게 될 것'이라고 경고하고 있었다. 어릴 때부터 추운 날씨를 유난스럽게 싫어했던 나는 매머드도 멸종시킨 빙하기가 오면 어찌 살아내야 할지 걱정이 많았다. 곧 지구의 종말이 올 것만 같아 암울했다.

이런 주장의 근거는 미국과 구 소비에트연방의 냉전 체제하에서 반복되는 핵실험이 다량의 분진을 대기로 배출한다는 데 있었다. 강력한 폭발로 발생하는 핵구름 분진은 성층권까지 올라간다. 이로 인해 반사도albedo가 커지면서 태양복사에너지 입사량이 줄어들어 지구의 기온이 낮아진다는 것이다. 핵겨울은 지구 냉각화global cooling/dimming로 이어지고 작물 생산량을 감소시켜서 인류의 생존을 위협하게 될 것이라는 게 이들 주장의 핵심이었다. 물론 오늘날의 결과는 반대로 나타나고 있지만, 인류의 행위가 기후 시스템을 위협하고, 이것이 다시 인류의 생존을 위협한다는 점은 현재 진행되는 지구온난화와 유사하다.

1980년대 중반에 나는 핵겨울의 발생 원리와 과정, 영향을 좀 더 잘 이해하려고 머리를 쥐어짜고 있었다. 그러나 무지한 나머지 이전인 1975년 미국에서 그와 정반대되는 주장을 담은 매우 흥미로운 논문이 발표되었다는 사실은 모르고 있었다. 2019년 미국 콜롬비아 대학의 월리스 브로커(Wallace Broecker, 1931~2019) 교수는 최고 권위 저널인 〈네이처〉에 「기후변화: 우리는 명백한 기후변화의 목전에 있는가?*Climate change: Are We on the Brink of a Pronounced Global Warming?*」이라는 논문을 발표하였다. '기후변화 과학의 아버지'라 불리는 대기과학자인 그는 이 논문에서 대기 중 이산화탄소 농도가 증가함으로 인해 복사강제력(Radiative forcing, RF)[24]이 커져서 지구 온도가 상승하게 될 것이라고

---

24   복사강제력은 대기가 단위 면적당 보유하고 있는 에너지로 단위는 W/m^2를 사용한다.

주장했다. 그는 더 나아가 간단한 기후 모델을 이용해 21세기의 기온 상승 폭을 정교하게 예측하기까지 하였다.

그로부터 40여 년이 지난, 지금 전 세계는 지구 냉각화가 아닌 지구온난화로 인한 이상 기상 현상으로 몸살을 앓고 있다. 지금까지 잘 관측되지 않았던 40℃를 넘는 극한 고온 현상이 프랑스, 네덜란드, 오스트레일리아, 한국 등 중위도 여러 지역에서 관측되면서 일 최고기온의 최고 기록이 계속 경신되고 있다. 특히, 수년간 고온건조한 상태가 지속되었던 오스트레일리아에서는 2019년 6월부터 2020년 2월까지 무려 약 8개월간 이어진 최악의 산불이 발생하였다. 이로 인해서 코알라, 캥거루 등 동물 약 10억 마리가 폐사하였고, 일부 종은 사실상 멸종했다. 이와 관련하여 '기후 위기' 또는 '기후 비상사태' '6차 대멸종'이라는 단어가 자주 오르내리고 있다. 여기서는 인류세란 용어를 탄생시킨 '기후변화'를 주제로 대기 중 온실가스 농도 변화, 파리협약과 기후변화 시나리오, 우리나라(남한)의 미래 기후 전망에 대해서 간략하게 설명하고자 한다.

400ppm에 도달한 전 세계 온실가스 농도, 이제는 돌이킬 수 없다

홀로세[25] 이후 인류는 안정된 기후에서 살아왔는데, 이는 대기 중 이산화탄소 농도가 300ppm 정도로 유지되었기 때문이다. 그러나 제2차 세계대전 이후 대기 중 이산화탄소 농도는 급증하여 2016년에는 400ppm을 넘어섰다. 온실가스 배출량이 증가하면서 안정적이던 기후 시스템은 극도로 불안정해지기 시작했다. 1980년대 말 이후 지구 기온은 급속히 상승하기 시작하였는데, 이러한 추세가 21세기 초까지도 지속되고 있는 상황이다. 이제는 어떠한 노력을 하더라도 다시 300ppm대로 돌아갈 수 없게 되었다.

인류세란 용어는 2000년에 네덜란드 대기화학자 파울 크뤼천 교수가 IGBP 뉴스레터에서 사용하며 유명해졌다. 그는 프레온가스가 성층권의 오존층을 파괴하는 원리를 밝혀내어 1995년 노벨 화학상을 수상하였다. 과거 인류는 자연에 압도되는 삶을 살았다. 그래서 너무 추운 곳이나 건조한 사막에서는 살 수 없었다. 하지만, 인구 성장과 기술 발달은 많은 것을 바꿔놓았다. 인류가 본격적으로 정착 생활을 시작하면서 농경지와 목초지의 면적이 넓어지는 등 토지이용이 달라졌고, 지구 시스템은 타격을 받기 시작하였다.

세계 인구가 기하급수적으로 증가하고 산업이 발달하게 된 이후

더 강력한 기후 위기가 기다리고 있다

로 화석연료 사용이 폭발적으로 증가하였다. 18세기 산업혁명 이래 지금까지 인류는 이산화탄소를 포함해 엄청난 양의 온실가스를 대기로 배출했다. 온실가스는 기존의 안정적인 대기 조성을 바꾸었고, 그로 인해 대기권, 수권, 지권, 생물권이 부정적인 영향을 받게 되었다. 바야흐로 인류세가 도래한 것이다.

산업화는 대기 중 이산화탄소 농도 증가를 초래하였고, 이는 지구온난화로 이어졌다. 세계기상기구(World Meteorological Organization, WMO)에 따르면 2015년 전 세계 연평균 이산화탄소의 농도가 처음으로 400ppm을 넘어섰다. 1958년부터 찰스 데이비드 킬링(Charles David Keeling, 1928~2005) 교수는 하와이 빅아일랜드의 마우나 로아에서 대기 중 이산화탄소 농도를 관측하기 시작하였다. 그는 이 관측에서 전 세계 이산화탄소 농도가 급속하게 증가하는 추세를 확인했는데, 이를 킬링 곡선Keeling curve이라고 부른다.

대기 중 이산화탄소 농도는 계절에 따라 뚜렷한 변동성을 보여주는데, 그 이유는 식생이 존재하는 대부분의 육지가 북반구에 위치하기 때문이다. 북반구의 이산화탄소 농도는 여름인 6월에서 9월까지 낮아지는데, 식물이 광합성을 하며 이산화탄소를 활발하게 사용하기 때문이다. 반면 낙엽이 떨어지고 식물이 성장을 멈추는 11월에서 3월에는 최대가 된다. 2019년 10월 기준으로 보면 세계 이산화탄소 농도는 최저점이 나타나는 9월에도 약 410ppm에 달한다. 우리나라의 상황은 훨씬 심각해서 2012년에 이미 연평균 이산화탄소 농도 400ppm을 넘어섰고, 증가율도 전 세계 평균보다 크다.

　　지구온난화를 촉발한 온실가스 농도 증가는 인구 성장과 경제활동, 기술 개발 정도, 토지이용 변화, 사회·경제 시스템 등 인위적인 요인의 영향으로 결정된다. 인구 증가와 산업 발달은 온실가스의 배출량을 증가시키고, 이로 인해서 대기는 더 많은 지구복사에너지를 함유하게 되어 지구 하층 대기와 지표 온도는 계속 상승한다는 것이 지구온난화의 과학적 원리이다. 온실가스 감축 정책이 부재한 상황을 가정하는 고농도 시나리오에 따르면, 2100년에 전 세계 인구는 약 120억 명까지 증가하고, 대기 중 이산화탄소 농도는 900ppm을 넘어설 것이라고 한다. 이런 조건에서 지구의 온도는 계속 상승하여 현재보다 4℃ 정도 높아질 것으로 전망된다. 산업혁명 이후 단지 약 1℃의 기온 상승만으로도 인류는 여러 가지 기후 재앙을 겪고 있는데, 4℃ 상승한 이후에는 상상할 수도 없는 대재앙이 펼쳐질 것이다.

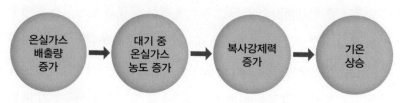

― 지구온난화의 원리.

　　2019년 기준 세계 5위 제조업 국가인 우리나라도 전구적 규모의 기후변화에서 자유로울 수 없다. 우리나라는 2018년 기준 전 세계에서 아홉 번째로 많은 온실가스를 배출하는 국가이지만, 기후변화 이행 지수는 최하위 수준을 보여준다. 2030년까지 온실가스를 37퍼센트 줄이기로 약속했지만, 대체에너지 인프라가 취약한 상황이다.

온실가스 배출량을 감축하기 위한 강력한 대응 대책이 없는 한 미래 인류의 생존은 보장할 수 없다. 현재 진행되고 있는 기후변화 대응 대책은 크게 완화와 적응 대책으로 구분할 수 있다. 이산화탄소와 같은 온실가스는 혼합이 활발하게 이뤄지고, 대기 중에 장기간 체류한다. 따라서 대기 중 온실가스 농도를 낮춰서 기후변화를 지연하는 완화 대책은 세계적인 차원에서 협력하여 이루어져야 한다. 더불어 적응 대책은 지역의 특수성을 반영하여야 한다. 가령 해안 지역은 날로 높아지는 해수면에 대한 대응 대책이 필요하지만, 폭염일이 증가하는 내륙 지역에서는 해안 지역과는 다른 방안이 필요하다. 적응 대책은 공간적으로 좁은 지역 규모 내에서 가능한 한 상세하게 수립되어야 한다.

완화와 적응 대책을 적절히 구사하려면 현재의 기후변화 속도를 지속 가능한 상태로 전환해야 한다. 이를 위한 노력의 일환이 파리협약이다. 다음 절에서는 유엔 기후변화 협약 체제(United Nations Framework Convention on Climate Change, UNFCCC)와 미래 기후변화 시나리오의 구성과 작동 원리에 대해서 간략하게 소개하고자 한다.

정말 파리협약만으로 충분한가?

기후변화에 관한 정부 간 협의체(Inter-governmental Panel on Climate Change, IPCC)가 2014년 11월 채택한「2014년 기후변화 종합 보고서」에 따르면 현재의 기후변화 상태는 다음과 같이 요약할 수 있다.

최근 배출된 인위적 온실가스의 양은 관측 사상 최고 수준이고, 이는 인간계와 자연계에 광범위한 영향을 미치고 있다. 1850년대부터 2012년까지 기온 상승 폭은 0.85℃인데, 이와 같은 강력한 온난화로 해수면은 상승하고, 눈과 빙하의 양은 급속하게 줄어들고 있다. 온실가스 배출량이 계속 증가하면 온난화 현상은 더욱 심화하고, 이로 인해서 인간계와 생태계는 돌이킬 수 없는 상태에 빠질 수 있다. 이런 부작용을 최소화하기 위해서는 온실가스 배출량을 대폭 줄이기 위한 지속적인 노력이 필요하며, 강력한 완화와 적응 정책을 통해서 기후변화 위험을 줄일 수 있을 것이다.

이와 같은 과학적 정보를 토대로 산업혁명(보통 1750년을 기준으로 사용)부터 2100년까지 전구 연 평균기온(Global Mean Surface Temperature, GMST)의 상승 폭을 2.0℃ 이하로 제한하기 위한 세계적인 공조가 시작되었다. 2.0℃는 생태계를 안전하게 유지할 수 있는 온도 상승 폭이다. 이 공조를 파리협약이라고 부른다. 현재 파리협약을 주도적으로 이끌고 있는 주체는 유럽연합과 중국이지만, 모든 국가가 이행 의무가 있는 당사국이다. 세계 이산화탄소 농도가 400ppm을 넘어서는 데 가장 큰 공헌을 하였고 현재 온실가스 배출량 2위 국가인 미국은 2019년 11월 파리협약에서 공식 탈퇴하였다.

현재 진행되는 지구온난화의 규모 또는 강도는 전구 연 평균기온을 기준으로 정의할 수 있다. 전구 연 평균기온의 상승 폭이 크면 클수록 지구온난화의 강도와 그 영향은 커진다. 오늘날 대기 중 온실가스 농도가 증가하며, 복사강제력도 커지는 추세다. 인류 활동으로 인한 복사강제력의 증가 폭은 1750년을 기준으로 1950년에는 $0.6W/m^2$, 1980년에는 $1.3W/m^2$, 2011년에는 $2.3W/m^2$, 2018년에는 $2.7W/m^2$로 점점 커지고 있으며, 증가 속도 역시 빨라지고 있다. 즉 지구온난화의 진행이 가속되고, 그 폭과 강도도 커지고 있는 것이다.

파리협약의 목표는 앞서도 언급하였듯 대기 중 온실가스 농도를 안정화하여 산업혁명을 기준으로 2100년까지 지구의 평균기온 상승 폭을 2.0℃ 이하로 제한하는 것이다. 파리협약의 과학적 배경은 다음과 같다.

인간이 지구 시스템에 영향을 미쳤다는 것이 명백하며, 이는 대기 중 온실가스 농도 증가에 기인한다. 산업혁명으로 촉발된 화석연료 사용 증가로 인해서 이산화탄소 배출량이 증가하였다. 높아진 대기 중 온실가스 농도로 복사강제력이 증가하였고, 이는 지구 기온 상승으로 이어졌다.

파리협약의 기본 이행 원칙은 세 가지인데, 첫 번째는 생태계가 기후변화에 적응할 수 있는 시간을 충분히 확보하자는 것이다. 두 번째는 온실가스 감축을 위한 노력이 식량 안정성을 위협하지 않아야 한다는 것이고, 세 번째는 지속 가능한 방법으로 세계 경제성장을 유지하는 것이다. 위의 원칙과 배경을 고려하였을 때, 인위적인 간섭이 지구 시스템을 치명적으로 위협하지 않는 수준이 산업혁명 이후 2100년까지 지구 연 평균기온의 상승 폭을 2.0℃ 이하로 제한하는 것이다.

하지만 많은 기후변화 과학자들은 이 기준에 회의적인 반응을 보이고 있고, 기온 상승 폭을 1.5℃ 이하로 제한해야 한다는 「1.5℃ 온난화 보고서」가 2018년 10월 인천에서 인준되었다. 이 보고서에 따르면 전구 기온 상승 폭을 1.5℃ 이하로 제한하면 당연히 2.0℃ 이하로 제한했을 때보다는 상황이 개선되겠지만, 그렇다 하더라도 중위도 최고기온의 최고치가 3℃ 정도 상승할 수 있다는 충격적인 결과가 나왔다.[26]

2018년 8월 1일 의성과 홍천에서는 일 최고기온이 40℃를 넘음으로써 우리나라 최고기온의 최고치를 경신했으며, 같은 날 서울도 39.6℃를 기록하여 새로운 일 최고기온 기록을 세웠다. 전 국민이 폭염에 시달려야 했던 것이다. 여기에 3℃ 정도가 더 높아진다면 우리는 현재와 같은 삶의 방식을 유지할 수 없을 것이다. 온난해지는 기후 시스템으로 인해 발생할 수 있는 모든 가능성의 범위를 보여주는 것이 미래 기후변화 시나리오이다.

26　그러나 IPCC의 「1.5℃ 온난화 보고서」가 온난화의 영향을 너무 보수적으로 평가하였다는 비판도 많다.

미래 기후변화 시나리오는 어떻게 만들어지나?

IPCC는 전 세계 기후변화와 관련된 과학적 기반과 영향, 적응과 완화를 포함한 내용을 종합적으로 평가하여 주기적으로 발표한다. 현재 제5차 평가 보고서 AR5까지 발간하였고, 2022년 발표를 목표로 제6차 평가 보고서 AR6를 작성 중이다. IPCC는 평가 보고서를 발표할 때마다 기후학자들과 경제학자들의 도움을 받아 기후변화 시나리오를 생산하여 2100년의 다양한 과학적 정보를 전망한다.

시나리오의 사전적 의미는 '어떤 사건에서 예측되는 가상의 결과'이다. 기후변화 시나리오는 다양한 사회·경제적 조건에서 미래의 기후가 어떻게 진행될지 전망하는 것으로 복잡한 과정을 통해 생산된다. 기후 시스템은 대기권, 수권, 생물권, 지권으로 구성되어 서로 영향을 주고받는 아주 복잡한 시스템이다. 이러한 자연 변동성에 인간의 활동까지 더해지면서 기후 시스템은 더욱 복잡해졌다. 따라서 인류가 기후 시스템에 미치는 영향까지 포함하여 미래를 예측하기 위해서는 정교한 지구 시스템 모델Earth System Model과 기후변화 시나리오를 개발해야 한다.

기후변화 시나리오는 인과관계를 갖는 네 가지 구성 요소로 이루어진다. 첫 번째는 온실가스 배출량을 결정하는 사회·경제 배출량 시나리오이고, 두 번째는 이로 인한 대기 중 이산화탄소 농도를 평가하여 복사강제력을 결정하는 복사강제력 시나리오이다. 세 번째는 복사강제력 시나리오를 이용하여 기온과 강수량 같은 기후 요소를 예측하는 기후 전망 시나리오이고, 네 번째는 기후 전망 시나리오를 이용하여 기후변화가 미래 수자원, 농업, 에너지, 보건 등 다양한 부문에 미치는 영향을 평가하는 영향 평가 모델로 구성된다.

지금까지 수많은 기후변화 시나리오가 개발되어왔다. 현재 전 세계는 대표 농도 경로 시나리오(Representative Concentration Pathways Scenarios, RCPs)를 적용하여 기후 전망 시나리오를 도출하고 이를 기후변화 적응 대책을 수립하는 데 사용하고 있다. 우리나라도 RCP 시나리오를 이용하여 향후 100년에 대한 전국 읍면동 단위의 기온, 강수량, 극한기후지수를 도출하고, 이를 기후변화 대응 정책에 활용하고 있다.

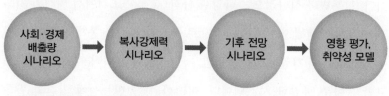

— 기후변화 시나리오의 구성 요소.

기후변화 시나리오는 사회·경제 배출량 시나리오가 먼저 확정된 후 복사강제력 시나리오를 결정하는 식으로 순차적으로 만들어진다. 하지만, IPCC 제5차 평가 보고서(AR5)를 작성할 때는 기존에 개발된 복사강제력 시나리오 중에서 네 가지 대표 농도 경로 시나리오를 선정하고, 이를 이용하여 기후 전망을 제시하였다. 이때 최악에서 최선, 그리고 중간까지 다양한 시나리오 범위를 포함하는 기후 전망은 신뢰도가 높기 때문에, 정책 입안자의 의사 결정을 돕는 역할을 한다.

이들 대표 농도 경로 시나리오는 RCP 2.6, 4.5, 6.0, 8.5라 불리는

데, 뒤에 붙어 있는 숫자는 각각의 시나리오가 예상하는 2100년의 복사강제력 값을 의미한다. 예를 들어, RCP 8.5 시나리오는 온실가스 배출량이 2100년까지 계속 증가하여 복사강제력이 $8.5W/m^2$까지 증가하는 것을 가정한다. 고농도 에너지 시나리오라고도 불리며, 현재로서는 최악의 시나리오로 2018년 기준 $2.7W/m^2$보다도 복사강제력이 세 배 더 증가한 것이다. RCP 2.6 시나리오는 강력한 온실가스 감축 정책을 적용하여 복사강제력이 최고점인 약 $3W/m^2$까지 도달했다가 이후 감소해서 2100년에는 $2.6W/m^2$까지 낮아지는 시나리오이다. 2030년에는 온실가스의 배출량과 제거량이 같아서 추가 배출이 없는 상태인 탄소 제로(탄소 중립)에 도달하는 시나리오이다. 이는 「1.5℃ 온난화 보고서」와 가장 유사하며, 최저 농도 시나리오라고도 부른다. 둘 사이에 RCP 4.5와 RCP 6.0 시나리오가 존재하는데, 오버 슛[27] 없이 안정화되는 시나리오다. 여기에서는 최선인 RCP 2.6과 최악인 RCP 8.5 시나리오의 결과를 비교하여 보고자 한다.

모든 대표 농도 경로 시나리오는 인구 변화, 경제 발달, 기술 개발 등 2100년까지의 다양한 변화 요소들을 예측하여 만든다. 예를 들어, RCP 8.5 시나리오에서는 2100년에 세계 인구는 120억 명에 도달하고, GDP는 네 시나리오 중에 가장 낮게 증가할 것으로 전망한다. 인구 증가로 에너지 사용량이 증가하지만, 석유 사용량은 2075년 이후에 자원 고갈로 감소한다고 가정한다. 한편 석탄 사용량이 다시 증가하는 것으

---

27   정해진 적정 범위보다 과도하게 증가하는 현상.

로 가정하는데, 이는 탄소 포집 기술이 개발되었기 때문이다. 토지이용 변화를 보면 인구 증가로 농경지와 목초지는 넓어지는 반면에 자연 식생과 산림의 면적은 감소할 것으로 전망한다. 온실가스 농도가 점점 증가하는 시나리오로 어떤 기후 정책도 반영되지 않은 상태이다.

현재 인류가 이행할 수 있는 최선의 시나리오인 RCP 2.6 시나리오에서는 강력한 온실가스 배출량 감축 정책을 가정한다. RCP 2.6 시나리오에 따르면 세계 인구는 2060년까지는 증가하지만 그 이후 안정되고, 1인당 에너지 사용량은 크게 줄어든다. 더불어 급속한 친환경 에너지 개발로 재생 가능한 에너지의 비율이 확대될 것이라 본다. 또 목초

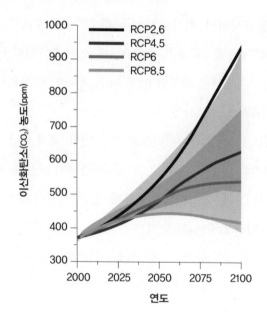

— 대표 농도 경로 시나리오별 이산화탄소 농도 변화(경로).

더 강력한 기후 위기가 기다리고 있다

지 면적은 감소하지만, 바이오 에너지 사용량이 증가하여 농경지 면적은 확대된다고 가정한다. 정리하자면, RCP 8.5 시나리오는 전 세계가 지금과 같은 사회·경제 시스템을 유지하는 시나리오이고, RCP 2.6 시나리오는 강력한 기후 정책을 실행하여 온실가스 배출량을 최대한 줄이는 시나리오이다.

현재의 날씨는 실시간으로 관측 자료를 통해서 얻어지는데, 현재는 시간이 지나면 과거가 된다. 과거 기후는 관측 자료를 이용하여 분석하고, 미래 기후는 지구 시스템 모델을 이용하여 수일의 짧은 미래부터 100년 또는 300년 후까지 기후를 예측한다. 다음 절에서는 전 세계적인 기온 상승 추세에서 우리나라의 미래 기후 전망에 대해서 서술하고자 한다. 특히 중위도에 위치한 우리나라에서 심각한 문제가 될 고온화를 폭염 일수와 열대야 일수, 계절 길이의 변화, 아열대기후형의 확장 등 세 가지로 구분하여 설명하려고 한다.

우리나라의 여름은 상상할 수 없을 정도로 더워질 것이다

인류가 현재의 생활 방식을 계속 유지하여 지구온난화가 지금과 같은 속도로 계속 진행된다면 우리나라의 기후는 어떻게 될까? 현재의 지구온난화 속도를 늦추기 위해서 삶의 방식과 사회·경제 시스템에 강력한 기후변화 정책을 적용한다면 얼마나 나아질 수 있을까? 네 가지 대표 경로 시나리오 중에 현재의 높은 에너지 소비 수준을 유지하는 것을 가정하는 RCP 8.5 시나리오와 강력한 온실가스 감축 정책을 사용하는 것을 전제하는 RCP 2.6 시나리오를 각각 적용한다고 할 때 우리나라에서 경험하게 될 미래 기후를 이용하여 설명하고자 한다.

RCP 8.5 시나리오에 기반을 둔 결과에 따르면 2100년 우리나라의 연 평균기온은 현재보다 4.7℃ 높아지고, RCP 2.6 시나리오에 기반을 둔 경우에는 1.8℃ 높아질 것으로 전망된다. 하지만 현재와 같은 수준의 노력으로 RCP 2.6 시나리오의 결과와 같은 상황에 도달하는 것은 불가능해 보인다. 온난화의 속도와 강도를 보여주는 연 평균기온의 상승으로 가장 뚜렷하게 나타나는 현상은 다양한 고온 현상이다. 우리나라는 태평양 서안 온난 해수역의 북쪽에 위치하여 현재도 견디기 어려울 정도로 무더운 여름을 경험하고 있다. 이런 고온화는 전력 생산, 질병 관리, 수자원 관리 등 많은 부분에 대대적인 변화를 가져올 것이다.

기상청은 일 최고기온 33℃ 이상인 날이 이틀 이상 지속될 것으로 예측되면 폭염주의보, 35℃ 이상인 날이 이틀 이상 지속될 것으로 예측되면 폭염경보를 특보로 발표하여 지자체나 국민 들이 적절히 대응할 수 있도록 돕는다. 일 최고기온이 33℃ 이상인 날을 폭염일로 정의하면, 서울의 경우에는 현재 1년에 약 7일 정도 폭염이 발생하고 있다.[28] 우리나라에서 폭염 빈도가 가장 높은 곳은 대구로 약 15회 발생하였고, 고도가 높은 대관령에서는 폭염이 한 번도 발생하지 않은 것으로 관측되었다. 2100년에 RCP 8.5 시나리오 상황에서는 어떤 일이 생길까? 우리나라 일부 고도가 높은 지역을 제외하면 폭염일은 약 60~70일 정도로 증가한다. 일 년에 두 달 정도가 일 최고기온이 33℃ 이상인, 견디기 힘든 무더운 날씨가 되는 것이다.

한편 1981년에서 2010년까지 서울에서 일 최고기온이 35℃ 이상인 날은 연 1.1일 정도였는데, 최근 10년에는 연 5.2일로 다섯 배 정도 늘어났다. 같은 기간에 대구에서는 연 8.6일에서 15.5일로 늘어났다. RCP 8.5 시나리오에서 2100년에 일 최고기온 35℃ 이상인 날은 서울에서는 연 40.4일, 대구에서는 연 39.9일로 각각 40배, 4배 정도 증가할 것으로 전망된다. 현재와 같은 사회 인프라 시스템으로는 견디기 힘든 여름이 계속될 것이다.

하지만, RCP 2.6 시나리오에서는 2100년에 일 최고기온이 33℃ 이상인 날은 서울에서 연 7.3일 정도로 현재와 유사하여 RCP 8.5 시나리오와 같이 절망적이지는 않다. 현재까지 서울에서는 일 최고기온이

---

28   1981년에서 2010년까지의 평균.

40℃ 이상인 날이 없었다. 하지만 RCP 8.5 시나리오에서는 2100년에 40℃ 이상인 날이 서울에서 연 3.9일, 대구에서 약 6.1일 발생할 것이라고 전망된다. 또한 21세기 후반에 서울의 일 최고기온은 최고 약 46℃까지 높아질 수 있는 것으로 전망되고, 40℃ 이상 기온의 발생 주기는 약 1.6년으로 나타난다. 하지만 RCP 2.6 시나리오에서는 40℃ 이상인 날이 서울에서는 발생하지 않고, 대구에서도 약 0.2일 정도일 것으로 전망된다.

낮에 가열된 대기와 지표가 야간에 충분히 냉각되지 않으면 열대야가 발생한다. 일 최저기온이 25℃ 이상인 날을 열대야일로 정의하면, 현재 서울에서 열대야일은 약 7.3일 정도다. 우리나라에서 열대야 현상이 가장 빈번한 곳은 제주도 서귀포로 연평균 약 25일 정도 발생하고 있다. RCP 8.5 시나리오에 기반을 두면 2100년에 열대야 일수는 빠르게 증가하여 서울, 부산, 인천, 대구, 광주를 포함한 대도시와 제주, 전라남도에서 60일을 넘어선다. 일 년에 열대야가 두 달 이상 발생하게 된다는 말이다.

RCP 8.5 시나리오의 전망 결과에 따르면 무더운 여름이 더 강해지고 길어질 것이다. 하지만 RCP 2.6 시나리오에서는 현재보다는 나쁜 상황이 되겠지만 참을 수는 있는 수준으로 유지된다. 갈수록 더워지는 기후 시스템의 방향 자체를 바꾸기는 어렵지만, 강력한 감축과 적응 노력으로 지구온난화의 강도와 속도를 생존 가능한 정도로 조절할 수는 있다.

우리나라에서 사계절이 사라질 것이다

중위도에 위치한 우리나라는 뚜렷한 사계절을 가지고 있다. 그렇다고 해서 사계절의 길이가 모두 동일하게 3개월씩 나누어지는 것은 아니다. 12개월을 사계절로 등분하여 한 계절을 각각 3개월로 정의하는 기후적 계절을 이용해서는 계절의 시작과 끝, 길이를 알 수 없다. 기상청은 일 평균기온이 5℃ 이상 올라간 후 다시 떨어지지 않는 첫날을 봄의 시작으로, 일 평균기온이 20℃ 이상으로 올라간 후 다시 떨어지지 않는 첫날을 봄의 끝이자 여름의 시작으로 정의한다. 이 기준을 가을과 겨울의 구분에도 적용할 수 있다. 일 평균기온이 20℃ 미만으로 떨어진 후 다시 올라가지 않는 첫날을 가을의 시작, 일 평균기온이 5℃ 미만으로 떨어진 후 다시 올라가지 않는 첫날을 겨울의 시작으로 본다.

자연 계절은 기온을 기준으로 사용하기 때문에 지역에 따라 계절이 출현하는 시기가 달라진다. 마찬가지 논리로 기온이 상승하면 계절의 시작과 끝, 길이에도 변화가 생기기 마련이다. 유라시아 대륙의 동단에 위치하여 대륙성기후의 특성을 가지는 우리나라는 여름이 고온 습윤하고, 겨울은 한랭건조하다. 그리고 두 계절 사이에 봄과 가을이 존재하는데, 봄과 가을의 시작과 끝, 길이는 여름과 겨울이 얼마큼의 강도로 지속되느냐에 따라 달라진다. 겨울이 짧아지면 봄이 빨리 오고, 여름이 길어지면 가을이 늦게 온다. 우리나라에서 지구온난화에 관련된 중요한 계절 변화는 세 가지로 나타난다. 하나는 기온 상승으로 여름이 길어지고 더 더워지는 것이고, 또 다른 하나는 겨울이 일찍 끝나면서 봄의 출현 시기가 빨라지는 것이다. 마지막으로 겨울이 사라져서 사계절이 나타나지 않는 지역이 확장된다는 전망이다.

지구온난화의 영향이 탁월하지 않았던 1911년에서 1940년에 기상청의 자연 계절 기준을 적용하면, 서울에서는 겨울이 125일(11월 18일~3월 22일)이고, 여름은 98일(6월 9일~9월 14일)로 겨울이 여름보다 한 달 정도 길었다. 지구온난화의 영향이 10년 정도 포함된 1961년에서 1990년에는 겨울이 116일로 그전보다 9일 줄었고, 여름은 107일로 9일 늘어나서 두 계절 간의 길이 차이가 10일로 줄었다. 1971년에서 2000년에는 겨울이 113일, 여름이 111일로 그 차이가 거의 없어졌다가 1981년에서 2010년에는 겨울이 108일, 여름은 116일로 여름이 8일 더 길어졌다.

RCP 8.5 시나리오에 따르면 2071년에서 2100년에 서울에서 여름은 168일, 겨울은 67일로, 겨울이 대폭 줄어서 여름 길이의 반도 되지 않는다. 서울에서 현재 무더운 여름이 6월 초순부터 9월 중순까지 약 3개월 정도 유지된다면, 2100년에는 5개월 이상 지속되어 한 해의 반이 여름이 될 전망이다. 앞에서 서술했던 바와 같이 더위의 강도도 더 강해져 기온이 40℃ 이상인 날도 발생할 것이다. RCP 2.6 시나리오에 기반을 두면 2100년 서울에서 여름은 131일, 겨울은 97일 정도로, 여름은 15일 길어지고 겨울은 11일 짧아져서 RCP 8.5 시나리오보다는 나은 상황이 될 수 있다.

RCP8.5 (2071~2100년)	12월 11일	2월 16일	5월 1일		10월 16일
	겨울 67일	봄 74일	여름 168일		가을 56일

★ 겨울 길이가 최근 10년보다 약 40일 짧아지고, 여름 길이는 약 40일 길 것으로 전망

— RCP 8.5 시나리오에 기반한 2100년 서울의 계절 시작과 종료일, 계절 길이.

기상청의 자연 계절 길이에 따르면 1911년에서 1940년 서울에서 봄은 3월 23일에 시작하여 78일 정도 지속되었다. 1961년에서 1990년에는 봄이 3월 17일에, 1971년에서 2000년에는 3월 15일에, 계속되는 지구온난화로 인하여 기온이 상승하면서 1981년에서 2010년에는 봄이 3월 12일에 시작한다. 봄의 시작일은 계속 앞당겨져서 1911년에서 1940년까지와 비교하면 현재 약 11일 정도 빨라졌지만, 봄의 길이에는 변화가 없다. 봄의 시작 시점이 당겨졌으나 길이에 변화가 없다는 것은 여름이 빨리 시작된다는 것이다.

RCP 8.5 시나리오에 따르면 2100년 서울에서 봄은 2월 16일에 시작한다. 현재와 비교하여 약 24일 정도 빨라지는 것이다. RCP 2.6 시나리오에 기반을 두면 봄은 3월 11일에 시작하여 73일 정도 지속될 것으로 전망되어 봄의 시작과 지속 기간의 변화가 매우 적다는 것을 볼 수 있다.

마지막으로 기온 상승으로 인해 계절 길이에 변화가 생기면 사계절이 사라질 수 있다. 현재 자연 계절적 의미에서 겨울이 없는 지역은 서귀포가 유일하다. 겨울이 없기 때문에 서귀포에서는 가을의 시작과

봄의 끝을 알 수 없다. 결과적으로 여름과 봄/가을 두 계절만 남게 된다. 우리나라에서 비교적 고위도에 위치한 서울은 겨울이 짧아져도 사계절이 유지된다. 1981년에서 2010년까지의 관측 자료에 따르면, 남쪽에 위치한 부산의 경우 봄, 여름, 가을, 겨울의 길이는 각각 115일, 117일, 84일, 49일로 겨울이 매우 짧긴 하지만 사계절이 모두 존재하는 상태다. 하지만 RCP 8.5 시나리오 기반에서는 2071년에서 2100년 부산에 겨울이 없어지면서 봄과 가을의 구분이 소멸하고, 여름(177일)과 봄/가을(188일)만 존재하게 되어 계절이 두 개로 줄어든다.

이와 같은 계절 길이의 변화는 사회·경제 시스템에 여러 변화를 일으킨다. 일단 농작물의 파종과 수확 시기가 빨라지게 되어 이모작이 가능한 지역이 넓어질 것이다. 초중고교의 방학도 현재는 겨울방학이 여름방학보다 길지만, 여름방학이 더 길어지는 방향으로 기간 조정이 필요하게 될 것이다. 또 현재 난방에 사용되는 에너지와 냉방에 사용되는 에너지의 비율은 거의 비슷하지만, 미래에는 여름 냉방에 필요한 에너지가 훨씬 많아질 것이다.

아열대기후 지역이 남한 면적의
약 52퍼센트를 차지하게 될 것이다

현재는 온대와 냉대 기후가 탁월한 우리나라의 기후형이 기온 상승 경향과 고온화로 인해 어떤 변화를 겪게 될지 관심이 커지고 있다. 전 세계적인 기후변화 추세는 한대와 냉대, 아열대 기후 지역은 축소되고, 열대와 건조 기후 지역은 확장되는 것으로 알려져 있다. 아열대기후형을 정의하는 데 가장 많이 사용되는 방법은 트레와다Trewartha로, 월 평균기온이 10℃ 이상인 달이 8개월 이상이면 아열대기후 지역으로 분류하는 것이다. 우리나라의 12월, 1월, 2월은 시베리아 고기압의 영향으로 월 평균기온이 10℃보다 크게 낮다. 그다음으로 온도가 낮은 달이 11월과 3월인데, 두 달 중에 한 달이라도 월 평균기온 10℃를 넘으면 아열대기후형으로 분류된다. 현재 우리나라의 남부와 제주 해안을 따라서 분포하는 좁은 지역에 아열대기후형이 위치하는데, 이는 전체 면적의 약 7퍼센트 정도이다. 대관령을 제외한 남한 모든 지역에서 4월부터 10월까지 7개월 동안 10℃가 넘는 상황에서 상대적으로 온난한 11월만 10℃를 넘어가게 되어도 온대에서 아열대기후형으로 전환된다.

RCP 8.5 시나리오에 기반한 결과에 따르면 2100년에 태백산맥과 소백산백의 높은 산지를 제외하면 우리나라의 약 52퍼센트가 아열대기후형에 속하게 되는 것은 물론, 현재 아열대기후형으로 분류되는 지역보다 훨씬 높은 기온 상태에 이를 것이다. 기온과 습도를 고려했을 때 이미 열대기후의 특성을 보이는 우리나라의 여름은 더욱 더워지고,

— RCP 8.5 시나리오에 기반한 2100년 우리나라 아열대기후형 지역의 전망.

겨울도 아열대기후의 특성을 갖게 될 전망이다. 반면에 RCP 2.6 시나리오에 기반을 둔 결과에 따르면 아열대기후형은 동해안과 서해안을 따라 소폭 확장하는 데 그칠 것으로 보인다.

더 강력한 기후 위기가 기다리고 있다

지금 바로 행동해야 한다

2007년 환경부가 조사한 기후변화 관련 국민 의식 조사[29]에 따르면, 우리나라 국민 대다수에 해당하는 97퍼센트가 기후변화 문제를 인지하고 있고, 92.6퍼센트가 기후변화 정도를 심각하게 생각하고 있다고 한다. 또한 90퍼센트 이상이 기후변화의 주요 영향으로 해수면 상승, 태풍·집중호우, 봄꽃 개화 시기 변화 등을 인식하고 있으며, 기후변화의 원인으로 화석연료 사용, 삼림 황폐화 등을 지목한다. 하지만, 기후 행동 이행 정도는 매우 낮은 것으로 나타났다.

2019년 독일 NGO 단체인 저먼워치German Watch는 온실가스 배출량, 재생 가능 에너지 사용량, 1인당 에너지 사용량, 기후 정책 등을 고려했을 때 우리나라가 기후변화 실행 지수(Climate Change Performance Index. CCPI)에서 OECD 60개 국가 중 57위를 기록했다고 발표했다. 우리나라보다 실행 지수가 낮은 나라는 사우디아라비아, 미국, 이란 3개국뿐이었다. 스웨덴, 노르웨이, 영국, 아일랜드 등에서는 국회가 기후위기 상태를 선포하여 탄소 제로에 이미 도달했거나, 2030년 도달을 목표로 강력한 탈탄소 정책을 강행하고 있다. 하지만 갈 길이 멀어 보인다.

이 속도와 강도로 온난화가 지속되어, 여름철이 극도로 고온화되고 아열대기후형이 확장되면 현재와는 다른 사회·경제 시스템과 인프

---

29   만 13세 이상 1,000명 참여.

라가 필요할 것이다. 작물의 파종, 수확 시기가 달라지고 품종은 변화할 것이다. 또 여름 열파나 폭염으로 인한 보건비용은 크게 증가할 것이다. 40℃ 이상 기온의 출현은 현재 전력 생산 시스템에 치명적인 문제를 일으킬 수 있다. 기온이 너무 높아져서 전력을 생산할 수 없는 상황이 되면 냉방 시설 없이 견뎌야 하는 상황이 도래할 것이다. 인간의 생체는 고온고습 상태에서는 열 방출이 잘 되지 않아 체온이 상승하며 사망에까지 이를 수 있다. 35℃ 기온에서 상대습도가 55퍼센트에 도달하면 극히 위험해지고, 80퍼센트가 넘으면 열사병으로 사망할 수 있다. 40℃ 상태에서는 더 치명적이어서 상대습도가 30퍼센트만 되어도 위험하고, 45퍼센트면 열사병이 발병한다. RCP 8.5 시나리오와 같은 결과가 발생한다면 우리나라에서 여름 중 낮 시간 실외활동이 거의 불가능한 기간이 길어질 것이다.

온실가스 배출량을 극적으로 감축하는 것만이 기후 재앙이 감당할 수 없는 수준으로 진행되는 것을 막고, 인류세에서 인류가 생존할 수 있는 유일한 방안이다. 하지만 전 세계 온실가스의 배출량은 줄어들지 않았고, 오히려 2017년에서 2019년까지 3년 연속으로 증가했다. 우리에게는 그리 많은 시간이 남아 있지 않다. 지금 바로 행동하지 않으면 미래에는 재앙이 찾아올 것이다. 지구온난화의 속도와 강도를 완화하여 기후 시스템의 변화를 최소화할 수 있는 모든 방법을 동원해야 할 때다. 더 이상 지체할 시간도 없고, 누가 대신해줄 수도 없다. 내가 곧 행동에 옮겨야 한다. 가능한 한 빨리 지구를 구하기 위해 새롭고 강화된 기후 행동을 준비해야 한다.

더 강력한 기후 위기가 기다리고 있다

'You have stolen my dreams and my childhood with your empty words,' climate
activist Greta Thunberg has told world leaders at the 2019 UN climate action
summit in New York. In an emotionally charged speech, she accused them of
ignoring the science behind the climate crisis, saying: 'We are in the beginning of
a mass extinction and all you can talk about is money and fairy tales of eternal
economic growth - how dare you!'

UN secretary general hails 'turning point' in climate crisis fight
This video was relaunched on 24 September 2019 to reinstate a short segment
of speech that was edited out in the original version

'You have stolen my dreams and my childhood with your empty words,' climate
activist Greta Thunberg has told world leaders at the 2019 UN climate action
summit in New York. In an emotionally charged speech, she accused them of
ignoring the science behind the climate crisis, saying: 'We are in the beginning of
a mass extinction and all you can talk about is money and fairy tales of eternal
economic growth - how dare you!'

secretary general 'turning point climate crisis
video was relaunched on 24 September 2019 to reinstate a short segment
speech that out in the original version

03

이승호

이누이트의 위기,
우리가 당면한 미래

이 장에서는 인류세에 살고 있는 북극 원주민 이누이트Inuit를 이해해 보려 한다. 이누이트는 그들 스스로 자연환경에 영향을 미치는 한편, 다른 인류로부터 큰 영향을 받고 있는 민족이다. 남쪽 사람들은 이누이트를 단지 하나의 '환경' 정도로 여기는 경우가 많다. 심지어 이누이트를 북극곰의 배경쯤으로 바라보는 경우도 흔하다. 우리는 기후변화로 인해 위기를 맞게 된 북극곰의 미래를 염려하지만, 정작 같은 인류인 이누이트의 미래에는 그리 관심을 기울이지 않는다.

이누이트가 어떻게 아시아 대륙을 벗어나 북극으로 이주하였고, 어떻게 혹독한 환경에서 살아남았는지, 오늘날 다른 인류로부터 어떤 영향을 받고 있는지, 최근의 급격한 기후변화 속에서 이누이트의 미래는 어떠한지 등에 대하여 살펴보자. 나는 2018년 8월과 2019년 10월에 북위 66.5도 이북 북극권에 위치한 캐나다 누나부트 준주의 빅토리아섬 케임브리지 베이에서 이누이트를 면담했다. 여기서 다루는 이야기들은 그 내용을 중심으로 그 외 다양한 저서와 각종 자료를 참고한 것이다. 특히 법학 교수인 셸리 라이트가 캐나다 이칼루이트 지역의 아키트시라크 로스쿨에 근무하면서 수많은 이누이트 원주민과의 교류를 바탕으로 집필한 『우리의 얼음이 사라지고 있다』에서 많은 정보를 얻었다.

누나부트 준주는 캐나다의 정치적 영토 단위이면서 헌법으로 보장되는 원주민의 영토다. 본래 노스웨스트 준주의 일부였으나, 1993년에 캐나다 정부와 이누이트 공동체 간의 협상으로 맺어진 누나부트 토지 관리 협정에 의해 1999년 4월부터 노스웨스트 준주에서 독립하였다. 누나부트와 노스웨스트 준주의 경계는 수목한계선과 거의 일치하는데, 수목한계선 북쪽의 툰드라 지역이 누나부트에 해당한다. 그렇기에 엄밀히 말해 누나부트에는 숲이 없다. 한편, 캐나다 북극 서부의 원주민은 이 협정에 찬성하지 않아 누나부트에 포함되지 않았다. 따라서 빅토리아섬의 북서쪽 직선 경계 너머는 노스웨스트 준주에 해당한다.

내가 면담을 실시한 케임브리지 베이에는 약 2000명의 주민이 거주하고 있으며, 그중 85퍼센트 정도가 이누이트이다. 그러나 이 지역에는 캐나다 극지연구소 CHARS(Canadian High Arctic Research Station)가 자리하고 있어서 외부인[30]이 많고, 다른 북극 원주민 공동체보다 인구 증가 폭도 큰 편이다. 이외에도 누나부트 아틱 대학 캠퍼스가 자리하고 있어서 비교적 외부와의 교류가 활발한 축에 속한다. 하지만 주도인 이칼루이트나 케임브리지 베이와 같이 외부인과 교류가 많은 공동체를 제외하면 누나부트 주민의 대부분은 이누이트로 구성되어 있다.

30　　이누이트는 이들을 칼루나트(Qallunaat)라고 부른다. 이방인, 특히 남쪽에서 온 백인을 의미한다.

이누이트, 마지막 빙기에 베링해를 건너다

북극의 원주민들은 지역에 따라 크게 캐나다 북부에 거주하는 이들과 미국의 알래스카, 그린란드, 북유럽, 러시아 등지에 거주하는 이들로 나눌 수 있다. 캐나다의 이누이트는 분포 지역에 따라서 다시 그 명칭이 나뉘는데, 배런 그라운즈와 허드슨만 서쪽 툰드라에 거주하는 이누이트는 패들레이미우트Padleimiut와 아히아르미우트Ahiarmiut, 배핀섬 북부에 거주하는 이누이트는 투누이르미우트Tunuirmiut라 부른다. 또 그린란드에 거주하는 이누이트는 칼라알리트Kalaalit와 이누구이트Inughuit라 불린다. 이들 원주민은 지역별로 조금씩 다른 기원을 가지고 있다.

지금으로부터 약 11만 년 전, 마지막 빙기가 전 지구를 덮쳤다. 고위도와 높은 산지에서부터 서서히 확장해 내려온 빙하는 인류에게 식량 부족 문제를 초래했다. 기온이 낮아지면서 식물이 성장할 수 있는 시기가 짧아졌기 때문이다. 아프리카에서 유라시아 대륙으로 건너온 인류의 한 부류가 동쪽으로 이동하기 시작하여 약 25000년 전부터는 시베리아에도 인류가 거주하기 시작했다. 그로부터 약 5000년 뒤, 마지막 빙기가 거의 끝나갈 무렵 어느 여름에 일부 사냥꾼이 시베리아 동단까지 이르렀다. 그리고 기원전 12000년경에 그들의 일부가 베링육교[31]를 건넜다. 인류가 아메리카 북극으로 이주하기 시작한 것이다.

---

31 플라이스토세의 빙하기에 해면이 저하되어 생겨난, 시베리아와 알래스카 사이를 연결하는 육지.

북극 원주민의 이주 시기에 대해서는 다양한 주장이 있지만, 소규모의 이누이트와 알류트족Aleut이 베링육교를 건너 시베리아 동부에서 알래스카 서부로 이주한 것은 약 7000년 전쯤으로 보인다. 그 후 이누이트는 알래스카의 여러 지역으로 퍼져나갔고, 알류트족은 다시 베링육교를 건너 러시아와 알류샨열도로 돌아갔다고 알려져 있다. 알류트족은 오늘날에도 시베리아 동부에 거주하고 있다.

북쪽으로 이주한 이누이트는 약 4000년 전부터 북극을 횡단하기 시작하여 오늘날의 코로네이션만과 폭스 분지, 북아메리카 본토의 해안(허드슨만 주변), 그린란드 북부 등에 정착지를 만들었으며, 기원전 1600년경에는 남쪽의 래브라도반도 연안 나인[32]에까지 이르렀다. 이 시기 북극 원주민의 인구는 지속적으로 증가하였으나, 약 2700년 전 기후가 급격하게 냉각되기 시작하면서부터는 감소세를 보였다.

그러나 소위 '중세의 온난기medieval warm period'로 불리는 서기 900년경부터는 기후가 바뀌었다. 이 무렵 알래스카 서부와 시베리아 북동부에 살던 물개 사냥꾼들이 온난기가 절정에 이르렀던 11~13세기에는 그린란드 동부와 래브라도반도 남부로 이주하였으며, 바이킹이라 불리는 노르웨이인들도 이 시기에 그린란드와 캐나다 동부로 삶의 터전을 옮겨 갔다. 그러나 북극 환경에 적합한 생존 기술, 즉 회복력과 혁신적인 문화를 보유한 이누이트와 달리 노르웨이인 바이킹은 북극에서 생존하기 힘들었다.

---

32   나인은 대략 북위 56.5도에 위치하여 북극권의 훨씬 남쪽에 있다.

현생 인류 모두가 마지막 빙기를 포함한 다양한 환경 변화를 극복한 이들이긴 하지만, 이누이트는 북극이라는 극한 환경 속에서 7000년 이상 살아남으며 그들만의 생존 방식을 터득한 사람들이다. 이누이트의 북극 생존 기술은 IQ(Inuit Qaujimajatuqangit; 이누이트 전통 지식)라고 불린다. 이들은 언제든 쉽게 이동할 수 있게 동물의 가죽으로 만든 텐트에서 살았고, 겨울철에는 눈으로 만든 집(이글루)에서 살았다. 개인보다 공동체를 더 강조하는 삶의 방식 역시 극한의 환경 속에서 똘똘 뭉쳐 함께 살아남는 데 도움을 주었을 것이다.

또한 이누이트는 동물에게도 영혼이 있다고 믿는다. 우리는 그 생명을 존중하는 이누이트의 태도에서 그들의 삶이 지속 가능했던 근거를 찾을 수 있다. 이누이트는 사냥감이 아무리 많아도 생존에 꼭 필요한 만큼만 사냥했으며, 사냥감에게도 영혼이 있다고 믿고 존중했다. 이누이트는 사냥 중에 동물의 뼈를 발견하면 그 누워 있는 방향을 바꾸어준다. 오랫동안 한 자세로 누워 있으면 힘들 것이라 생각하기 때문이다.

바이킹이 북극으로 이주하던 1300년대, 원주민 일족인 투니이트족Tuniit이 사라졌다. 여기에 대해서는 다양한 견해가 있다. 그중 하나가 이들이 사라진 것은 유럽에서 유입된 새로운 질병 때문이라는 가설이다. 북극에 이주한 바이킹과 교류하는 가운데 바이킹이 보유하고 있던 병원균이 투니이트에게 전파되었을 가능성이 크다는 것이다. 이동하면서 생활하는 투니이트족의 특성을 미루어볼 때, 질병이 주변에도 빠른 속도로 확산하였을 것임을 유추할 수 있다. 이 무렵은 아시아에서 전파된 것으로 보이는 흑사병이 유럽을 휩쓸고 있던 시기이다. 그리고 흑사병이 활개를 치는 뒤편에서 한 인류가 또 다른 인류에 의해 지구에서 조용히 사라져갔다.

15세기 말에는 바이킹도 북극에서 완전히 사라졌다. 소위 '소빙기 little ice age'라 불리는 기후가 전 지구를 덮친 시기였다. 이로 인해 여름이 짧아지고 서늘해졌으며, 겨울은 더욱 추워졌다. 지표면 중 얼음 면적이 확대되면서 가축 사육도 어려워졌다. 가축이 사라지면 생계를 전적으로 얼음이 뒤덮인 땅과 바다에서 해결하는 수밖에 없다. 그러나 본디 목축업에 익숙했던 바이킹은 극한 기후에서의 야생 사냥에 적응할 수 없었다. 엎친 데 덮친 격으로, 바다 역시 해빙sea ice으로 덮이면서 본국인 노르웨이와의 교류도 어려워졌다. 미국의 뉴잉글랜드나 아이슬란드에서도 이와 유사한 어려움이 발생했다. 결국 북극의 바이킹이 사라진 것과 비슷한 시기에, 이들 지역에서도 점차 바이킹의 흔적이 지워지기 시작했다.

이누이트의 위기, 우리가 당면한 미래

유럽인의 북극 탐험과 북서항로 개척

대항해시대가 시작되면서 유럽에서는 동인도제도로 가는 항로를 찾기 위한 시도가 이어졌다. 그중에는 고래기름이나 물개 가죽, 보석 등을 찾겠다는 열망으로 북극해까지 탐험하는 경우도 있었다. 캐나다 동부와 그린란드에서 비교적 가까운 잉글랜드와 노르웨이의 사람들이 오늘날의 북서항로에 관심을 갖기 시작하였다. 잉글랜드인 프로비셔(Martin Frobisher, 1535~1594)가 첫 탐험에 나섰다. 프로비셔는 1576년 7월에 북위 63.6도 부근에 위치한 프로비셔만의 이칼루이트에 도착하였다. 당시 서로 낯설었던 원주민과 백인 간의 충돌이 있었고, 프로비셔의 선원 중 일부가 실종되었다. 그 무렵은 소빙기가 절정에 이르렀던 시기로 8월 하순에 접어들자 빠른 속도로 해빙이 확대되었다. 겨울은 길고 여름철 날씨는 불안정하여 예측하기 어려웠다. 프로비셔는 해빙으로 만이 묶이기 전에 돌아갈 수밖에 없었다. 그는 얻은 것 하나 없이 떠나야 했다. 탐험은 19세기까지 계속되었지만, 혹독한 소빙기 날씨와 탐험가들의 자만으로 인한 준비 부족으로 번번이 실패로 이어졌다. 그들은 석탄이 전혀 없는 곳에 무거운 석탄을 연료로 하는 배를 타고 탐험에 나섰다.

19세기 들어 프랑스와의 전쟁에서 승리한 잉글랜드 해군은 새로운 생존 전략을 찾아야 했다. 이에 함선의 용도와 장교 및 병사들의 일자리를 만들기 위해 북극해 탐험을 시작하였다. 잉글랜드 해군성은 1818년부터 1875년까지 총 20개의 탐험대를 북극해로 보냈다. 잉글랜드 해군 탐험대는 아시아로 가는 항로를 찾으려 시도하면서 19세기 말까지 거의 북극해를 지배하다시피 하였다. 그들은 프로비셔보다 더 멀리 항해하여 서경 120도 가까이 이르기도 하였지만 대체로 실패하였다.

가장 치명적인 실패는 1845년 존 프랭클린(John Franklin, 1786~1847)의 탐험이다. 탐험에 실패한 대원들이 살아남기 위해 인육을 먹었다는 증거까지 발견되었는데, 이들이 실패한 원인은 혹독한 추위와 통조림 캔에 의한 납중독, 배가 침몰하더라도 걸어서 목적지까지 갈 수 있으리라 생각했던 무지와 이누이트를 무시한 오만이었다. 그들은 가까이 있던 이누이트에게 도움을 요청할 수 있었지만 그러지 않았다. 이누이트의 전통 지식을 하찮게 여겼기 때문이다.

반면 프랭클린의 흔적을 찾으러 떠났던 존 레이(John Rae, 1813~1893)는 어느 정도 목적을 달성하고 돌아왔다. 그는 다른 유럽 탐험가들과 달리 탐험에 이누이트의 방식을 활용하였고, 마침 날씨도 비교적 온화하여 도움이 되었다. 노르웨이 탐험가 로알 아문센(Roald Amundsen, 1872~1928)도 북극점 탐험에서 이누이트의 방식을 이용하였다. 아문센은 1903년에서 1906년까지 데이비스 해협과 배핀만, 코로네이션만, 아문센만을 지나 알래스카의 놈에 이르는 북서항로를 항해하였다. 유럽인의 꿈이 이루어진 셈이다.

북극에서의 생존에 중요한 차이를 가져온 것은 바다를 바라보는 이누이트와 유럽인의 관점 차이였다. 유럽인들은 바다를 그저 '바다'로만 바라보았다. 심지어 얼어 있는 바다도 '바다'라고만 생각했다. 따라서 유럽인은 바다에서의 이동 수단으로 오직 배만을 이용하려 하였다. 반면, 이누이트에게 얼어 있는 바다는 육지의 연장이었다. 얼음으로 덮인 육지나 다를 바 없었다는 것이다. 이누이트 역시 배(카약)를 이용하여 바다를 건너기도 했지만, 바다가 얼었을 때는 육지의 연장으로 여기므로 개가 끄는 썰매를 타고 이동하였다. 얼어붙은 바다 위에 집을 짓기도 하였다. 이누이트에게 바다는 삶의 터전 그 자체였다.

최근 국가 간의 경계 문제에서 이런 관점 차이가 불거졌다. 유럽인은 바다에는 해양법을 적용해야 한다고 생각하지만, 이누이트는 육지와 똑같은 법을 적용하면 된다고 여기기 때문이다. 겨울이 되면 캐나다의 엘즈미어섬과 그린란드 북부는 얼어붙은 바다로 연결된다. 따라서 이 지역의 사람들은 얼음길을 통해 서로 상대방의 지역에 넘어가 사냥할 수 있었다. 그러나 국제해양법이 적용되면서부터는 서로 함부로 넘어갈 수 없게 되었다. 특히 엘즈미어섬에는 이누이트의 사향소 사냥을 막기 위한 사냥금지법이 시행되었다. 그런 법은 캐나다 이누이트에게도 적용되어 훗날 힘든 시기에 기근의 원인이 되었다.

20세기에 들어서 북극해 항해가 여러 차례 이루어졌다. 1940년 6월에는 캐나다 기마경찰대(Royal Canadian Mounted Police, RCMP)의 함선이 태평양의 밴쿠버를 출항하여 1942년 10월에 대서양 연안 핼리팩스에 도착하였다. 이 항해는 2년 이상 걸렸지만, 그로부터 2년 후에는 같은 배로 86일 만에 동서 횡단 항해에 성공하였다. 1940년대는 기후가 상당히 온화한 시기였다. 당시 최초로 북서항로를 서에서 동으로 항해

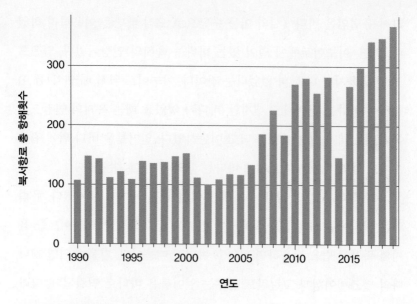

— 북서항로 총 항해 횟수 변화. (출처: Canadian Coast Guard.)

한 세인트로시호는 같은 계절에 또다시 동에서 서로의 항해를 마치고, 12개월 동안 해빙 속에서 견뎌내는 기록을 세웠다.

최근에는 기술 발달과 기온 상승으로 훨씬 더 짧은 기간에 북극해를 항해할 수 있게 되었다. 실제로 21세기 들어서 북서항로 항해가 더욱 빈번해지고 있다. 위의 그림은 2007년 이후 항해 횟수가 급격히 증가하고 있음을 보여준다. 20세기 말에는 연간 약 100회의 항해가 이루어졌으나, 2008년부터는 연 200회를 넘었으며, 2017년 이후에는 300회를 넘어섰다. 북서항로 항해 횟수의 증가는 해빙 면적의 감소로 이어질 수 있다. 쇄빙선이 해빙을 쪼개어 쉽게 녹게끔 할 뿐 아니라 선박이 배출하는 에너지도 해빙 융해에 영향을 미치기 때문이다.

해빙 면적은 표면의 반사도에 영향을 미친다. 해빙이 녹아 반사도가 낮아지면 북극권은 태양복사 에너지를 더 많이 흡수하게 된다. 그 결과 해양이 품고 있는 열이 많아지면서 주변의 기온도 올라가게 된다. 그리고 이렇게 초래된 기온 상승이 다시 해빙 융해로 연결되는 과정이 반복되면서 기온 상승 폭은 점점 더 증가하게 된다. 경제적 이익을 얻기 위한 북서항로 개척이 북극권의 기온 상승에 돌이키기 어려운 영향을 미치고 있는 것이다.

백인의 북극 이주와 이누이트 삶의 변화

군사기지가 된 북극과 이누이트 강제 이주

제2차 세계대전 이후, 전 세계는 미국을 중심으로 하는 서방 진영과 소련을 중심으로 하는 동구권 진영으로 재편되었다. 동서 간의 냉전은 이누이트에게 뜻밖의 큰 영향을 미쳤다. 세계 각국은 원하든 원하지 않든 한쪽에 줄을 서야 하는 상황이 되었고, 그것은 캐나다도 예외가 아니었기 때문이다. 어느 진영이든 대륙 간 탄도 미사일의 공격을 받게 된다면, 미사일이 자국 영토에 도달하기 전에 영공 밖에서 폭발시킬 수 있어야 했다. 이런 상황에서 불행히도 미국 본토와 구소련 사이에 위치한 캐나다, 특히 캐나다 북극권의 입장이 어떠하였을지는 쉽게 짐작할 수 있을 것이다. 만에 하나 소련에서 미국 본토를 향하여 대륙 간 탄도 미사일을 발사한다면, 그 미사일은 캐나다 북극 영공을 통과하게 될 수밖에 없다. 따라서 미국은 장래 있을지 모르는 미사일 공격의 경로를 파악하기 위해서 가능한 한 소련에 가까운 장소에 조기 경보 시스템을 구축해야만 했다. 이는 소련의 경우도 마찬가지였다. 결국 캐나다 북극권은 두 진영 모두에게 꼭 필요한 장소가 되었다.

미국은 캐나다 북극권과 그린란드 서부 곳곳에 소련의 공격에 대비하기 위한 조기 경보 시스템을 구축하였다. 기지 건설을 위해서는 많은 것이 필요했다. 우선 남쪽에서 인력과 물자를 수송해오기 위한 대형 선박과 바다의 상황을 파악하기 위한 항공 작전이 필요했고, 허드렛일을 할 단순 노동자도 필요했다. 그 결과 이누이트 강제 이주가 실시

되었다. 원주민이 재배치되며, 남쪽 사람들과 만나게 되는 상황이 발생했다.

군사기지의 등장이 이누이트에 미친 영향은 결코 작지 않았다. 군사기지가 유목민인 이누이트를 한 장소에 정착시키는 요인이 되었기 때문이다. 이누이트는 그간의 유목 생활에서는 스스로 자신과 가족의 삶을 결정할 수 있었지만, 군사기지 주변으로 이주당한 후부터는 꼼짝없이 기지에 종속되어 살아야만 했다. 그들의 전통 음식이 아닌 남쪽 음식에 길들여지기 시작했고, 군사기지와 주변에 들어선 술집을 통해 술맛까지 보게 되었다. 심지어 군사기지 주변에서는 이누이트 여성에 대한 성 착취 문제가 불거지기도 했다. 음주와 성 착취는 강제 이주로 인해 이미 정신적으로 지칠 대로 지쳐 있던 이누이트들에게 심각한 후유증을 낳았다. 자살과 가정폭력, 살인 등이 빈번해지고 아이들은 어른의 보호를 받지 못하게 되며 원주민 공동체 자체가 붕괴할 위기에 놓였다.

이누이트의 삶을 무너뜨린 백인의 북극 지배

잉글랜드는 1756년부터 1763년까지 7년 동안 벌어진 프랑스와의 전쟁에서 승리하여 파리조약을 맺었다. 파리조약에 따라 캐나다는 잉글랜드의 식민지가 되었지만, 1867년 자치령의 지위를 얻었고, 1880년에 잉글랜드로부터 서경 60도에서 141도 사이 북극 수역과 북극해에 분포하는 모든 섬을 할양받았다.

그럼에도 당시 캐나다는 북극에 대한 지배권을 거의 행사하지 못하였다. 노르웨이인 아문센이 북서항로를 통과할 때도 그저 지켜보고 만 있었을 정도였다. 그러나 이 사건은 분명 커다란 자극이 되었고, 이후 캐나다 정부는 급히 북극에 대한 자국의 관할권을 행사하기 위해 나섰다. 그 결과 캐나다 해안경비대가 북극해 제도에 대한 주권 순찰을 실시하였고, 1920년대에는 북극권에 기마경찰대 초소가 설치되었다. 북서항로의 동쪽 입구에 해당하는 데번섬의 던다스 하버에도 1924년 초소를 설치하고 세 명의 경찰관과 그들을 도울 원주민 가족을 이주시켰다. 그러나 경찰 한 명은 이곳의 혹독한 환경을 견뎌내지 못하고 바로 귀환했으며, 나머지 두 명의 경찰관은 2년 후 그곳에 묻혔다. 캐나다 당국이 북극에 기마경찰대를 파견한 것은 국내적으로는 원주민에게 그들 역시 캐나다 정부의 통치 가운데 있음을 보여주기 위한 것이었고, 국제적으로는 북극해 제도에 대한 캐나다의 주권을 강력하게 주장하기 위한 것이었다.

한편, 이 무렵 북극권에는 여우 사냥이 극성을 이루고 있었다. 유럽에 여우 모피 산업이 크게 성행하면서 원주민은 물론 수많은 남쪽 사람들이 여우 사냥에 뛰어든 것이다. 그러던 중, 백인 여우 사냥꾼이 이누이트에게 살해당하는 사건이 발생하였다. 여우 모피 산업이 점차 사양길로 접어들고 있던 어느 날, 여우 사냥에 지친 한 백인이 우연히 원주민 마을을 찾아와 여우 모피를 사달라고 부탁했다. 그러나 이누이트들이 여우 모피가 필요하지 않다며 거절하자, 그는 발작을 일으키며 원주민들과 그들의 개에게 여러 차례 총을 겨누기까지 하였다. 결국 이

상황을 매우 심각하게 받아들인 이누이트들은 이 백인을 어떻게 처리할 것인지 회의하였고, 그가 자신들의 생존을 위협한다고 판단하여 처형한 것이다.

이 사건은 원주민과 백인 간 문화적 충돌의 결과라 할 수 있다. 이누이트는 백인과 달리 개인의 행복이나 권리보다 집단의 생존을 최고로 우선시한다. 뿐만 아니라 원주민은 사냥감을 생존을 위해서만 사냥하였고, 사냥에 필수적인 개를 매우 소중하게 취급하였다. 그것이 혹독한 자연환경 속에서도 살아남게 해준 그들의 지혜였다. 따라서 집단의 생존에 위협이 되는 행동을 지속하는 사람은 추방하거나 처형할 수밖에 없다고 여겼다(죽은 백인의 입장에서는 살해당한 것이었겠지만.).

하지만 결국 이 백인을 '처형'하는 데 협조한 이누이트들은 체포되어 캐나다 법에 의해 재판을 받았다. 당시 '주범' 격이었던 이누이트는 서양 종교를 받아들이면 혹시라도 처벌을 면해주지 않을까, 하는 기대로 기독교로 개종하기도 하였는데, 결국 징역형을 선고받았다. 이 사건은 단지 이누이트의 전통 법을 집행하였을 뿐인데 처벌을 받았다는 것과 처벌을 면하기 위해 개종했다는 두 가지 측면에서 이누이트에게 큰 충격을 주었다. 나아가 이후 이누이트의 생활상이 크게 변화하는 계기가 되기도 했다.

다시 모피 산업 이야기로 돌아가보자. 유럽에서 흰 여우 털이 유행하던 20세기 초, 캐나다 북극권의 여우 모피 산업을 독점하였던 것은 잉글랜드 정부의 지원으로 17세기 설립된 허드슨 베이사였다. 허드슨 베이사는 엘즈미어섬, 배런 그라운즈 등에 지사를 세우고, 여우 사냥을 조장하였다. 여우 사냥을 위해서 허드슨만 연안에 거주하던 원주민을 내륙과 고위도 쪽으로 강제 이주시키기도 했다(물론 강제 이주는 북극권에 대한 주권을 수호하기 위한 원주민 재배치 정책의 일환이기도 했다). 이들은 여우를 많이 잡아들이기 위하여 이누이트의 전통 사냥 방식을 무시하고 여우 덫과 총을 사냥에 동원하였다. 이들은 여우뿐만 아니라 내륙에 거주하는 이누이트의 소중한 식량원이었던 카리부(순록)도 무자비하게 사냥하였다.

서구식 사냥이 시작되면서 이누이트는 그들의 전통 사냥 방식을 전승할 기회를 잃어갔다. 또한 잡은 여우를 허드슨 베이사가 제공하는 생활필수품과 교환하게 되면서 생활 방식 자체가 바뀌었다. 생활을 점차 허드슨 베이사에 의존하게 된 것이다. 그러던 중 1930년대 세계 대공황이 닥치면서 유럽의 여우 모피 산업이 붕괴했다. 생필품 거래가 중단되고, 총도 사용할 수 없게 되었다. 전통적인 사냥 방법도 잊은 지 오래였다. 어찌 저찌 사냥을 해보려고 해도 남부 밀렵꾼들이 카리부를 마구 사냥해낸 까닭에 사냥감이 없었다. 이누이트에게 고통의 시기가 열렸다. 대기근이 시작된 것이다.

또한 캐나다 정부는 허드슨만 연안과 그 주변 바다를 무대로 살고 있던 이누이트들을 고위도 북극권으로 강제 이주시켰다. 군사적·정치적·경제적 측면에서 이 지역의 중요성을 깨달은 것이다. 북위 50도에서 65도에 위치한 허드슨만은 고위도 북극권보다 훨씬 온화하고, 극야와 백야가 극단적으로 나타나지 않아 밤과 낮이 있는 지역이다. 반면, 이누이트들이 이주당한 지역은 북위 70도에서 76.5도에 분포하고 있어 겨울철에는 극단적으로 추울 뿐 아니라, 24시간 내내 칠흑 같은 밤만 이어졌다. 마땅한 사냥감도 없었다. 수많은 원주민들이 갑자기 달라진 환경에 겁을 먹었다. 이들은 점차 기근에 굶주려 죽어갔다. 긴 이주 여정 중에 질병으로 사망하거나, 가족을 서로 다른 지역에 내리게 하는 바람에 생이별을 겪는 사람들도 많았다. 해당 지역에 파견된 기마경찰대 몇 사람의 판단으로 이루어진 강제 이주가 전체 이누이트의 삶을 송두리째 망가뜨린 것이다.

지워지지 않는 흉터, 기숙학교 제도

유럽계 캐나다인들은 캐나다가 잉글랜드로부터 독립하기 이전부터 원주민들을 서구 문화에 동화시키려고 하였다. 기숙학교 제도는 대표적인 동화정책 중 하나이자, 원주민의 삶에 가장 큰 비극을 초래한 제도이기도 하다. 케임브리지 베이에서 만나 함께 이야기 나누었던 한 이누이트는 당시의 상황을 설명하던 중 격앙된 나머지 급기야 눈물을 흘리면서 잠시 설명을 멈추기도 하였다.

기숙학교는 캐나다 정부와 가톨릭교회가 설립하고 운영하였다. 만 2세에서 18세의 아동은 모두 기숙학교에 가야 했기에 당시 이누이트 마을에서는 어린이를 찾아볼 수 없었다. 기숙학교는 원주민 공동체에서 수천 킬로미터 떨어진 도시에 있었기에, 일단 입학한 후에는 가정으로 도망칠 수 없었다. 이에 기숙학교에 가지 않으려고 다른 마을로

— 툰드라의 경관.

도망가다가, 굶주림과 추위를 이기지 못하고 툰드라 들판에서 사망하는 사례도 발생했다.

기숙학교에 입학한 북극 원주민 어린이들은 영어와 불어, 글쓰기, 산업과 거래, 종교 등을 배웠다. 원주민의 고유 언어인 이누크티투트 Inuktitut를 사용하거나 그들의 전통대로 행동하는 것은 금지되었다. 이누이트 아동들 앞에 주어진 것은 완벽하게 새로운 환경이었다. 머리를 짧게 잘라야 한다는 것은 어색한 일이었고, 입는 의복도, 아침저녁으로 이루어지는 기도도, 목욕 문화와 침대 생활도 낯설었다. 현대식 가옥에 거주하는 나이 든 이누이트들이 바닥에 매트리스를 깔고 생활하는 것을 종종 볼 수 있는데, 오늘날에 이르기까지도 침대 생활이 익숙하지 않은 것이다.

그저 낯선 것뿐이었다면 천만다행이었으련만, 불행히도 여러 기숙학교에서 학대가 만연했다. 많은 이누이트 어린이들이 질병과 폭력으로 사망하였다. 특히 종교 단체에서 운영하던 기숙학교에서 학대가 심하였던 것으로 알려져 있다. 정부에서 운영한 기숙학교에 대해서는 긍정적으로 평가하는 이누이트도 있으며, 오늘날 이누이트 사회에서 리더 역할을 하는 원주민은 대부분 국립 기숙학교 출신이다. 그러나 어디까지나 보다 나은 교육 여건 속에서 덜 고통받았다는 것뿐이지, 행복했다는 것은 아니라는 점에 주목해야 한다.

기숙학교 제도는 1970년대에 정점을 찍은 후, 1970~1980년대에 대부분 폐교되었지만, 일부 학교는 1996년까지도 운영되었다. 2019년 캐나다 진실화해위원회는 약 2800명의 기숙학교 사망자 명단을 발표하였다. 그러나 기숙학교가 운영되는 100여 년 동안 사망한 이누이트 어린이는 무려 3200명에서 6000명까지도 될 것이라 추산된다.

기숙학교에서 살아남아 가정으로 돌아왔다고 해서 고통이 끝난 것은 아니었다. 길게는 15년 넘게 전통문화와 단절된 삶을 살다 온 이들은 이제 그들의 가족과는 완전히 다른 사람이 되어 있었다. 기숙학교에 돌아온 이누이트는 가족과 섞이기 어려웠다. 그들에게는 원주민 공동체 생활의 모든 것이 낯설고 혼란스러웠다. 손으로 음식을 먹는 부모는 마치 원시인처럼 여겨졌다. 원주민의 전통 생활 방식과 언어도 알지못했기에 이들은 더욱 큰 정체성의 혼란을 겪어야 했다. 그들은 진정한 이누이트, 사냥꾼으로 살아갈 수 없었다. 그 결과 고통을 이겨내기 위한 수단으로 술과 마약에 손을 대기 시작하였으며, 이는 실업과 빈곤,

가정 파괴, 성 학대, 노숙, 높은 수감율, 조기 사망으로 이어졌다.

기숙학교 트라우마는 오늘날까지도 남아서 다음 세대로 이어지고 있다. 나에게 눈물을 흘리면서 기숙학교에 대해 설명해준 이누이트 역시 기숙학교를 직접 경험하지 않은 젊은 세대였지만, 기숙학교의 참상에 대해 눈물까지 흘릴 정도로 가슴 아파하고 있었다. 그의 어머니가 기숙학교에서 주방 세제로 양치를 배웠다는 대목은 내 기억 속에도 큰 충격으로 남아 있다. 결국 2008년, 스티븐 하퍼 캐나다 총리는 정부와 국민을 대신하여 강제 재배치와 기숙학교 입학으로 인해 수십 년 동안 원주민이 겪어야 했던 고통에 대하여 사과하였다.

새로운 종교의 유입과 이누이트 전통 종교의 위상 변화

혹독한 환경에서 살아가는 원주민 공동체의 특징은 대부분 주술사(샤먼)가 존재한다는 것이다. 북극 원주민 공동체 역시 예외는 아니었다. 이누이트 공동체의 주술사는 미래를 예측할 수 있는 능력의 소유자로서 공동체에서 중요한 사람으로 대우받았다. 또한, 그는 신과 인간의 매개자(보조영신)로서 사람을 벌하거나, 병과 상처를 치료하고 사람들의 영혼과 전통 풍습을 지켜나가는 존재로 여겨졌다.

그러나 20세기 초에 가톨릭교와 영국 성공회 같은 외부 종교가 북극권으로 들어오기 시작하면서 이누이트 전통 종교와 주술사의 위상은 변화하였다. 특히 개신교 교회까지 들어와 급속히 성장하면서부터 이러한 현상은 더욱 심화하였다. 전통문화의 금기로부터 활동 제약을 많이 받았던 여성들이 새로운 종교를 수용하는 데 있어 가장 적극적이었다. 그것이 일종의 탈출구가 되어줄 것이라 생각했기 때문이다. 가톨릭교회와 영국 성공회는 샤먼의 행동을 사탄의 그것으로 취급하며, 개종자들에게 샤먼은 물론, 심지어 가족이라 할지라도 다른 종교 신자와는 어울리지 말 것을 요구하였다. 내가 방문하였던 케임브리지 베이에는 로마 가톨릭교회, 영국 성공회 교회, 개신교 교회가 모두 있었지만, 종교 활동이 이루어지는 곳은 개신교 교회뿐이었다. 아마 로마 가톨릭교회는 아직까지도 이누이트들에게 기숙학교의 기억을 환기하는 장소로 남아 있는 것 같다.

새로운 종교의 유입은 전통문화 보존에 부정적인 영향을 미쳤다. 새로운 종교가 주술사들이 행하던 북춤과 노래, 그 밖의 전통적인 활동들을 모두 금지했기 때문이다. (이런 문제는 캐나다 북극권뿐만 아니라 대부분의 소수민족들이 겪고 있는 상황이기도 하다.) 물론 긍정적인 영향도 있다. 기독교 선교사들이 이누이트 사회에 음절문자를 도입하면서, 이누이트의 말을 문자로 표시할 수 있게 된 것이다.

오늘날 이누이트 원로 대부분은 독실한 기독교 신자이거나 기독교와 이누이트 전통 종교 양식이 혼합된 형태의 종교 활동을 한다. 내가 찾았던 어느 교회에서는 일요일 오전에 2시간 동안 종교 활동(예배)을 진행했다. 예배 참여자는 이누이트와 남쪽에서 온 캐나다인(백인, 흑인 포함)이 섞여 있었고, 예배를 이끄는 목사와 정부 기관 소속의 선교사는 모두 나이 든 이누이트였다.

기후변화가 이누이트에게 미치는 영향

오늘날 기후변화는 세계인에게 중요한 이슈이지만, 북극권 주민들은 기후변화의 심각성을 더욱 크게 느끼고 있는 듯했다. 실제로 고위도로 갈수록 기온은 더 큰 폭으로 상승한다.

아래의 그림은 북극권의 케임브리지 베이에서 시간의 흐름에 따라 일 최저 기온이 0℃ 이상인 일수가 변화하는 경향을 보여주는 것으로, 표를 통해 우리는 1980년대 이후로 기온이 가파르게 상승하고 있다는 것을 알 수 있다. 실제로 1980년대에는 일 최저 기온이 0℃ 이상인 날이 60일 내외였으나 21세기에 들어서는 70일을 넘고 있다. 이에 따라 겨울이 짧아지고 여름철이 길어진다. 여러 연구 결과에 의하면,

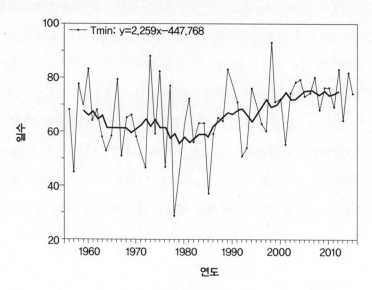

— 케임브리지 베이의 일 최저 기온 0도 이상 일수의 변화. (출처: 이승호 외, 2018.)

이누이트의 위기, 우리가 당면한 미래

북극권에서는 여름보다 겨울철 기온 상승 폭이 더 크게 나타나며, 이 경우 그만큼 환경에 큰 영향을 미치게 된다. 기온 상승이 해빙이 분포하는 시기와 면적 변화에 직접적인 영향을 주기 때문이다.

겨울이 짧아지면 해빙이 형성되는 시기가 늦춰지고, 녹는 시기는 일러진다. 두꺼운 다년빙[33]이 감소하는 것도 문제다. 이누이트나 북극곰은 물개 사냥을 할 때, 두꺼운 얼음 위에서 기다리고 있다가, 물개가 숨을 쉬기 위해 얼음 밖으로 나오는 틈을 노려 사냥을 한다. 이때 가을에 얼었다 다음 봄에 녹는 계절빙은 얇기 때문에 사냥하기에 적합하지 않다. 최근 들어 다년빙의 면적이 갈수록 더 가파르게 감소하고 있어서 이누이트에게나 북극곰에게나 바다 사냥이 점점 어려워지고 있다. 케임브리지 베이의 경우, 과거에는 9월 하순부터 결빙이 시작되었지만, 최근에는 10월 중순이나 되어야 바다가 얼기 시작한다. 내가 2019년에 방문했을 때는 10월 중순인데도 작은 만만 겨우 얼어붙었고, 연안에서 떨어진 넓은 바다는 아직 결빙이 시작도 되지 않은 상태였다. 지역 주민들에 의하면 점차 결빙 시작 시기가 늦어지고 기간도 짧아지고 있다고 한다.

내륙에 사는 이누이트는 카리부와 사향소에 생계를 거의 전적으로 의존하고 있기 때문에, 사냥감의 이동 경로는 이들에게 매우 중요한 문제다. 카리부와 사향소는 겨울철에 캐나다 본토로 이동하였다가 여름이 되면 다시 북극권으로 돌아오는데, 이들의 이동 경로는 해빙 상태

33　2년 이상 해빙 상태로 남아 있는 바다 얼음.

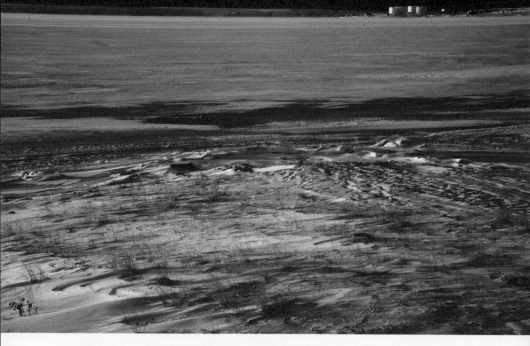

— 이제 막 결빙이 시작된 바다. (케임브리지 베이, 2019. 10.)

에 따라 달라질 수 있다. 케임브리지 베이만 해도 1980~2016년 사이에
는 사향소가 많았지만, 최근 몇 년 동안에는 전혀 볼 수 없었다고 한다.
이누이트들은 1980년대 이전에도 사향소를 보기 어려웠던 때가 있었
으므로, 시간이 지나면 다시 사향소를 볼 수 있을 것이라고 믿고 있다.

　　사냥감이 사라지면서 또 다른 문제가 생겼다. 사냥감을 찾기 위해
이전보다 더 멀리까지 이동해야 하므로 사냥 중 사고 발생 빈도가 증가
한 것이다. 관계자에 의하면, 구조대 출동 빈도가 지속적으로 늘고 있
는데, 과거보다 얇아지고 폭이 좁아진 해빙도 사고의 원인이라 한다.
사냥 중에 해빙이 갈라져 바다 한가운데 고립되어 떠다니는 상황도 자

이누이트의 위기, 우리가 당면한 미래

주 발생한다.

사냥감 감소는 결정적으로 북극 원주민의 식문화에도 영향을 미친다. 북극 원주민은 본래 카리부나 사향소, 물개 등을 주식으로 하는데, 야생에서만 구할 수 있는 이런 음식 거리들은 '나눔'이라는 이누이트만의 독특한 문화를 만들었다. 이누이트는 사냥 후 자신과 가족이 먹을 고기를 챙긴 다음에, 남은 것은 질병이나 부상 등으로 사냥에 나갈 수 없는 형제와 친척에게 나눈다. 이때 특히 나이 든 여성 노인과 과부를 우선시한다. 또한 이누이트는 혼자 사냥에 나서지 않고 여럿이 함께 나가며, 이때 반드시 원로를 초빙하여 사냥 경로와 귀환 시기 등 중요한 사항을 결정하게 한다. 젊은이들이 사냥에 있어 원로의 지혜를 중요하게 여기기 때문이다. 내가 만난 이누이트의 대부분은 지속적인 사냥감 감소 현상이 나눔과 원로 존중이라는 이누이트의 아름다운 전통문화를 깨뜨리게 되는 것을 우려하고 있었다.

한편, 최근의 기온 상승은 고위도 북극에서 빙상을 후퇴시키며 툰드라 영역을 북쪽으로 확대해가고 있다. 빙상이 사라지며 드러나는 땅에는 석유와 천연가스, 우라늄, 금, 다이아몬드, 구리 등의 지하자원이 풍부하게 매장되어 있다. 여기에 해빙 면적 감소까지 맞물려 접근도 용이해진 까닭에 남쪽 사람들은 이 지역에 눈독을 들이기 시작했다. 이미 허가받은 캐나다, 노르웨이, 중국 등의 기업이 자원 개발에 참여하고 있으며, 점점 더 많은 사업이 추진되고 있어서 정부와 환경단체, 원주민 간에 갈등 요인이 되고 있다.

원주민들은 여러모로 어려운 상황에 놓여 있다. 북극권의 자원을 개발하기 위해서는 캐나다 정부와 누나부트 준주의 허가가 있어야 하고, 누나부트 영향 검토국에서 개발 사업이 생태계나 지역 경제 등에 미칠 영향을 평가한다. 하지만 일단 개발이 진행되면 필연적으로 환경과 이누이트들의 문화적 가치가 훼손될 수밖에 없다. 이에 원주민 공동체와 환경단체가 자원 개발을 격렬히 반대하고 있지만, 다른 지역의 자원이 점차 고갈되고 있는 데다가 북극의 기후 환경이 점점 개발에 유리한 방향으로 변하고 있어서 개발 압박은 더욱 커질 것으로 보인다.

정부는 자원 개발을 통해 재원을 확보하고 일자리를 창출하는 등 경제를 발전시켜 국가의 미래를 준비하고자 한다. 원주민 원로들은 경제 발전의 필요성을 인정하면서도 개발이 생태계에 미칠 영향을 크게 우려한다. 자원 개발이 시작되면, 우선 대형 장비와 인력이 모여들게 되므로 이누이트의 사냥감인 카리부와 사향소의 이동 경로가 바뀔 수 있고, 해빙 면적이 더욱 축소될 수 있다. 전통에 미칠 영향도 무시할 수 없다. 내가 만난 이누이트의 대부분은 자원 개발로 전통적인 사냥 기술이나 관행이 사라질 것을 우려하고 있다. 이누이트에게 있어 전통은 곧 그들의 정체성이기 때문이다. 다행스러운 것은 캐나다 법원이 개발에 앞서 원주민의 입장을 청취할 것을 제시하고 있다는 것이다. 법원은 원주민의 권리에 영향을 미칠 수 있는 사업을 시행하기 위해서는 원주민과의 충분한 논의가 필요하다고 판결하였다.

이누이트의 위기, 우리가 당면한 미래

이누이트의 미래를 생각하다

전구적인 기온 상승과 남쪽 문화의 침투. 오늘날 이누이트가 겪는 문제는 거의 전적으로 이 두 가지에서 출발한다 해도 과언이 아니다. 우선 기후변화는 사냥감의 개체수를 줄여 사냥을 어렵게 하는 직접적인 요인이다. 실제로 이미 식문화가 변화하기 시작했다. 내가 케임브리지 베이의 한 이누이트 가정을 방문했을 때, 카리부 고기와 함께 식탁에 놓여 있는 식빵이 단박에 눈에 띄었다. 냉장고 속에도 남쪽 사람들이 즐기는 음식 재료가 가득하였는데, 70세에 가까운 이누이트였음에도 이미 남쪽 음식에 익숙해진 것이다. 본래 이누이트는 카리부나 사향소, 물개 등의 고기로 만든 전통 음식으로 건강을 유지해왔으나, 기후변화로 인해 사냥감이 부족해지면서 남쪽에서 온 정크푸드에 노출되고 있다. 하나같이 당류가 많이 포함된 음식들이다.

당류 섭취는 이누이트에게 두 가지 건강문제를 야기한다. 첫째는 비만과 성인병이다. 본래 북극 원주민은 섭취한 날고기의 성분으로부터 탄수화물을 합성하는 능력을 갖고 있었는데, 빵 등을 통해 탄수화물을 과잉 섭취하게 되면서 비만이 늘고 있다. 비만은 당뇨와 심장병 등 또 다른 질병의 원인이 되어 기대수명을 단축한다. 실제로 누나부트의 평균 수명은 캐나다에서 가장 짧다.

둘째는 치과 질환이다. 본래 고기만 먹던 원주민은 이가 강하였으나, 당류가 많은 남쪽 음식을 섭취하기 시작하면서 치과 질환이 빠르게 늘고 있다. 그러나 치과 의사 자체가 부족하고, 소수의 치과 의사가 북극 공동체를 순회하는 방식으로 진료가 이루어지기 때문에 제때에 치료를 받지 못하는 경우가 허다하다. 내가 현지에서 만난 이누이트들도 어른, 아이 할 것 없이 이가 성한 경우를 보기 어려웠는데, 특이하게도 공공기관에서 일하는 이누이트는 대체로 이가 성한 것으로 보아 교육 수준과 치아 건강 상태 간에 상관관계가 있는 것으로 보였다.

케임브리지 베이를 처음 방문했을 당시, 작은 공동체에 자리한 두 개의 대형 마트는 눈을 의심하게 하였다. 주류가 없다는 것을 제외하면 진열되어 있는 품목은 남쪽의 소도시와 전혀 다르지 않았다. 마트 앞에는 전 세계 어디서나 볼 수 있는 프랜차이즈 패스트푸드점이 자리 잡고 있었고, 항상 사람들로 붐볐다. 남쪽의 음식이 북극에 상당히 깊숙이 침투해 있다는 반증이다.

달콤한 남쪽의 음식을 즐기려면 현금이 필요하다. 현금을 얻기 위해 과거에는 상상도 할 수 없었던 일들이 벌어지기도 한다. 잡은 사냥감을 서로 나누던 사람들이 이제는 SNS 등을 통해서 카리부나 사향소 고기를 판매하고 있다. 대부분의 이누이트는 이런 상황에 대해 매우 우려하는 시각을 드러낸다. 불행 중 다행인 점은 마트에는 아직 전통 음식 거리가 눈에 띄지 않았다는 것이다.

식문화의 변화는 이누이트 원로의 권위를 약화하는 요인도 된다. 사냥에는 큰 위험이 따르기 때문에, 북극 원주민들은 본래 사냥에 있어 원로의 지혜를 가장 중요하게 여겼다. 그러나 식문화가 바뀌면서 사냥의 중요성이 낮아진 데다가 남쪽의 사냥 방식까지 도입되면서 원로의 권위가 약해지고 있다. 기후변화도 한몫하였다. 과거에는 오래 축적된 기후에 대한 경험으로 날씨를 예측할 수 있었다. 그러나 기후가 변하면서 바람의 방향과 날씨를 예측할 수 없게 되었다. 과거에는 원로가 얼음 상태를 보고 언제 사냥을 해야 할지, 어디로 가야 할지 등을 판단하였으나 오늘날에는 그 또한 어려워졌다. 북극 원주민들은 대부분 바람이 빠르게 달라지는 현실을 인지하고 있다. 심지어 해가 뜨는 방향이 바뀌었다고 착각하는 경우도 있다. 해빙이 사라지면서 햇빛의 굴절 상태가 달라지기 때문에 충분히 그렇게 느낄 수 있는 현상이다.

레저를 위해 남쪽에서 몰려드는 사냥꾼들도 이누이트의 삶에 영향을 미친다. 북극으로 가는 비행기에서 내 옆자리에 앉았던 한 이누이트는 자기가 살고 있는 공동체에 방문해달라면서 스마트폰으로 몇 장의 사진을 보여주었다. 대부분 자신이 남쪽 사람들을 안내하며 함께 사냥하는 장면이었다. 그러나 케임브리지 베이에서 만난 다른 이누이트는 이런 상황에 대해 크게 분개하며, 격앙된 목소리로 "남쪽 사람들이 우리의 먹이를 다 죽이고 있다! 단지 재미를 위해!"라고 외쳤다.

남쪽 사람들의 지속적인 유입으로 인해 미래의 이누이트는 지금보다 더 많이 달라질 것이다. 남쪽 사람들의 행동과 문화는 북극 원주민에게 현금의 중요성을 더욱 강하게 인식시킨다. 이런 상황에서는 설령 사냥감이 많다고 하더라도 사냥만으로는 삶을 해결할 수 없게 된다. 결국 원주민도 임금 경제에 들어설 수밖에 없는 상황이다. 고등교육을 받지 못한 원주민들은 현금을 벌기 위해 허드렛일을 하거나 일용직에 종사하는 수밖에 없다. 외지인에게 다가가서 자신이 만든 작은 조각품을 사달라고 부탁하는 경우도 흔하다. 전통문화에 익숙한 원주민에게 임금 경제는 그 자체로 스트레스가 되며, 우울증, 높은 자살률 등의 원인이 되기도 한다.

오늘날 북극 원주민이 처한 현실 속에 우리의 미래가 보이는 듯하여 우려가 크다. 그들이 우리보다 일찍, 이토록 심각한 수준으로 인류세의 영향을 받고 있는 것은 그들이 단지 소수이기 때문이다. 인류의 역사를 살펴보면 환경이 급격하게 변화할 때 가장 먼저 무너지는 쪽은 언제나 가장 힘이 약한 집단이었다. 기후변화에 가장 취약한 이누이트 역시 주류에 속하지 못하는 그룹이다. 북극 관문 도시인 캐나다 옐로나이프에서 만났던 한 한국 동포의 말이 떠오른다. "쟤들은 골칫거리예요. 언제 사고 칠지 모르니 조심하세요!" 하지만 내가 만난 이누이트는 결코 골칫거리가 아니었다. 우리와 똑같이 인류의 일부를 이루고 있는 사람들이었다. 그들은 그저 북극에 살고 있을 뿐이다.

이누이트의 위기, 우리가 당면한 미래

참고문헌

● 단행본

셸리 라이트, 이승호·김흥주·임수정 옮김, 『우리의 얼음이 사라지고 있다』, 푸른길, 2019.

Shelley Wright, *Our Ice Is Vanishing / Sikuvut Nunguliqtuq: A History of Inuit, Newcomers, and Climate Change*, quebec: McGill–Queen's Press – MQUP, 2014.

'You have stolen my dreams and my childhood with your empty words,' climate activist Greta Thunberg has told world leaders at the 2019 UN climate action summit in New York. In an emotionally charged speech, she accused them of ignoring the science behind the climate crisis, saying: 'We are in the beginning of a mass extinction and all you can talk about is money and fairy tales of eternal economic growth - how dare you!'

UN secretary general hails 'turning point' in climate crisis fight
This video was relaunched on 24 September 2019 to reinstate a short segment of speech that was edited out in the original version

'You have stolen my dreams and my childhood with your empty words,' climate activist Greta Thunberg has told world leaders at the 2019 UN climate action summit in New York. In an emotionally charged speech, she accused them of ignoring the science behind the climate crisis, saying: 'We are in the beginning of a mass extinction and all you can talk about is money and fairy tales of eternal economic growth - how dare you!'

secretary general 'turning point' climate crisis
deo was 24 er 2019 a shor
ch that out in version

04

송치만

패키징의
새로운 미래를 위하여

플라스틱, 소비사회를 공습하다.

우리는 소비사회를 살고 있다. 그것도 고도로 복잡해진 소비사회를. 이러한 사회에서는 상품의 생산과 유통 구조가 복잡한 까닭에 소비자의 상품 소비도 즉각적으로 이루어지지 않는다. 하나의 상품이 소비자의 손에 이르기 위해서는 수많은 과정을 거쳐야 한다. 특히 판매 경쟁이 치열해지면서 소비자들의 선택지는 더욱 다양해진다. 모든 소비에서 생산자와 소비자 간의 암묵적 협상이 이루어진다. 이제 경쟁이 심화하고 소비자는 점점 까다로워지는 시장에서 승리하는 것은 매우 어려운 일이 되어버렸다. 이에 기업은 기술 혁신을 통한 품질 향상부터 광고, 홍보 등을 통해 상품의 가치를 높이는 일까지 다양한 방식으로 승리를 위한 전략을 세운다.

상품의 가치를 높이는 수단 중에서 패키징이 차지하는 비중 역시 매우 높다고 할 수 있다. 복잡한 유통 구조하에서 포장 없이 팔리는 물건은 거의 없기 때문에 패키징은 필수 과정이다. 특히 자본 집약적 대량 생산의 경우, 상품의 보관과 이동을 위한 패키징은 실용적 측면에서도 반드시 필요하다고 볼 수 있다. 하지만 경쟁 극복을 위한 수단이 되는 순간부터, 패키징은 단순히 용기로서의 역할 그 이상의 광고적 기능을 수행하게 된다. 상품의 가치를 높이기 위해 의미를 창조하는 역할을 담당하는 것이다. 패키징은 복합적 기호로 작동하면서 상품에 새로운 의미를 부여한다. 이제 패키징은 보관과 유통을 용이하게 하는 기능적 역할과 함께 가치를 부여하는 역할까지 동시에 감당하는, 필수불가결한 존재가 되었다.

그런데 상품을 소비하고 나면 용기는 폐기된다. 시장에 상품이 넘쳐난다는 것은 소비된 패키징 역시 넘쳐난다는 것을 의미한다. 패키징을 폐기하기 위해서는 생산 공정보다 더 지난한 과정을 거쳐야 한다. 그런데도 폐기 과정의 어려움이 잘 알려져 있지 않은 것은, 아마도 생산 과정의 기술적 경이로움에 가려지는 까닭인지도 모른다. 유리병이 장인의 놀라운 호흡 조절을 통해 만들어질 때 우리는 감탄의 박수를 보낸다. 이름도 잘 모르는 화학 성분이 오색찬란한 플라스틱 용기로 변신할 때면 테크놀로지의 위력에 압도되기도 한다.

그러나 경이로움의 대상이 되었던 패키징이 임무를 마치고 소멸하며 악취를 뿜어낼 때, 우리는 그것을 외면한다. 탄생 당시의 화려함은 간데없고 세상의 천덕꾸러기로 전락하고 마는 것이다. 우리의 일상에서 이토록 놀라운 천당과 지옥 간의 왕래가 끊임없이 반복되고 있다면 고민이 필요하다. 한동안 우리의 손끝에서 애지중지되던 무언가가 좀 덜 소란스럽게 사라진다면, 우리의 삶도 조금 더 평화로워질 수 있지 않을까.

우리가 일상에서 쉽게 접할 수 있는 패키징은 대부분 플라스틱으로 만들어진다. 프랑스의 기호학자 롤랑 바르트(Roland Barthes, 1915~1980)는 일찍이 이미 플라스틱의 대중화에 대한 짧은 글을 남긴 바 있다.[34] 그는 플라스틱이라는 단일한 재료로 다양한 형태의 결과물을 생산하는 것은 일종의 영웅적 행위로 이해할 수 있으며, 그 과정은 마치 연금술과 같다고 평한다. 플라스틱은 그 단순성으로 인해 재질의 깊이가 존재하지 않기 때문에 일상용품에 머물 수밖에 없다. 플라스틱이 우리의 일상생활을 점령할 수 있었던 것은 어쩌면 색과 질감의 깊이가 존재하지 않는다는 특징 때문일지도 모른다. 플라스틱은 오래된 가구가 지닌 시간의 흔적을 머금은 색의 깊이를 따라가지 못한다. 두드렸을 때의 공명 역시 모방할 수 없을 것이다.

바르트도 언급했듯, 부르주아들은 대체로 깊이 있는 오브제들을 선호한다. 따라서 플라스틱은 다른 소비자를 찾아 나서야 했는데, 이는 그리 어려운 문제가 아니었다. 재질의 깊이를 희생하는 한이 있더라도 싼값에 편의를 누리고자 하는 소비자는 도처에 있었으므로. 그렇게 플라스틱은 순식간에 우리의 일상을 점령해버렸다.

그러나, 플라스틱이 안겨다 준 편리함은 이제 우리에게 그 대가를 요구하고 있다. 인류세를 판단하는 기준 중 하나가 지층에서 플라스틱이 발견되는 시점이라는 것을 생각할 때, 우리는 비로소 썩지 않는 플

---

[34]   롤랑 바르트, 이화여자대학교 기호학연구소 옮김, 『현대의 신화』 동문선, 1997.

라스틱이 얼마나 두려운 존재인지 알 수 있다. 자연의 순환 질서를 거부하는 플라스틱은 그 사용가치가 사라진 뒤에도 소멸하지 않는다. 썩어 흙으로 돌아감으로써 자연의 일부가 되기는커녕 인공이라는 공고한 형태로 자연의 한 자리를 차지하고 있다. 문제는 그러한 이단적 존재가 자연의 순환성을 위협한다는 것이다. 모든 존재는 수명을 다한 뒤 자연으로 돌아가 다음 세대의 밑거름이 된다는 순환의 미학은 플라스틱 앞에서 힘을 잃게 되었다. 우리가 플라스틱에 대하여 심리적 혼란을 겪는 것은 어쩌면 그 처리 비용보다는 불멸의 존재 플라스틱이 지닌 당당함 때문인지도 모른다.

숫자는 우리를 설득하기도 하고, 때로는 위협하기도 한다. 자연환경의 위해 요소를 엄청난 수치로 보여주는 경우가 대표적인 예이다. 여기서 그 수많은 신문 기사의 내용을 공들여 나열할 필요는 없을 것이다. 몇 가지 인상적인 수치를 제시하는 것만으로도 문제의 심각성을 파악하도록 하기에는 충분할 것이니. 그린피스의 「일회용의 유혹, 플라스틱 대한민국」 보고서에 따르면 2017년 기준 한국에서 사용된 비닐봉지는 235억 개(46만 9천2백 톤), 페트병 49억 개(7만 1천4백 톤), 플라스틱 컵 33억 개(4만 5천9백 톤)에 달한다. 그러나 수의 크기가 우리가 일상적으로 사용하는 범위를 넘어서면 쉽게 말해 실감이 나지 않기 마련이다. 이렇게 설명한다면 어떨까? 한국인이 한 해 동안 사용하는 33억 개의 플라스틱 컵을 일렬로 쌓으면 달까지 닿는다고 한다. 또 한 해에 사용하는 비닐봉지로 한반도의 70퍼센트가량을 덮을 수 있고 페트병 49억 개를 세우면 지구를 10.6바퀴 두를 수 있다고 한다.[35] 이쯤 되면 플라스틱이 환경오염의 유일한 주범이라고는 말할 수 없다 해도, 공포의 대상이라는 것만은 분명해진다.

이런 상황 속에서 우리가 할 수 있는 것은 무엇일까? 현대 소비사회에서 패키징을 완전히 없애는 것이 불가능하다면, 전 지구적 재난 상황을 어떤 방식으로 극복해야 할지 고민해야 한다. 윤리적 차원에서 개인의 노력이 요구될 것이고 정책적 차원에서 정부의 적절한 대책도 필요할 것이다. 플라스틱을 직접적으로 생산하는 기업 역시 이익을 다소 놓치더라도 미래지향적인 생산 윤리를 실천해야 할 것이다.

모두의 노력이 절실한 상황임이 분명하지만 복잡한 소비사회에서 이런 윤리적 요구는 다소 무책임한 설교에 지나지 않을지 모른다. 현대인의 소비 상황은 그리 단순하지 않고 생산자의 판매 전략 역시 매우 복잡해서 윤리적 차원의 호소만으로 해결할 수 없는 문제가 많아 보인다. 일상 속에서 소비는 코드화되어 자연스럽게 진행되기 때문에 항상 윤리적 소비의식을 되새기면서 선택적 구매를 하기는 어렵다는 말이다. 따라서 소비사회의 현대적 경향성을 파악해서 그 체계 안에서 나름의 해결책을 찾아야 할 것이다.

상품 패키징은 기업의 이윤을 위해 고도의 전략하에 고안되는 인공물이고, 소비자는 일상에서 별다른 저항감 없이 그것들을 소비한다. 그렇다고 해서 소비자가 무비판적이고 우매한 존재라는 것은 아니다.

---

35 「국내 플라스틱 컵 사용량 연간 33억개… 쌓으면 달까지 닿아」《연합뉴스》, 2020.01.04.

단지 일상의 습관이 인위적인 것을 자연스럽게 여기게 되는 상황을 방조하는 경향이 있다는 것이다. 우리가 가장 경계해야 하는 상황이다. 물론 포장의 디자인이 아름답거나 사용하기 편리해서 특정 상품을 선택하는 것은 누구에게나 일어날 수 있는 자연스러운 현상이다. 하지만 이때 패키징을 고려하는 요소에 환경에 대한 걱정까지 포함된다면 친환경적 패키징 사용 역시 자연화될 수 있지 않을까?

이런 가능성을 타진하기 위해서는 소비자가 패키징을 소비하는 방식을 살펴볼 필요가 있다. 상품과 마찬가지로 패키징도 의미를 갖고 있기에 생산자와 소비자가 의미를 공유하는 과정이 발생한다. 소비 가치는 바로 이 의미 공유를 바탕으로 형성되는데, 이는 상황에 따라 달라질 수 있는 부분이기에 유형화할 수 있다. 그리고 이를 통해 잠재적인 소비 가능성, 즉 소비자의 일상화된 소비 성향을 설명할 수 있다.

생산자와 소비자의 공모를 통해 전형화된 소비 유형에는 환경 관련 소비 가치도 존재한다. 이 가치 유형이 어떤 특성을 가지며 다른 가치들과 어떤 관계를 맺는지 이해할 수 있다면 환경오염에 대한 고민이 자연스럽게 패키징에 반영되고 소비될 가능성이 높아질 것이다. 이제 소비 가치의 개념을 좀 더 구체적으로 살피며 패키징의 소비 가치를 이해해보자.

상징적 소비를 넘어 가치의 소비로

산업혁명과 더불어 대량생산 체제가 가동되면서 상품은 사용가치를 넘어 교환가치로 평가되기 시작한다. 자본가의 이윤을 보장하는 상품이 좋은 평가를 받는 시기가 도래한 것이다. 그러나 높은 확률로 잉여상품[36]을 수반하는 대량생산 체제는 필연적으로 경쟁을 촉발할 수밖에 없었다. 이제 생산자는 살아남기 위해 상품의 품질뿐만 아니라 의미에 대해서도 경쟁을 벌이게 되었다.

의미 경쟁이란 상품에 임의적인 의미를 부여해 가치를 증대하는 과정이라 할 수 있다. 예를 들어 코카콜라는 '생활의 즐거움'이라는 의미를 입으며 어느 순간에나 소비될 수 있고 일상에 즐거움을 부여하는 존재가 되었다. 로고, 광고, 패키징은 다양한 기호를 통해 의미 생산에 참여한다. 이제 소비자는 단순히 상품을 소비하는 것이 아니라 의미를 소비하는 것이 되었다. 상품을 선택함에 있어 상품이 갖는 고유한 의미가 중요한 비중을 차지한다는 말이다.

소비자의 변화 역시 주의 깊게 고려해야 한다. 소비자들이 상품을 선택하는 기준이 다양해졌기 때문에 소비 유형을 구분하는 일이 중요해진 것이다. 브랜드는 소비자의 소비 성향을 파악하고 의미 경영 전략을 구사하기 마련이다. 결국 양측의 교량 역할을 하는 것은 소비 가치라 할 수 있다.

---

[36] 자본주의사회에서 팔리지 아니하고 남아도는 상품.

나는 소비 가치를 창출하기 위해 다양한 기호가 동원되고 있다는 점에 주목하고자 한다. 이 글의 제재인 패키징에 초점을 맞추어 생각해 보면 언어, 이미지, 조형 기호 등의 구성 요소를 쉽게 떠올릴 수 있다. 이런 요소들이 상호작용하면서 패키징의 고유한 의미를 생산해내는 것이다. 이제 기호학의 조명을 받아 그것들을 살펴보려 한다. 의미를 갖는 것이라면 무엇이나 기호학의 관점에서 분석할 수 있다. 기호학은 의미와 그것의 생성 과정을 다루기 때문이다. 다양한 표현 형식을 갖는 기호 체계들을 분석해온 학문이기에 패키징 역시 그 분석 대상이 될 수 있을 것이다.

기호학은 사람들이 텍스트를 통해 무엇을 보게 되는가에 대해 고민한다. 패키징의 기호들이 생산하는 의미는 소비자라는 수용자를 겨냥한다. 이때 상품 소비뿐 아니라 패키징 소비도 이뤄진다는 점에 주목해야 한다. 후자의 소비는 물질적 소비가 아니라 텍스트 해석적 차원의 소비라고 할 수 있다. 그러나 이 역시 상품 소비만큼 중요하다. 기호학적 관점에서 말하자면 현대의 소비 시장은 의미의 각축이 이루어지는 장이다. 이때 의미화 과정은 상품의 가치를 높일 뿐만 아니라 브랜드의 인지도를 확보해서 상품의 영속성을 보장한다.

이제 추상적인 방법으로 이론적 구상만 제시할 게 아니라 좀 더 구체적인 전개가 필요해 보인다. 프랑스의 기호학자 장마리 플로슈 (Jean-Marie Floch, 1947~2001)를 참고하고자 한다.[37] 그는 마케팅 분야에 기호학적 방법론을 활용하여 괄목할 만한 성과를 거두었다. 몇 가지만 예를 들어보자면, 그는 로고 분석을 통해 기업의 정체성 보장 전략이

어떻게 수립되는지 제시했고 파리 지하철 승객의 행동 방식을 유형화
하여 서비스 개선 방안을 제안하기도 하였다. 대부분 시각 기호들의 분
석을 통해 개별 기업이 자신만의 고유한 의미를 생산하는 방식을 규명
하는 것인데, 그중 대표적인 조작 개념이 바로 소비 가치라 할 수 있다.

플로슈는 상징 소비라는 다소 추상적이고 일반적인 개념을 마케
팅의 관점에서 세분한다. 사회인구학적·경험적 데이터 분석을 거부하
면서 보편적 의미 분화를 기반으로 유형화를 시도한다. 이때 의미는 개
별적으로 파악되지 않고 관계에 의해 결정된다는 개념에서 출발해 최
초의 의미 범주가 제시되면 각 항을 부정 조작하여 하위 범주를 생성한
다. 이것이 의미의 가장 기본적인 생성 모델을 구성하는 방식이다. 플
로슈가 속해 있는 파리 기호학파의 핵심 개념 중 하나라 할 수 있는 기
호 사각형이 바로 이러한 의미 구성의 시각화 양상이라 할 수 있다. 기
호 사각형의 개념은 복잡하고 이해하기 어려운 부분이 있다. 따라서 기
호학에 친숙하지 않은 독자들은 이 모델이 제공하는 유형화에만 초점
을 맞추기 바란다.

플로슈는 이 모델을 소비 가치 유형화에 적용했다. 소비 가치의
기본적인 대립 범주는 사용적 가치와 존재적 가치로 둘 수 있다. 우선
상품은 특정 사용 목적을 두고 생산·판매되기 마련이다. 자동차로 예
를 들어 살펴보자. 자동차에는 이동을 위한 도구라는 역할이 기본적으

---

37 소비가치의 기본 개념과 적용 사례와 관련해서는 『기호학 마케팅 커뮤니케이션』(장마리 플로슈, 김
성도 옮김, 나남출판, 2003)을 참조할 수 있다. 또 시각 정체성 분석에 관심 있는 독자들은 『비주얼
아이덴티티』(장마리 플로슈, 권승태·박일우 옮김, 커뮤니케이션북스, 2017)을 참고할 것을 추천한다.

로 전제되어 있다. 그러나 자동차는 단순한 이동의 수단을 넘어서 사용자의 지위나 개성을 표현한다는 점에서 사용적 가치와 별개의 존재적 가치를 갖기도 한다. 여기서 사용적 가치와 존재적 가치가 부정되어 하위 대립 범주를 구성한다. 이를 기호 사각형으로 시각화하면 아래와 같다.

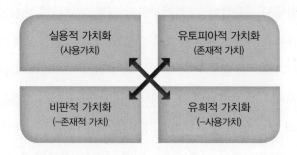

플로슈는 이렇게 구성된 네 가지 유형의 소비 가치에 자의적으로 이름을 부여하고 프랑스의 '시트로엥 BX'라는 자동차 광고를 분석한 사례를 제시한다. 먼저 사용가치에 기반을 둔 소비 가치를 실용적 가치화가 실현된 것이라 정의한다. 이 명명은 어휘적 의미에 충실한 것으로, 플로슈는 광고 속 비 오는 밤길을 안전하게 달리는 자동차의 모습을 실용적 가치화의 실현으로 제시한다. 존재적 가치는 유토피아적 가치화라고 명명되는데 파리학파의 기호-서사학에 따르면 이는 주체의 임무가 완성되는 상태를 일컫는다. 이때 상품은 사용가치가 완수되어 하나의 존재로 거듭날 수 있다. 상품이 하나의 정체성을 확보하고 고유한 삶을 살게 되는 것이다. 위의 광고에서 목적지인 바다에 도착한 자동차는 마치 사람이 하는 것처럼 바다에 뛰어든다. 그리고 화면에는

"자동차가 삶을 산다"라는 문구가 떠오른다.

하위의 두 항을 살펴보면, 먼저 사용적 가치를 부정하여 형성되는 비사용적 가치가 있다. 이는 상품의 본원적인 사용성을 부정하는 가치로 유희적 가치화라 명명된다. 유희라는 어휘는 다소 자의적인 성격을 갖지만, 사전적 의미와 혼동하지 말아야 한다. 이 유형을 설명하기 위해 플로슈는 자동차가 물에 뛰어드는 장면을 언급하며, 이는 이동이라는 자동차의 도구적 가치를 부정하는 행위라고 해석한다. 상품의 사용적 가치를 부정하는 '자유로운 행위' 또는 '무상성'이라는 개념으로 유희적 가치를 설명할 수 있다.

마지막으로 존재적 가치가 부정되는 비판적 가치화다. 이는 주로 가격 대비 성능과 관련하여 상품의 가치를 부각하는 경우라 할 수 있다. 하나의 존재를 가격으로 평가하지 않는 존재적 가치가 부정된 상황이다. 이 유형은 플로슈가 분석한 시트로엥 BX의 광고에서는 등장하지 않는다. 광고에서 이미 자동차에 유토피아적 가치를 부여했기 때문에 그에 대립하는 비판적 가치는 부여하지 않는 전략을 구사했다고 볼 수 있다.

광고는 전략에 따라 유형화된 소비 가치를 선택한다. 그렇다고 네 가지 소비 가치 유형이 상호 배타적이기만 한 것은 아니다. 특정 가치에만 집중할 수도 있겠지만, 필요에 따라 긍정적 가치를 이중 배치할 수도 있다. 시트로엥 BX 광고에서도 실용적 가치화가 먼저 등장하고 유희적 가치화를 거쳐 유토피아적 가치화에 이르는 행로를 볼 수 있다.

　지금까지 간단하게 소비 가치의 기본 개념을 살펴보았다. 이제 패키징의 소비 가치 전략을 살펴보도록 하자.

패키징의 새로운 미래를 위하여

패키징의 네 가지 소비 가치 유형

패키징의 소비 가치 유형을 이해하기 위해서는 패키징에 대한 기본적인 이해가 선행되어야 한다. 패키징은 기술적 기능과 광고적 기능의 두 가지 측면에서 고려할 수 있다. 포장의 기술적 기능은 제품의 보호·보관·이동을 용이하게 하는 것이다. 전통적 관점에서 보는 패키징의 기능이기도 하다. 대량생산 체제에서 패키징은 필수적이다. 간단한 예를 들어보자. 과거 포도주 판매자들은 포도주를 커다란 나무통에서 숙성시키고 판매될 때까지 그 안에 보관해두었다. 소비자들은 포도주를 구입하기 위해 각자 받아 갈 용기를 들고 와야 했다. 그러나 포도주는 그 특성상 공기와 접촉하게 되면 점점 맛이 떨어져, 시간이 흐를수록 더 값이 싸질 수밖에 없었다고 한다. 그런데 포도주를 일정량씩 병에 담아 저장함으로써 맛 좋은 상태로 오래오래 보관할 수 있게 되었다. 장기간 일정한 가격에 판매할 수 있게 된 것은 물론, 운송도 편리해졌다.

앞서 말한 것처럼 현대적 개념의 브랜드가 등장하면서는 패키징의 광고적 기능도 중요해졌다. 수많은 상품이 쏟아져 나오는 시장의 치열한 경쟁 속에서 소비자의 시선을 끌어야 하기 때문이다. 하지만 이는 단순히 시선을 끄는 것 이상의 의미를 가지고 있다. 브랜드의 가치를 반영하는 상품 특성으로 소비자가 지속적으로 알아볼 수 있도록 보장해야 한다는 것이다. 상품은 일정 기간 동안 시장에 머물러야 한다. 이를 위해서는 가시적인 일관성을 담보하는 것이 매우 중요하다.

이상이 패키징의 가치화가 무엇보다 중요해진 배경이다. 상품은 그것이 가진 고유한 물리적 특성에 의해 한정될 수 있지만, 상품의 가치가 단지 품질에서만 나오는 건 아니다. 특정 의도에 따라 상품의 물리적 속성 외에도 추가적인 의미나 가치를 부여할 수 있기 때문이다. 이는 소비자의 마음속에 제품의 이미지를 심는 과정, 즉 상품 패키징의 기호화 과정이라 할 수 있다. 이미지, 언어와 같은 적절한 기호를 사용해서 의미화를 이루고 이를 통해 브랜드의 가치를 고양하는 작업이 패키징을 통해서도 고스란히 진행된다는 것이다. 결국 상품 용기는 다양한 기호로 구성된 하나의 텍스트라 봐도 과언이 아니다.

　　패키징은 객관적으로 별다를 것 없는 제품들 사이에서 차이를 만들어주는 결정적인 요소라 할 수 있다. 패키징은 제품에 육체와 정신, 존재 근거를 부여해주는 역할을 한다. 프랑스의 사회학자 장 보드리야르(Jean Baudrillard, 1929~2007)가 말한 것처럼 광고가 상품에 대해 말하는 것을 넘어 그 자체로 상품이 되어버린 시대에 패키징 역시 하나의 소비 대상이 된다고 할 수 있다. 패키징의 소비 가치를 논할 수 있는 근거가 여기에 있다.

　　사실 이 글의 목적이 패키징의 소비 가치를 마케팅의 관점에서 분석하는 것은 아니다. 상품 판매의 수단으로 활용되는 패키징 전략이 어떤 방식으로 환경을 고려하고 있는지 살펴보고자 하는 것이다. 그렇다면 환경을 고려하는 패키징이란 어떤 것일까? 직관적으로 생각해보면 친환경 재질을 사용하거나 디자인에 환경 보호를 촉구하는 메시지를 담아낸 패키징이 떠오른다. 그러나 이 과정을 좀 더 논리적이고 체계적으로 살펴보면 패키징을 단순히 하나의 용기가 아니라 다양한 의미를 담지한 복합적 기호로 인식할 수 있다. 나아가 그것을 적절히 해석하는 데까지 이를 수 있을 것이다.

그렇다면 패키징은 어떤 메커니즘으로 상품에 가치를 부여할 뿐 아니라 환경이라는 윤리적 문제까지 말하는 존재가 될 수 있는지 궁금증이 생긴다. 그 가능성이 열린다면 앞서 살펴본 기사의 내용과 같이 플라스틱이 우리의 삶을 잠식하게 된 상황을 호전시킬 수 있다는 희망을 얻게 될 것이다. 이제 앞서 살펴본 소비 가치의 기본 모델을 패키징에 적용하면서 어떻게 다음의 네 가지 유형의 소비 가치가 발현되는지 살펴보기로 하자.[38]

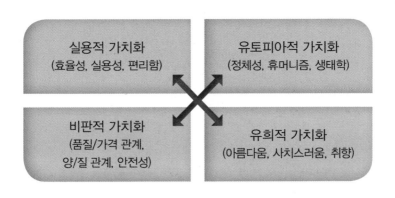

38　패키징의 소비 가치 모델은 Marina Cavassilas에 의해 고안되었다. 본문에 제시한 인터뷰 내용과 기본 개념은 그의 책을 참조하였고 사례 분석은 필자가 하였음을 밝힌다. (Marina Cavassilas, *Clés et codes du packaging*, *Hermes science*, 2006.)

네 가지 유형을 모두 설명하겠지만, 유토피아적 가치화에 좀 더 초점을 맞춰보고자 한다. 기호 사각형 그림에서도 볼 수 있듯이, 유토피아적 가치화를 설명하는 단어로 생태학이 등장하기 때문이다. 그 중요성을 고려해 유토피아적 가치화를 마지막에 다루기로 한다.

실용적 가치화

실용적 가치화는 제품의 기본적인 사용성에 기반을 둔다. 다음의 문장들을 통해 실용적 가치화를 이해해보자.

"포장은 여닫기 편리해야 한다."
"다회용 상품에 있어 용기의 실용성은 매우 중요하다."

따라서 손잡이, 손쉬운 개폐, 설명서, 견고한 재질 등이 구현되었다면 이는 실용적 가치화를 기반으로 고안된 패키징이라 할 수 있다.

이 유형은 패키징의 기술적 기능에 상응하지만, 기술 수준이 발전하면서 사용상 편의성에 대한 고려가 매우 세심해지고 있다는 점을 주목해야 한다.

한때 과자 봉지가 코미디 프로그램의 소재가 될 만큼 개봉하기 어려웠던 시절이 있었다. 그 시절을 생각하면 앞의 과자 패키징에서 볼 수 있는 것과 같은 간단한 개폐 장치가 패키징의 사용가치를 얼마나 진전시켰는지 알 수 있다. 또 그 오른쪽 해장국 패키징에는 국을 끓이는 방법이 자세하게 기술되어 있다. 즉석조리 식품이지만 준비 과정을 상세하게 제시해 소비자의 편의성을 보장하는 것이다.

유희적 가치화

사용적 가치가 부정된 이 유형을 이해하기 위해, 앞서 언급한 '자유로운 행위' 또는 '무상성'이라는 어휘를 상기할 것을 제안한다. 아래의 문장들은 유희적 가치화의 특징을 잘 보여준다.

"나는 용기의 아름다운 색이나 독특한 형태에 마음이 끌립니다."
"용기가 재미있게 생겼거나 내 마음을 끌면 나는 그 물건을 사는 편입니다."

화려한 색과 독창적인 형태 또는 그림을 사용하는 등 정성 들여 만든 용기를 발견한다면 유희적 가치화 전략을 사용한 것이라고 봐도

무방하다. 사실 용기 디자인을 화려하거나 독특하게 하는 것은 사용가
치와는 무관하다. 즉 이 경우에도 패키징은 보관이나 이동을 위한 용기
의 기능을 수행하기는 하지만, 디자인적 측면이 사용가치를 압도하면
서 지배적인 자질로 대두하는 것이다.

　유희적 가치화를 활용한 음료와 보드카의 패키징을 살펴보자. 우
선 왼쪽의 딸기 모양을 한(기호학적으로 말하자면 딸기의 도상성[39]을 활
용한) 패키징은 소비자의 눈길을 끌기 위해 흥미로운 형태로 고안된
것이다. 오른쪽 보드카는 패키징 디자인이 화려한 나머지 그 사용가치
를 잠시나마 잊어버리게 될 정도다.

　패키징을 화려하게 만든다고 하여 음료나 보드카의 맛과 품질이

39　기호학자 찰스 샌더스 퍼스(Charles Sanders Peirce, 1839~1914)가 제안한 도상성은 기호와 기호가
　　표상하고자 하는 대상 사이의 유사성을 의미한다. 예로 든 딸기 모양 패키징 사진은 딸기의 형
　　태나 색과 유사하다는 점에서 도상 기호라 할 수 있다.

달라지는 것은 아니다. 따라서 이 경우의 패키징 디자인은 사용성에 아무런 영향을 미치지 못한다는 측면에서 유희적 가치화에 기반을 둔 것이라 할 수 있다.

비판적 가치화

이 유형은 존재적 가치의 부정 항이면서 사용적 가치의 전제 항이기 때문에 사용적 가치와 의미론적 유사 관계를 맺는다고 할 수 있다. 가격, 성능 등의 경제적 측면이나 비교 가치를 내세운다는 점에서 비판적이라는 어휘와의 친연성을 확인할 수 있다. 이 유형을 중요하게 여기는 사람들은 다음과 같이 이야기할 것이다.

"나는 포장이 너무 단순한 물건에 대해 믿음을 갖지 않습니다. 질이 떨어지는 느낌입니다."

"포장은 내용물에 상응해야 한다고 생각해요."

"너무 화려한 용기는 낭비라고 생각해요."

용기가 내용물의 질에 상응하는지 꼼꼼히 따져보거나, 경제적 낭비를 초래한다는 점에서 지나치게 화려한 용기를 경계하는 입장은 비판적 가치를 지향하는 소비자가 취하는 관점이다. 이들에게는 내용물의 성분이나 인증 마크 등도 세심한 고려의 대상이 된다. 이 점에서 이 유형이 유희적 가치화의 반대 항에 위치한다는 점을 상기할 수 있다.

경제적 측면을 고려한 패키징은 프로모션 형태로 빈번하게 등장한다. 앞서 왼쪽 그림의 이중 포장지에는 사은품이 명기되어 있었다. 사은품이 있으니 개별 상품보다 묶음 상품을 구입하는 것이 더 경제적이라는 점을 부각하고 있는 것이다. 그 오른쪽 그림은 패키징의 기원을 설명할 때 자주 언급되는 포도주병이다. 이때 포도주병의 역할은 포도주 운송과 보관을 원활히 하는 것이지만, 그에 못지않게 중요한 부분이 바로 원산지와 등급 표시이다. 이는 포도주의 특성이나 품질을 보장해주는 일종의 인증 마크라 할 수 있다. 소비자는 이를 통해 포도주의 맛을 예측한다. 이처럼 내용물에 상응하는 패키징 양상들은 비판적 가치화를 보여주는 전형적인 사례이다.

유토피아적 가치화

앞서 기본 개념을 정의할 때, 정체성이나 삶과 같은 용어가 유토피아적 가치화를 대변한다고 언급한 바 있다. 패키징의 소비 가치 모델에서는 이외에 생태학, 휴머니즘 등의 어휘가 등장한다. 가령 다음과 같은 식이다.

"나는 저칼로리 제품의 포장에서 날씬한 사람의 이미지를 기대한다."
"나는 포장 용기가 환경오염에 영향을 미치는지 주의를 기울인다."

예시로 든 첫 번째 문장을 보면 이 유형이 다소 이질적인 내용을 포함하고 있다고 느낄 수도 있다. 이는 이상적인 이미지를 용기에 활용하여 동일화 효과를 기대하는 경우라 할 수 있는데, 광고의 전형적인 전략 중 하나이기도 하다. 모델의 이상적인 모습과 자신의 모습을 일치시키고자 하는 욕구를 활용하는 것이다.

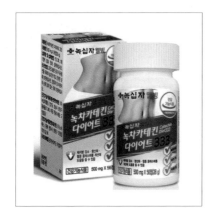 

그러나 상황을 좀 더 확대하면 이상적 장면을 제시하는 것 역시 유토피아적 가치화를 구현할 수 있다. 패키징과 같이 고정된 이미지밖에 활용할 수 없는 경우에는 광고의 환유적 방식을 채택하면 된다. 이야기를 구성하는 시퀀스의 한 부분을 제시하면 소비자는 전후의 상황을 상상하면서 광고의 의미를 해석하게 된다. 앞서 오른쪽 그림의 패키징은 유기농 재료들을 제시하고 있다. 단순히 이미지를 제시할 뿐 그 어떤 설명도 하지 않지만, 소비자는 유기농 농산물이 재배되는 과정을 상상함으로써, 그 재료들로 분유가 생산되었다는 사실을 이해하게 된다. 자연과 인간에 해를 덜 끼치는 친환경적 방식으로 재배된 농산물이라는 이상적 이미지를 제공하여 유토피아적 가치화를 구현하고 있는 것이다.

그 왼쪽 예시는 유토피아적 가치화를 보다 명확하게 보여준다. 녹색을 주로 활용하고 생분해성 재질로 만든 용기는 환경 패키징 전략의 하나다. 환경에 대한 고려는 우리의 삶과 직결된 문제이기 때문에 전형적인 유토피아적 가치의 구현이라 할 수 있다. 실제로 시장에서도 점점 더 친환경적 패키징에 대한 관심이 증대되어 다양한 실천들이 등장하고 있는 것이 사실이다.

다음 예시를 보자. 보통 액체 내용물 포장에 사용하는 부피 큰 플라스틱 통과는 달리 다음 그림에서 볼 수 있는 패키징은 사용 후 부피를 현저하게 줄일 수 있다. 또한 그 오른쪽 광고를 보면 30퍼센트가 식물성 소재이고 100퍼센트 재활용 가능하다는 카피를 발견할 수 있는데, 이런 유형의 가치화는 패키징의 광고적 측면보다는 기능적 측면에

대한 고려가 크다는 점에서 주목할 만하다. 폐기 과정이 수월할 뿐만 아니라 재활용할 수 있다는 것도 제시하고 있어, 패키징 자체에 대한 고민이 있었다는 것을 알 수 있는 것이다.

　내용물의 성격을 다루는 패키징 역시 중요한 역할을 한다. 앞서 비판적 가치화를 다루면서 인증 마크를 언급한 바 있다. 만약 인증 마크가 내용물의 친환경적 성격을 보증한다면 이는 당연히 유토피아적 가치화를 꾀하고 있는 것이다. 가령 요즘 패키징에서 쉽게 볼 수 있는 친환경 인증 마크나 로하스 인증 마크는 내용물의 생산 과정이 환경친화적으로 이루어졌다는 것을 보여주는 대표적인 사례라 할 수 있다.

　그러나 내용물과 패키징 모두에 친환경적 고민을 반영하는 것은 어려운 일이다. 앞서 살펴본 분유의 패키징은 아기를 위한 제품이기에 내용물을 유기농 재료로 만들었다는 것을 보여준다. 하지만 그 용기는 무엇으로 되어 있는지, 사용 이후에 어떻게 처리되는지는 말하지 않는다. 그다음으로 살펴본 유제품 패키징은 사용 후 부피를 줄여 간편하게 처리할 수 있다는 것을 보여주지만, 가축 사육이 일으키는 환경오염에 대해서는 언급하지 않는다. 식물성 소재로 만들었다는 코카콜라 패키징 역시 마찬가지다. 내용물을 만드는 데 있어서도 친환경적 식물 재배를 실천하는지 어떤지는 보여주지 않는다. 내용물과 패키징 두 측면 모두를 고려하는 것이 결코 쉽지 않은 상황임을 알 수 있지만, 그것이 우리가 궁극적으로 추구해야 할 이상적 방향임은 분명해 보인다.

패키징의 새로운 미래를 위하여

기업과 소비자가 함께 만들어가야 할 패키징의 미래

강조했듯이 소비 가치는 생산자와 소비자의 교량 역할을 한다. 생산자와 소비자 중 어느 누구도 소비 가치를 전유할 수는 없다. 상품을 매개로 가치 공유가 일어나기 때문이다. 오히려 생산자의 의도와 소비자의 선택이 반복되면서 결정되는 것이 소비 가치이다. 우리가 살펴본 패키징의 소비 가치도 동일한 맥락에서 생각해볼 수 있다. 마냥 기업에게만 미래를 생각해서 친환경적 패키징을 생산해야 한다고 일방적으로 요구할 수는 없다. 소비자들이 어떤 소비 가치를 지향하느냐 역시 중요한 문제라는 것이다.

소비 가치 유형에서 환경에 대한 고민을 찾아볼 수 있다는 것은 생산자와 소비자 모두 환경 보존의 중요성을 인식하고 있다는 것을 말해준다. 이제 일회적 사용을 목적으로 탄생한 패키징이 다른 차원의 삶을 주장할 수 있게 되었다는 인상을 받는다. 물론 여전히 패키징은 단순히 실용적 목적만을 다하고 사라질 수도 있다. 또 그 화려함으로 소비자의 시선을 순간적으로 사로잡거나 특별한 이벤트를 위하여 가격상 이점을 표기하는 수단이 될 수도 있다. 그리고 더 나아가 무엇보다 중요한 것은 그 스스로 환경오염의 주범이 되는 것을 거부할 뿐만 아니라 환경을 보호해야 한다고 말하기도 한다는 점이다. 우리 모두 이에 귀 기울여야 한다.

막대한 양의 상품 생산을 책임지고 있는 기업은 이제 버려지는 패키징에 대한 책임도 상기해야 한다. 상품 판매로 발생하는 이윤은 고스란히 자본가에게 전달되고 그 폐기물의 대가는 소비자가 짊어지게 되는 구조는 종식되어야 한다. 소비자 역시 일상의 소비에서 무엇을 선택해야 하는지를 명확하게 인식해야 한다. 어쩌면 우리는 상품을 소비하기보다는 플라스틱 폐기물을 생산하고 있는지도 모른다. 개인의 현명한 소비는 상품 기획에 영향을 미치고, 결국 병들어가고 있는 지구를 조금이나마 살려내는 길이 된다. 상품의 매매 과정에서 기업과 소비자는 계약 관계를 맺지만, 환경을 지켜내는 일에서는 협력 관계임을 명심해야 한다.

소비 가치는 일상 속에 자연스럽게 자리 잡은 소비 습관을 이용한다. 따라서 소비 가치는 생산자와 소비자 양측이 자신의 흔적을 새겨 만든 무형의 무엇이라 할 수 있다. 이제 어떤 가치를 함께 만들어가야 할지는 명확하다. 날로 중요해져만 가는 가치를 우리 소비문화 속에 공고히 하는 임무가 우리 모두에게 부여된 셈이다.

패키징의 새로운 미래를 위하여

참고문헌

● 기사

「국내 플라스틱 컵 사용량 연간 33억개… 쌓으면 달까지 닿아」,《연합뉴스》,
  2020.01.04.

● 단행본

롤랑 바르트, 이화여자대학교 기호학연구소 옮김, 『현대의 신화』, 동문선, 1997.

Marina Cavassilas, Clés et codes du packaging, Hermes science, 2006.

'You have stolen my dreams and my childhood with your empty words,' climate activist Greta Thunberg has told world leaders at the 2019 UN climate action summit in New York. In an emotionally charged speech, she accused them of ignoring the science behind the climate crisis, saying: 'We are in the beginning of a mass extinction and all you can talk about is money and fairy tales of eternal economic growth - how dare you!'

UN secretary general hails 'turning point' in climate crisis fight
This video was relaunched on 24 September 2019 to reinstate a short segment of speech that was edited out in the original version

'You have stolen my dreams and my childhood with your empty words,' climate activist Greta Thunberg has told world leaders at the 2019 UN climate action summit in New York. In an emotionally charged speech, she accused them of ignoring the science behind the climate crisis, saying: 'We are in the beginning of a mass extinction and all you can talk about is money and fairy tales of eternal economic growth - how dare you!'

05

김숙진

모세 프로젝트는 베네치아를 구할 수 있을까?

세계유산 베네치아가 위험하다

2019년 11월 13일 이탈리아 베네치아에 큰 홍수가 발생했다. 12일 밤부터 쏟아진 폭우로 최대 수위가 187센티미터까지 올라 대부분의 주택과 상가 1층이 침수됐으며 비잔틴 양식의 대표격인 산 마르코 대성당도 물에 잠겼다. 건축 이후 1200년간 산 마르코 대성당이 침수된 것은 이번이 여섯 번째였다. 이번 침수로 소금물이 산 마르코 대성당의 모자이크 바닥과 대리석 기둥에 스며들었고 종탑 산책로도 파괴되었다. 홍수는 한 번으로 끝나지 않았다. 13일부터 일주일간 이어진 폭우로 수위는 이후에도 154센티미터, 150센티미터를 기록했다. 역사상 처음으로 단기간에 세 차례나 홍수가 발생하는, 매우 이례적인 현상이 일어난 것이다. 이로 인해 도시의 90퍼센트가 잠겼고 산 마르코 대성당뿐만 아니라 60곳이나 되는 교회가 피해를 입었다고 한다. 이는 전체 베네치아 교회의 절반 정도 되는 수이다. 수위가 194센티미터까지 치솟았던 1966년 이래 53년 만에 가장 높은 수위를 기록한 홍수였다. 이에 루이

— 2019년 홍수로 침수된 베네치아 산 마르코 대성당. (출처: 경향신문, 2019.11.14.)

지 브루냐 베네치아 시장은 비상사태를 선포하고 이탈리아 정부에 지원을 요청했다. 이탈리아 정부도 국가비상사태를 선포하고 피해복구를 위한 지원금 2천만 유로(약 257억 4천만 원)를 승인했다.

수상 도시로 잘 알려진 베네치아는 아드리아해 베네치아만 안쪽의 거대한 석호 위에 흩어져 있는 118개의 작은 섬들 위에 건설되었으며 도시 내에 운하가 거미줄처럼 얽혀 있다. 베네치아의 시가지는 석호를 이루는 사주 위에 세워졌기 때문에 지반이 약해 지반침하 문제가 있었으며, 비가 많이 내리는 계절에는 물난리를 겪는 것도 다반사였다. 더욱이 바다에 인접한 베네치아는 조수의 영향을 받아 수위 변동이 일어나는 것이 일상적인 일이다. 아드리아해 북부에서는 가을부터 봄까

모세 프로젝트는 베네치아를 구할 수 있을까?

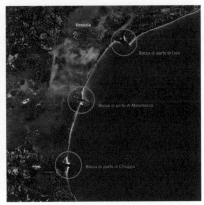

— 베네치아 지도. (출처: 구글 지도.)

지 부는 계절풍 시로코가 북쪽을 향해 불고, 보라라는 하강풍이 베네치아 석호의 바닷물이 외해로 나가는 걸 막는 역할을 하는데, 이 과정에서 바닷물의 만조가 겹칠 때 베네치아 석호의 조수 수위가 올라가게 된다. 이러한 현상을 베네치아에서는 '아쿠아 알타acqua alta'라고 부른다.

아쿠아 알타 현상이 일어날 때는 수위가 해수면을 기준으로 100~120센티미터 사이를 오르내리는데, 이것은 베네치아에서 일상적인 일이다. 조수 수위가 110센티미터를 초과하면 베네치아의 12퍼센트 가량이 침수된다. 늦가을이나 겨울에 베네치아를 방문하면 도시의 가장 저지대인 산 마르코 광장에 물이 들어온 광경을 어렵지 않게 목격할 수 있다. 장화를 신고 임시로 마련된 다리 위를 걷는 사람들이나 이 현상에 대응하는 아케이드 상인들의 모습은 자연스럽기 그지없는데, 이 정도의 수위 변동은 아무렇지 않게 대응할 수 있는 시스템이 갖추어져 있는 것이다. 그러나 평균 수위가 120센티미터를 넘어가면 도시 기능에 지장이 초래되고, 140센티미터를 넘으면 베네치아 도시의 59퍼센트가 물에 잠긴다.

2019년 12월 23일, 큰 홍수가 난 지 한 달 반 만에 베네치아의 조수 수위는 다시 급격히 높아져 143센티미터를 기록했다. 크리스마스를 앞두고 산 마르코 광장을 비롯해 많은 지역이 침수 피해를 봤다. 이해의 피해액은 10억 유로(약 1조 3천억 원)에 달했다. 이처럼 어마어마한 손실을 불러온 2019년 베네치아 홍수는 단순히 아쿠아 알타 때문이었을까? 전문가들은 기후변화로 인한 이상기후를 원인으로 지목한다. 베네치아는 늦가을과 초겨울에 많은 비가 내린다. 세계기상기구World Meteorological Organization에 따르면 월평균 강수량이 가장 많은 달은 11월로 87.3밀리미터이다. 그러나 이해 11월에는 몇 달 치 강수량에 맞먹는 양의 호우가 한꺼번에 내린 것이다. 2018년의 경우도 크게 다르지 않다. 10월에 시속 100킬로미터의 강풍을 동반한 집중호우가 내려 베네치아 수위가 156센티미터에 달했고 도시의 75퍼센트가 물에 잠겼다.

지역 전체가 세계유산으로 등재되어 있는 베네치아이기에, 세계는 이상기후가 베네치아에 일으키는 직접적인 피해에 대해 오래전부터 각별히 주목해왔다. 하지만 이외에는 인류세라는 용어와 개념이 세계유산 분야에서 거론되거나 논의된 적이 없었는데, 2005년 남아프리카공화국 더반에서 열린 제29차 세계유산위원회에서 기후변화가 인류세라고 하는 행성적 차원의 변화에 큰 영향을 미친다는 것을 인식하고 이에 대응하기 위한 논의가 시작되었다. 탁월한 보편적 가치를 가진

모세 프로젝트는 베네치아를 구할 수 있을까?

유산을 전 인류가 공동으로 보존·관리해서 다음 세대에게 전해주는 것을 목표로 하는 세계유산협약의 정신을 고려해보면, 유산의 보존과 관리를 어렵게 할 뿐 아니라 유산의 존재 자체를 위협하는 기후변화는 그 어떤 요소보다 큰 문제가 아닐 수 없다.

이제 우리는 기후변화가 부정할 수 없이 명백한 사실이 되어 '인류세'라는 지질학적 시기로 명명되기까지 한 역사적 환경의 변화 국면에 서 있다. 이러한 상황에서 기후변화를 외적인 현상으로 타자화하고 단순히 이에 대한 대응을 마련하는 방식으로 접근하는 것은 피상적인 접근에 불과하다. 기후변화 등 인류세의 많은 환경 위기를 자초한 '인류'를 비판하며 마냥 반성을 촉구하는 것도 문제에 본질적으로 다가가는 길은 아니다. 인류세라는 시대적 상황은 우리에게 환경과 문화를 바라보는 근본적 시각의 변화를 요구한다. 인류세 인문학이 필요한 이유이다.

환경과 문화, 그 접점에 대해

먼저 환경과 문화 분야 국제 협약들이 변화해온 흐름을 통해 국제사회가 환경과 문화를 바라보는 시각과, 환경과 문화의 접점을 포착할 수 있는 방법에 대해 살펴보자. 국제적으로 환경에 대한 관심이 증가하고 다양한 국제 환경 규제 협약들이 등장한 1980년대에 이어, 1992년은 브라질 리우데자네이루에서 열린 유엔환경회의로 전 세계가 환경 보전의 큰 틀을 이루는 원칙에 합의하는 계기가 되었다. 정부 대표가 중심이 된 유엔환경회의에서는 리우 선언, 의제 21, 기후변화협약, 생물다양성보존협약, 산림원칙이 채택되었고, 각국 민간단체가 중심이 된 지구환경회의에서는 지구헌장, 세계민간단체협약 등이 채택되었다. 이를 통해 지구온난화 규제 및 방지를 위한 국제 협약인 기후변화협약의 발효를 1994년으로 앞당길 수 있게 되었다.

1997년 12월에는 일본 교토에서 기후변화협약 3차 당사국 총회가 개최되었는데, 기후변화협약의 구체적 이행 방안으로 교토의정서를 통해 온실가스 감축 목표치를 규정하였다. 협약이 일반적인 원칙을 다룬 문서라면, 의정서는 마치 법률의 시행령처럼 협약을 구체적으로 이행하기 위한 내용을 담은 문서라고 할 수 있다.[40] 1992년 리우에서 열린

---

40 교토의정서를 통한 온실가스 감축 의무는 2008년부터 2012년까지의 1차 공약 기간에는 각국 의회의 승인을 받아 법적 구속력을 가졌지만, 2012년 카타르 도하에서 열린 18차 기후변화협약 당사국 총회에서 정한 2차 공약 기간인 2012년부터 2020년까지는 단순히 각국 정부 차원의 약속에 그쳐 법적 구속력이 없게 되었다. 또한 2012년 총회에서 전 세계 온실가스 배출량의 절반 이상을 차지하는 주요 국가들이 불참하면서 사실상 의정서의 효과는 없어진 상태이다.

유엔환경회의로부터 10년이 지나 2002년 요하네스버그에서 개최된 유엔환경회의에서는 지속 가능한 발전sustainable development을 위해 채택한 의제 21을 실천하기 위해 각국이 10년간 기울여온 노력들을 평가하였으며, 또다시 앞으로의 10년간 무엇을 할 것인가를 의논하였다. 이 자리에서 세계 각국 정상들은 환경, 빈곤 등 6대 의제별 이행 계획을 발표하기도 하였는데, 그 결과 현재에 이르기까지 국제사회는 해양생태계 보호, 생물 다양성 보존, 온실가스 감축, 대체에너지 사용 확대 등 다방면에서 노력을 기울이고 있다.

환경을 위한 일련의 국제적 움직임을 이끌어갈 수 있었던 것은 바로 '지속 가능한 발전'이라는 시대정신이었다. '지속 가능성'이라는 개념은 이미 1940년대에 어업 분야에서부터 등장하기 시작했다. 1946년 국제포경단속조약과 1952년 북태평양어업협정에 '최대 유지 가능한 어획량'이라는 어업 자원 보호 지침이 포함된 것이다. 학자마다 인류세의 시작 시기를 보는 관점이 다르긴 하지만,[41] 벤저민 쿤켈(Benjamin KunKel, 1972~)이 히로시마 원자 폭탄이 투하된 1945년 8월 6일을 인류세의 시작이라고 한 점을 생각해보면 이 시기에 주목하지 않을 수 없다.[42] 결국 인류세 논의의 발생 배경은 여러 가지 지질학적 증거와 환경적 영향뿐만 아니라 시기적으로 환경 보호를 위한 국제 협약의 등장을

---

[41] 인류세의 시작 시기에 대해서는 이견이 있다. 농경과 정주 문화가 시작된 8,000년에서 10,000 년 전인 신석기 시대, 유럽인들이 신대륙을 정복하면서 산림 황폐화를 일으켰던 1610년대, 산업혁명이 시작된 18세기 중반, 히로시마 원자폭탄이 터진 1945년까지 학자마다 보는 관점이 다양하다.

[42] Kunkel, Benjamin, The Capitalocene, *London Review of Books* 39(5), 2017, pp.22-28.

매개한 지속 가능성 개념의 탄생과 그러한 개념이 나올 수밖에 없었던 자원 고갈 상황과 관련 있어 보인다.

　이후 지속 가능성 개념은 어업뿐만 아니라 임업에서도 '최대 벌채 가능량'이라는 유사 개념으로 사용되었으며, 환경과 발전을 포괄하는 개념으로 국제사회에서 폭넓게 사용된 건 앞서 언급한 1980년대부터이다. 1983년 유엔 총회는 세계환경개발위원회World Commission on Environment and Development, 일명 브룬틀란 위원회Brundtland Commission를 설립하였다. 이것은 지구적 규모의 환경 파괴에 대한 대책을 논의한 최초의 환경 관련 국제회의였던, 1972년 스톡홀름에서 개최된 유엔인간환경회의United Nation Conference on the Human Environment의 10주년 후속 조치였다. 브룬틀란 위원회는 1987년 「인류 공동의 미래Our Common Future」 보고서를 발간하였는데, 이 보고서에서 마침내 지속 가능한 발전이라는 새로운 개발 패러다임을 선보였다. 여기서 지속 가능한 발전이란 "미래 세대의 필요 충족 능력을 해치지 않으면서 현세대의 필요를 충족할 수 있는 발전"을 의미했다. 이것이 1992년 리우 회의에서 "현재 및 미래 세대의 발전적 필요와 환경적 필요가 동등하게 충족되는 것"이라는 정리된 형태로 선언되었다. 환경에 대한 국제사회의 관심이 1990년대와 2000년대를 지나 현재까지 지속되어온 맥락 속에서, 2000년대 파울 크뤼천은 인류세라는 지질학적 시기를 명명했다.

　환경 위기와 지속 가능한 발전에 대한 관심이 고조되고 이것이 국제사회에서 의제화되면서 문화와 지속 가능한 발전 논의는 자극과 동시에 통찰력을 얻었다고 평할 수 있다. 1982년 유네스코 정부 간 회의로 멕시코시티에서 개최된 세계문화정책회의에서 제시된 문화 정책에 관한 멕시코시티 선언문은 문화 정체성과 발전에 관해 원론적인 측면에서 개념을 규정한 것이었다. 그에 반해 1992년 유엔에 의해 구성된 세계문화발전위원회에서 1995년 발표한 「우리의 창조적 다양성*Our Creative Diversity*」 보고서에 제시된 문화와 발전에 관한 인식은 탈냉전과 세계화 등 전 지구적인 변화를 반영한, 좀 더 맥락적인 것이었다. 보고서는 일단 문화마다 발전의 경로가 다름을 인정하고 서로 다른 문화를 존중하는 것을 기본으로 하고 있다. 또한 경제적 기준만으로는 인간의 존엄과 행복을 위한 발전 상태에 도달할 수 없다는 인식하에 유엔개발계획UNDP이 만든 인간 개발 개념 속에 문화가 함축되어 있다고 보고 있다. 인간 개발은 사람들의 선택권을 확장하는 과정으로, 이 개념에서는 개발을 좀 더 광범위한 능력, 즉 정치적·경제적·사회적 자유에서부터 건강하고 교육적이며 생산적이고 창의적인 자존감과 인간권을 위한 개인적 기회의 관점에서 측정하도록 하고 있다. 특히 문화, 즉 태도와 삶의 방식은 모든 종류의 자원들을 관리하는 방식을 좌우하므로 지속 가능한 발전의 핵심이라고 주장한다.[43]

2000년대 들어서는 문화와 관련된 두 가지 국제 규범이 탄생하였는데 2001년 유네스코 총회에서 세계문화다양성선언Universal Declaration

---

43   UNESCO, *Our Creative Diversity*, 1995, pp.7-10;김숙진, 「국제개발협력에서 문화와 발전 논의의 전개와 한계, 그리고 관계적 장소 개념의 필요성」 『대한지리학회지』 제51권 제6호, 2016, 819~836쪽.

on Cultural Diversity을 채택하였고, 2005년에는 법적 구속력을 위해 이를 문화적 표현의 다양성 보호와 증진을 위한 협약(Convention on the Protection and Promotion of the Diversity of Cultural Expressions, 이하 문화다양성협약)으로 발전시켰다. 문화다양성협약의 특징은 문화 다양성과 지속 가능한 발전의 관계를 명시적으로 드러냈다는 것이다. 이 협약의 제13조는 '지속 가능한 발전과 문화의 통합Integration of Culture in Sustainable Development'으로 "당사국은 지속 가능한 발전에 필요한 여건을 조성하기 위해 모든 차원에서 문화를 자국의 개발 정책에 통합하는 노력을 해야 하며, 이러한 틀 안에서 문화적 표현의 다양성 보호와 증진과 관련된 측면을 발전시켜야 한다"고 규정하고 있다. 2010년과 2011년에는 유엔총회에서 문화와 발전 의제에 관한 결의문이 잇달아 채택되었는데, 이 결의문은 지속 가능한 방식으로 환경문제를 다루는 데 있어 문화 다양성과 생물 다양성과의 관련성과, 로컬·원주민의 전통 지식이 환경문제를 지속 가능한 방식으로 해결하는 데 도움이 될 수 있음을 인식함으로써 문화와 환경과의 관계도 다루고 있다.[44]

언뜻 문화라고 하면 비정치적인 용어로 환경과도 무관한 것으로 인식하기 쉽다. 경제적·계급적·정치적 문제가 구조적이고 불평등한 내적 메커니즘을 감춘 채 문화라는 이름으로 치환되어 지배적 체제가 지속·재생산되는 데 기여하는 경우가 많았기 때문이다. 그러나 문화 개념의 진화와 포스트식민주의[45] 이론의 발달과 함께 문화 다양성은

---

[44]　UN Resolution A/RES/65/166, A/RES/66/208

기존의 중립적인 '다양성 인정'의 차원 정도를 넘어, 세계사적으로 억압받고 착취당해왔던 모든 인종, 민족, 공동체의 문화를 적극적으로 인정할 뿐만 아니라 존중하는 것으로 자리매김하였다.

또한 이러한 관점에서 문화적 권리는 인권의 필수 구성 요소로 보편적·불가분적·상호 의존적인 성격을 띤다고 여겨진다. 이런 점에서 환경과 문화에 대한 관심은 그간 경제적 발전에만 치중하여 환경과 문화 다양성을 훼손했던 자본주의와 각국의 발전에 대한 욕망과 그 경로에 대해 재고하는 계기가 되었고, 국제사회가 새로운 삶의 방식에 대해 생각해보게 했다는 측면에서 공통점이 있다. 기후변화, 생물 다양성 감소 등 인류세 생태 환경의 위기 그 이면에는 개인과 사회, 경제, 문화가 복잡하게 얽혀 있는 것이다.

인류세라는 용어 대신 자본세Capitalocene, 대농장세Plantationocene, 유로세Eurocene라는 대체 용어를 사용하기도 한다. 이는 인류를 하나의 단일한 종으로 보기보다 그 안에 있는 다양한 유형의 인간 속성들, 즉 휴머니티humanities로 구분하고자 함이며, 또한 지구환경 위기의 정치·경제적 측면을 강조하기 위함이다. 대표적인 예로, 도나 해러웨이(Donna Haraway, 1944~)는 인류세라는 용어에 비판적인데, 인류세라는 용어가 획일적으로 사용될 수 있다는 위험성 때문이다. 마치 문제 현상이 각

---

45 포스트식민주의는 식민 시대 이후에도 지속되고 있는 식민주의적 사고와 인식에 반대하는 저항 의식 혹은 관점이라 할 수 있다. 식민주의 담론의 일관성, 연속성, 보편성, 중심성을 비판하며 이 질성과 차이, 혼성성을 강조한다.

지역마다 다르게 경험되더라도 기후변화라는 용어 또는 장치apparatuses
는 전 세계 모든 지역에서 동일하게 번역되는 것처럼 말이다.

예를 들어, 북극의 통찰력 있는 사람들은 해빙과 안개가 다르게
굴절되는 양상을 통해 확인할 수 있는 얼음의 변화, 해수의 변화, 별의
위치 변화에 대한 원주민의 어휘와 이러한 변화에 대해 논의할 수 있는
분석적이고 설명적인 방식을 발전시켜왔다. 이 지역 사람들에게 '기후
변화'라는 개념은 남쪽 지역으로부터 '수입된 용어'로 인식되고, 분석
적 작업을 위한 로컬 어휘를 제안하기는 힘든 실정이다. 이런 측면에
서 해러웨이는 일종의 접촉 구역contact zones을 양성하고자 하는데, 접촉
구역이란 문제 현상과 관련된 행위자들의 논의의 장 등을 뜻한다. 접촉
구역을 조성하는 것은 관련 행위자들이 서로의 언어(어휘)를 배우고,
긴급한 문제를 해결하기 위한 보다 협력적이고 탈식민주의적인 방식
을 찾을 수 있게 하려 함이다.[46]

많은 경우 원주민들은 남쪽 지역, 또는 서구의 용어를 배우도록
강요받지만, 그 반대의 경우는 거의 없다. 해러웨이는 인류세라는 용어
도 비슷한 성격의 문제를 갖고 있다고 본다. 특히 인류세를 의미하는
Anthropocene을 구성하는 anthropos와 man이 불러일으키는 계몽주의
적 연상 때문에 더욱 그러하다. 해러웨이는 많은 자연과학자들과 활동
가들이 인류세가 '인류라는 종의 행위'를 의미한다고 생각하는 경향이
있음을 지적한다. 진짜 문제는 계몽주의적 의미에서의 '인간man'이 아

---

46   Haraway, Donna, Tsing, Anna, Reflections on the Plantationocene, *a conversation with Donna Haraway & Anna Tsing moderated by Gregg Mitman*, 2019, pp.1-19.

모세 프로젝트는 베네치아를 구할 수 있을까?

니라 인간의 속성들, 즉 이 행성의 진화적·사회적 역사 속에 존재하는 휴머니티라는 것이다. 그러나 인류세라는 용어는 지구의 모든 것을 다 인류를 위한 자원으로 변환하는 것이 불가피하다는 환상을 강화한다. 사실 지구라는 행성에 살고 있는 모든 사람들이 세대를 파괴하고, 생태계를 단순화하며, 그 자체로 대학살적이고 멸종적인 '글로벌 부'를 생산하는 노동에 종사하고 있는 것은 아니다. 그러한 사람들은 일부에 불과하다. 즉 그것은 '인류'라는 종의 행위가 아니라는 것이다. 이것은 장소적이며situated 역사적인 일련의 결합 국면이다. 그러나 인류세라는 단어는 이러한 점을 이해하기 어렵게 한다.[47]

해러웨이가 말하는 종으로서의 인류가 아닌 휴머니티는 앞서 논의한 다양한 문화 집단, 민족 집단, 공동체일 것이며(물론 여기에는 생태계 환경을 위협하고 파괴했던 유럽인들, 자본가들뿐만 아니라 다양한 지역의 원주민들, 저개발 국가의 국민 등 이 지구상의 다양한 문화와 생활양식을 가진 인구 집단이 다 포함될 것이다) 그녀가 이러한 용어를 사용하고자 한 것은 다양성을 강조하며 이들에 대한 관심과 존중을 드러내고자 함일 것이다. 또한 장소적이며 역사적인 일련의 결합 국면이란 다양한 문화 집단, 민족 집단, 공동체, 그리고 다양한 환경과 물질들의 상호작용 속에 나타나는 어떤 국면을 뜻할 것이다.

지금까지 국제사회에서 환경과 문화의 접점을 탐색해보았다면,

---

47   Ibid., pp.4-5.

다음으로 학계에서는 환경과 문화의 관련성을 어떻게 사고해왔는지
알아보고자 한다.

모세 프로젝트는 베네치아를 구할 수 있을까?

환경과 문화라는 이분법을 넘어서

자연과 인문환경을 모두 다루는 종합적이고 학제적인 학문인 지리학
은 그 시초부터 환경과 문화의 관계에 대하여 많은 고민을 해왔다. 그
러나 지리학을 비롯하여 대부분 학문의 기초가 성립된 것은 근대 사상
이 지배적이었던 19세기였다. 때문에 지리학 역시 당시 지배적이었던
계몽주의의 영향으로 환경과 문화를 뚜렷이 이분하여 생각하는 사회
적·학문적 분위기에서 그 관계를 고민해온 것이라고 말할 수 있다. 19세
기에서 20세기 초까지 지리학에서 환경과 문화의 관계에 대한 사고를
지배한 것은 환경결정론과 환경가능론이다.[48]

　　환경결정론은 19세기 지리학자인 프리드리히 라첼(Freiderich Ratzel,
1844~1904)의 이론에 뿌리를 두고 있으며, 이후 20세기 전반부까지 북
미대륙의 영향력 있는 연구자인 엘런 셈플(Ellen Semple, 1863~1932)과
엘즈워스 헌팅턴(Ellsworth Hungtington, 1876~1947)에 의해 주장되었는
데, 주 내용은 인간의 생활양식이나 지역적 차이, 역사의 흥망성쇠 등
은 기후나 지형 조건과 같은 환경 내의 자연적 요소들에 의해서 결정된
다는 것이다. 어찌 보면 인류가 자초한 지구환경 변화가 다시 인류에게
절대적인 영향을 미치고 인류의 존재를 위협하게 되는 상황을 경고하
는 듯하다.

　　그러나 환경결정론은 유사한 자연환경에서도 지역에 따라 살아가

48　　Geoffrey, Martin, *All possible worlds: a history of geographical idea*, John Wiley&Sons
　　　　INC., 1972.

는 방식, 즉 생활양식이 다른 경우와 같이 반박하는 사례를 쉽게 찾아 볼 수 있으며, 인간의 자유의지와 문화의 영향력을 거의 무시하거나 최소화했다는 비판을 면할 수 없었다. 특히 이러한 결정론적 사고는 진화론과 함께 식민주의를 정당화하는 데 큰 역할을 했으며, 산업화로 자연세계가 인간에 의해 급격하게 변형되는 상황에서도 환경을 생활양식과 사회를 결정짓는 일방적인 힘으로 간주하는 등 많은 문제점을 드러내었다.

반면, 폴 비달 드 라 블라슈(Paul Vidal de la Blache, 1845~1918)는 인간의 생활양식은 환경의 영향에 따라 수동적으로 결정되기보다는 사고방식과 문화에 따라 동일한 자연환경이라도 다른 방식으로 이용하게 되면서 다르게 형성된다고 보았다. 환경은 단지 인간이 자유롭게 선택할 수 있는 환경을 제공할 뿐이라는 것이다. 비달의 이러한 주장은 후에 제자인 뤼시앵 페브르(Lucien Febvre, 1878~1956)에 의해 환경가능론이라고 이름 붙게 된다.[49] 그러나 환경가능론은 인간의 활동이 어느 정도 자유로운 것인가 또는 어느 정도는 다른 요소들(심리적, 정치적, 경제적, 또는 우연적인 것들)에 의해 필연적으로 선택될 수 있는 것인가에 대한 해석에서 환경결정론과 양립하는 또 다른 형태의 결정론으로 볼 수도 있다는 문제점이 있다. 또한 비달이 환경가능론적 사고를 기반으로 정작 강조한 것은 지역연구라는 점, 가능론이라는 용어를 만든 것이 비달 자신이 아닌 그의 제자 페브르였고, 그 의도조차 사회학자 에

---

[49]   권정화, 『지리사상사 강의노트』, 한울아카데미, 2005.

밀 뒤르켐(Émile Durkheim, 1858~1917)에 대항하여 촌락연구 및 도시, 인구 분야를 인문지리학으로 포함하기 위한 노력이었다는 점에서,[50] 비달의 환경가능론이 환경결정론과 대치되는 상반된 주장이라 하기에는 억지스러운 면이 없지 않고, 환경과 문화의 관계 자체를 진지하게 고려한 것이라 보기도 어렵다. 오히려 환경과 문화에 대한 인식론과 존재론적인 측면에서 본다면 환경결정론과 환경가능론 모두 환경과 문화의 이분법에 기반을 두고 있으며 환경이 인간에게 일방적으로 영향을 미치는 것을 전제한다고 할 수 있다.

환경결정론과 환경가능론이 역사의 뒤안길로 사라진 가운데 미국의 지리학자 칼 사우어(Carl Sauer, 1889~1975)는 지리학의 고유 영역을 확보하기 위해 고민하면서 환경론 논쟁에 새롭게 접근하였다. 그는 환경이 인간에게 미치는 영향보다 인간이 변화시킨 환경에 주목하면서, 인류 역사는 자연 파괴와 자연개조의 역사[51]라며 이것이 지리학의 연구 주제가 되어야 한다고 주장했다.[52] 그는 환경결정론과는 역방향으로 인간의 능동적 역할과 문화를 강조하며 그것이 어떻게 역사적으로

---

50 권정화, 앞의 책.

51 이러한 사우어의 견해에서 그가 19세기 후반 결정론이 팽배했던 미국의 한편에서 이와는 반대로 인간이 자연에 미친 영향에 대해 관심을 가졌던 조지 마시(George Marsh, 1801~1882)의 영향을 받았음을 알 수 있다. 마시의 『인간 활동으로 변형된 지구 The Earth as Modified by Human Action』(1898)은 정치생태학의 이론적 원류로 인식되고 있다. 그러나 생태계 변형과 위기의 주된 원인을 개별 인간의 활동으로 규정했을 뿐 이를 둘러싼 정치·경제적 구조에는 관심을 두지 않았다는 한계가 있다. 사우어 역시 인간이 자연에 미치는 영향에 대해 규범적인 측면에서 접근하는 데 그쳤다고 할 수 있다. (Robbins, 2004.)

52 Geoffrey, Martin, Ibid.

물질적 경관material landscape에 투영되는지에 관심을 두었다.[53] 특히 사우어는 지리학은 다른 무엇보다 의식주를 중심으로 한 물질적인 문화 요소가 역사적으로 변천한 과정을 연구해야 하는데, 이는 인간이 자연환경을 변화시켜온 과정을 통해서 파악할 수 있다고 하였다. 그리고 그 방법론으로 지형학, 토양 연구 등과 같은 자연지리적 지식을 강조하며 답사와 함께 인류학·고고학적 접근 방법을 사용하였다.[54] 사우어 학파의 연구 대상은 주로 시대적으로는 근대 이전, 지역적으로는 라틴아메리카 위주의 미발전 국가들이었는데, 이들 지역에서 자연과 인간의 직접적인 상호작용을 관찰할 수 있었기 때문이다.

사우어식의 인간과 환경 연구는 인간이 자연계라는 큰 체계의 한 부분으로서 자연환경에 적응하면서 이를 변화시키는 문화 과정을 설명하려고 하였기 때문에 문화생태학의 배경이 되었다고 할 수 있다. 그러나 사우어의 연구는 역사주의적 접근 방법이 지니는 상대주의적 성격으로 일반화와 '과학적' 연구를 옹호하는 이들로부터 비판을 받았고, 이후 지리학 내의 문화생태학자들은 횡적 문화 비교에 관심을 두었던 인류학자 줄리언 스튜어드(Julian Steward, 1902~1972)의 영향을 받아 좀 더 시스템적으로 접근하게 된다. 그 결과 1970년대 지리학 내의 문화생태학은 사우어의 경관론에 상당한 영향을 받은 실천가들과 해럴드 브룩필드(Harold Brookfield, 1926~), 카를 부처(Karl Butzer, 1934~2016)

---

[53]   이런 측면에서 사우어 학파의 연구를 문화역사지리학 또는 경관론이라고도 칭한다.

[54]   권정화, 앞의 책.

등 인간의 행태와 시스템을 강조한 인류학자들의 연구 방향이 좀 더 융합된 형태로 나타나게 되었다.[55]

문화생태학은 방법론적으로는 민속지적 방법을 주로 사용했는데 식물과 토양, 계절, 지형, 농업, 가축 및 인간이 이용하는 환경의 여러 측면과 관련된 지식과 믿음에 초점을 맞추었고, 주로 소규모 지역과 집단을 연구하였다. 그 지리적 위치는 주로 열대와 아열대 지역, 식민지 국가들인데, 구체적으로 파푸아뉴기니, 아프리카, 카리브해 지역의 국가들과 라틴아메리카(주로 안데스산맥 지역과 아마존), 히말라야 지역이다.[56]

문화생태학의 방대한 연구 결과는 기존에 낙후된 것, 원시적이며 잘못된 것으로 간주해왔던 주변화된 지역의 농업 방식과 환경에의 적응 양식이 현대 산업사회의 그것과 달리 매우 환경친화적·효율적인 것임을 드러내기도 하였다. 문화 다양성을 인정하고, 환경을 관리하는 원주민의 전통 방식을 존중하는 최근의 경향은 문화생태학자들의 누적된 연구 덕분이다. 그러나 이러한 공헌에도 불구하고, 문화생태학은 인간과 환경(자연과 사회)의 문제를 닫힌 생태계 내의 물질대사와 에너지 흐름, 이에 대응하는 인간의 적응기제, 효율성 그리고 동적 평형과 같은 개념을 이용해 연구하였기 때문에 기능주의, 결정주의, 목적론이

55   Turner, Bryan, Nature-Society in Geography, for Neil J. Smelser&Paul B. Baltes (eds.), *International Encyclopedia of the Social and Behavioral Sciences*, London: Elsevier, 1999.

56   Porter, Philip, Cultural Ecology, for Neil J. Smelser&Paul B. Baltes (eds.), *International Encyclopedia of the Social and Behavioral Sciences*, London: Elsevier, 1999.

라는 비판을 받았다.[57] 즉, 문화생태학은 환경결정론의 극단적인 주장과는 달리 인간이 자연을 변형할 수 있다는 '가능성'을 주장하기는 하지만 인간이 자연에 적응하는 것은 생태적 동기와 이해에 따른 기능적인 적응이고 어쩌면 시스템의 일부로서 운명 지워진, 그저 받아들여야만 하는 '자연적인' 결과로 해석할 수 있는 한계를 지닌 것이다.

그래도 문화생태학은 토착(원시)사회의 삶과 자연환경 적응 능력이 생태계 시스템과 구조적으로 유사함을 강조함으로써, 다윈 또는 신멜서스주의적 사고[58]가 지배적이었던 1960년대 환경주의 운동 조류에는 어느 정도 잘 통용되었다. 그러나 1970년대 후반 생태문제에 관심을 가진 사회과학자들이 맑시즘과 정치경제학, 급진적인 농민 연구에 영향을 받아 지역사회가 닫힌 시스템 내에 존재하는 것이 아니라 글로벌 경제에 편입됨으로 인해 변화하는 문제를 로컬 자원 관리와 환경 규제 및 지속성이라는 주제와 결합하는 시도를 하게 된다. 정치생태학이라 불리는 이러한 연구 조류는 문화생태학이 문화와 환경 관계에 개입하는 다른 영향 요소들을 간과하였다고 비판하고, 인간과 자연의 관계는 자원 이용 패턴을 정치·경제적 영향에 연관시켜야만 이해할 수 있

---

57 Robbins, Paul, *Political ecology: a criticial introduction*, Blackwell Publishing Ltd, Malden, USA., 2004.;Porter, Ibid.

58 인구과잉의 원인과 대책에 관해 영국의 경제학자인 토머스 로버트 맬서스(Thomas Robert Malthus, 1766~1834)는 저서 『인구론*Essay on the Principles Population*』(1798)에서 인구는 기하급수적으로 증가하지만 식량이나 생필품은 산술급수적으로 증가하기 때문에 과잉인구에 의한 빈곤을 막기 위해서는 금욕 생활 등의 도덕적 억제가 필요하다고 주장하였다. 신맬서스주의는 20세기 등장하였는데 맬서스의 인구 원리는 인정하지만 인구 대책으로 인위적인 산아제한이 필요함을 역설하였다.

모세 프로젝트는 베네치아를 구할 수 있을까?

음을 강조하였다.[59]

1980년대에는 이를 위한 시도들이 전 세계적인 녹색운동 전개와 인간이 초래한 글로벌 환경 악화에 대한 인식, 그리고 제3세계의 급격한 인구 증가와 산업화의 결과에 대한 여러 기관의 새로운 관심 등과 조우하게 된다.[60] 맑스주의 발전 이론의 도가니에서 형성된 이 새로운 학문 분야는[61] 종전의 문화생태학자들에 의해 연구되어온 고립된 농촌 지역이 아닌 복잡한 형태의 자본주의 과도기의 격동기에 있는 농민과 농촌 사회에 관심을 두었다.[62] 이들은 제3세계 국가 환경문제의 원인은 잘못된 관리나 인구과잉 등이 아니라 사회적 행동과 정치·경제적 제약이라고 보았다. 정치생태학자들은 토지를 비롯한 여러 자원과 환경 문제를 독립되고 폐쇄된 시스템이 아닌, 더욱 크고 복잡한 역사·정치·경제적 상황에 밀접하게 관련된 열린 시스템의 일부로 본 것이다.

1970년대와 1980년대 전반기에 자원 이용과 환경 보전에 관한 강력한 맑스주의적 분석을 제공했던 정치생태학은 이후 다양한 범주의

---

59 Robbins, Ibid.

60 Peet, Rechard, Watts, Michael, Liberation ecology: development, sustainability, and environment in an age of market triumphalism, *Liberation Ecologies: environment, development, social movement, Routledge*, New York and London, 1996, pp.1-45.

61 1990년대의 정치생태학은 1960~1970년대 번성했던 발전 이론의 환경 버전이라고 불릴 정도로, 발전 이론으로부터 많은 영향을 받은 것으로 보인다. 이러한 태생적 특성으로 인하여 많은 정치생태학 연구가 주로 제3세계 국가의 발전과 관련된 환경문제를 다루었으며, 브라이언트와 베일리는 저서 『제3세계 정치생태학*Third world political ecology*』(1997)을 출간하기도 하였다. 그러나 최근의 정치생태학은 도시나 제1세계의 환경문제, 환경 정의 등 다양한 문제를 다루고 있다.

62 Peet, Rechard, Watts, Michael, Ibid.

사회 이론의 영향을 받게 된다.[63] 1980년대 후반과 1990년대 전반기에는 후기 맑스주의, 후기 구조주의 등의 영향을 받은 많은 이론적 사고들이 인간과 환경의 상호작용에 개입하는 다양한 형태의 권력관계에 대한 관심을 불러일으키는 데 공헌하기도 하였다. 이렇게 다양한 사회 이론의 영향과 관심 주제에 따라 정치생태학은 환경 악화와 주변화 논제, 환경 갈등 논제, 보존과 통제 논제, 환경 정체성과 사회운동 논제 등 실로 다양한 연구 주제와 방향으로 전개되어가고 있다.[64]

또한 정치생태학은 환경문제라는 광범위한 연구 대상을 다루는 만큼, 지리학·인류학·사회학·정치학 등 다양한 학문 분야의 학자들부터, 각종 기관이나 NGOs, 환경 단체들의 실천가, 지역 전문가 등 다양한 연구 주체들이 존재하고, 이들로부터 이루어진 풍부한 사례연구로 인해 그 연구 방향이나 목적, 이론적 배경 등도 실로 다양하며 방대하다 할 수 있다. 그러나 이러한 많은 공헌에도 불구하고 정치생태학은 환경은 수동적 존재이며, 사회가 환경(문제)을 구성한다는 인식론(자연의 사회구성주의)을 가지고 있다고 할 수 있다. 이러한 맥락에서 일부 정치생태학자들을 포함한 비판지리학자들은 사례연구와 더불어 자연과 사회의 관계 자체에 대한 이론을 발전시키기에 이른다.[65]

환경과 사회의 관계에 대한 연구는 닐 스미스(Neil Smith, 1954~

---

63   Peet, Rechard, Watts Michael, Ibid.

64   Robbins, Ibid.

65   김숙진, 「행위자-연결망 이론을 통한 과학과 자연의 재해석」, 『대한지리학회지』 제45권 제4호, 2006, 461~477쪽.

모세 프로젝트는 베네치아를 구할 수 있을까?

2012)가 1984년 그의 책, 『불균등발전』에서 자연이 사회에 외재하는 존재라는 주장에 대해 심각하게 문제 제기한 이후부터 본격적으로 시작되었다. 스미스는 자연과 사회의 변증법적 관계를 주장하며 '자연의 생산' 명제를 통해 자연 본질주의뿐 아니라 인본주의를 바탕으로 한 자연 지배라는 극단적인 두 입장을 모두 극복할 수 있음을 주장하였다. 이후 데이비드 하비(David Harvey, 1935~)와 에리크 스윙게도우(Erik Swyngedouw, 1956~) 또한 환경과 사회의 좀 더 관계 지향적인 변증법을 추구하며, 각각 '창조된 생태계created ecosystem' '사회자연socionature'이라는 개념을 통해 세계가 사회적 과정과 자연적 과정이 결합하는 끊임없는 메타볼리즘metabolism의 과정 중에 있다고 주장하였다. 보다 관계 지향적인 접근법임이 분명하지만, 이 역시 자연과 사회의 이분법에 기초하고 있다는 면에서 한계가 있다. 분명 자연과 사회의 밀접한 내재적 관계를 전제하고 있긴 하지만, 변증법적 관계 자체가 분리된 두 영역을 상정할 때에 성립할 수 있는 것이기 때문이다.[66]

이리한 관계 지향적인 접근법이 글로벌 자본주의의 일반적 과정이 어떻게 특정 환경문제와 연결되는지 밝혀내는 데 강력한 설명력을 제공한 것은 사실이지만, 모든 환경생태문제의 원인이 자본주의로 귀결되는 것은 아니다. 현대의 많은 환경생태문제가 과학, 기술, 도구, 자연, 사회, 정치, 문화 등 자연적 과정과 사회적 과정이 복합적으로 연루

---

[66] Braun, Bruce, Towards a new earth and a new humanity: nature, ontology, politics, *David Harvey: A Critical Reader*, Blackwell, Oxford, U. K., 2006, pp.191-222.; 김숙진, 앞의 글, 2006.

되어 일어남은 주지의 사실이다. 따라서 자연과 사회의 이분법을 극복하지 못한 일련의 정치생태학적 연구들은 현대사회의 환경생태문제에 대해 부분적인 설명력밖에 갖지 못한다고 볼 수 있다.

최근에는 이러한 한계에 주목하면서 자연과 사회의 이분법을 극복하려는 대안적인 접근법들이 나타나고 있다. 브뤼노 라투르(Bruno Latour, 1947~)는 행위자-네트워크 이론Actor-Network Theory을 발전시키면서 자연과 사회의 관계적 존재론에 대한 획기적인 시각을 제공하였다. 그는 과학지식사회학자들이 자연 세계를 과학 지식의 설명자로 환원하는 것을 해체하는 데 만족하지 않고, 그들이 과학 지식을 생산하고 과학 논쟁을 설명하기 위해 같은 방식으로 자연 세계 대신에 사용한 사회적인 것(예를 들어 이해 집단과 사회적 권력 구조) 또한 해체하려 했다. 즉 과학주의가 자연 실재론에 해당하는 것처럼, 과학 지식의 사회 구성주의도 사회 실재론에 해당한다고 비판하면서 이 모두를 대칭적으로 거부해야만 한다고 주장한 것이다.[67]

라투르는 이러한 대칭성을 통해 과학 논쟁이 종식되는 과정을 설명하는데, 여기서 중요한 점은 과학 논쟁의 종식 과정에 참여하는 행위자에 인간뿐 아니라 자연이나 사물 같은 '비인간'까지 포함했다는 사실이다.[68] 이는 자연/사회 이분법뿐만 아니라 서구 사상에 깊숙이 내재해 있는 몸/마음, 객체/주체, 행위자/구조 등의 모든 이분법을 해체한다는 점에서 중요하다. 즉 라투르는 지금까지 인간에게만 존재한다

---

67   Latour, Bruno, *Science in Action: How to Follow Scientists and Engineers through Society*, Cambridge: Harvard University Press, 1987.

고 여겨졌던 행위할 수 있는 능력이 이종적이고 상호작용하는 부분들로 이루어진 네트워크에 의해 일어나는 '관계적 효과'로서 재구성된다고 봄으로써, 비인간도 행위자로 기능할 수 있다는 점을 지적하고, 인간으로 한정하여 흔히 사용하는 '행위자'라는 용어 대신 행위소actant라는 용어를 사용한다. 행위자(행위소)들은 연결망 내에서의 관계를 통해 성취 내지 수행performances을 거듭하며 지속적으로 결합하고 탈각되기도 한다. 또한 행위자와 네트워크는 서로가 서로를 구성하고, 지속적으로 재규정해나가는데, 여기서 거시적 행위자와 미시적 행위자 사이에, 혹은 어떤 주요 사회제도나 평범한 사물 사이에도 구조적 차이란 없다.[69]

---

68   Latour, Bruno, *We have never been Modern*, Cambridge, MA: Harvard University Press, 1993.

69   김환석, 『과학사회학의 쟁점들』, 문학과지성사, 2006.

세계유산의 문화-환경 여정

그럼 다시 세계유산에 대한 논의로 되돌아가보자. 세계유산협약은 1972년 체결되었는데, 그 배경을 살펴보면 결코 현재의 인류세 논의와 무관하지 않다. 1950년대 이집트는 전력 공급과 수자원 확보를 위해 나일강 유역에 아스완 댐을 건설하기로 하였다. 그러나 댐 건설로 인해 이집트 아스완 지역뿐 아니라 주변 지역인 수단의 누비아 계곡에 있는 고대 누비아 유적까지 물에 잠기게 될 위기에 처했다. 이에 이집트와 수단 정부는 유적을 보호하기 위해 1959년 유네스코에 지원을 요청하였고, 유네스코와 몇몇 국가들은 국제사회에 유적 보호를 위한 모금 운동을 제안하는 한편, 인류사적으로 중요한 유산을 상시적으로 보호하기 위한 국제적 시스템의 필요성을 절감하여 논의를 시작하게 되었다. 인류의 경제적·기술적 발전으로 환경뿐 아니라 문화유산 또한 위기에 처하면서, 이에 대한 해결책을 모색하게 된 것이다.

이러한 노력의 결과로 1972년 스톡홀름에서 개최된 유엔인간환경회의에 세계유산 보호를 위한 국제적인 체제에 관한 초안이 제출되었고, 같은 해 11월 16일 유네스코 총회에서 '세계 문화 및 자연 유산 보호 협약Convention concerning the Protection of the World Cultural and Natural Heritage'이 채택되었다. 공식 명칭에서도 알 수 있듯이, 세계유산협약은 문화유산과 자연유산, 문화유산과 자연유산의 특징을 동시에 충족하는 복합유산을 나누어 등재하도록 하고 있으며, 문화유산과 자연유산의 등재 기준을 구분하여 두었다.

모세 프로젝트는 베네치아를 구할 수 있을까?

그러나 1990년대에 들어서 변화의 조짐이 일어난다. 문화유산, 자연유산, 복합유산이라는 기존의 분류는 자연과 인간을 각각 독자적인 존재로 분리하여 바라보기 때문에 세계유산협약 제1조에 명시된 '자연과 인간의 상호작용에 의한 공동작품'이라는 취지에 걸맞는 유산이 오히려 누락되고 있다는 문제의식이 제기된 것이다. 그 결과, 1992년 개최된 제16차 세계유산위원회는 문화경관을 새로운 범주로 인정하게 된다. 문화경관은 자연환경으로부터 주어지는 물리적 제약이나 기회, 혹은 양자 모두와, 내·외부에서 지속적으로 가해지는 사회·경제·문화적 힘에 의하여 오랜 시간 동안 진행된 인간 사회 및 정주지의 진화의 예이다.[70] 유네스코의 문화경관 정의를 보면 앞서 언급한 사우어의 문화생태학, 또는 경관론에서 다룬 개념과 동일함을 알 수 있다.

문화경관이 세계유산의 범주에 편입된 배경을 보면 국제사회가 환경과 문화의 접점을 발견하고 이를 보존하기 위해, 그리고 문화 다양성을 더 많이 확보하기 위해 많은 노력을 기울였다는 점을 알 수 있다. 즉, 문화의 다양하고 역동적인 특성을 반영하는 접근법을 취함으로써 세계유산 선정이 유럽과 미국 등의 선진국을 중심으로 이루어진다는 지리적 불균형과 기념물과 건축물 위주로 치우치는 유형별 불균형, 고대와 중세에 쏠리는 시대별 불균형을 극복하고자 하였다. 이를 통해 기존에 주목받지 못했던 폭넓은 문화 다양성과 환경 다양성을 확보하게 되었고, 지구적 규모의 환경 파괴에 위협받고 있는 문화경관을 보존·

---

70   UNESCO, Operational Guidelines for the Implementation of the World Heritage Convention, 1994.

관리할 수 있게 되었다.

문화경관은 세계자연보전연맹(International Union for Conservation of Nature, IUCN)의 보호 지역과도 맞닿아 있다. IUCN은 세계의 자원과 자연을 보호하기 위해 UN의 지원을 받아 1948년에 설립된 국제기구이다. 쿤켈이 인류세의 시작 시기를 히로시마 원자 폭탄이 투하되었던 1945년 8월 6일로 잡았던 것처럼, 세계 각국은 제2차 세계대전으로 인해 극심하게 파괴된 자연환경을 매우 심각한 문제로 여겨 파리에서 회담을 열고 IUCN을 국제기구로 정식 발족하였다. 이 기구는 세계의 자원과 자연을 관리하고 멸종 위기 동식물을 보호하기 위해 국제 협력을 도모하며, 야생 동식물의 서식지와 자생지, 환경적 가치가 있는 지역을 보호하기 위한 연구 활동도 한다. 이외에도 IUCN은 환경 보존에 관한 주요 국제 협약을 체결하는 데 주도적인 역할을 담당해왔고, 세계유산위원회 자문기구로서 자연유산 신청 현지조사, 자연유산 분야 제반에 대하여 자문하고 있다. 1992년부터는 국제기념물유적협의회International Council on Monuments and Sites와 협력하여 문화경관의 원칙을 발전시키는 데 중요한 역할을 담당해오고 있다. 1994년에는 보호 지역을 '생물 다양성 보호와 유지가 필요한 땅이나 바다 지역과 자연적, 문화적 자원이 연관된 지역으로 법적 또는 여타 효과적인 수단을 통해 관리할 필요가 있는 지역'으로 정의하고 관리 목적에 따라 여섯 가지 범주로 분류하였는데, 점차 많은 국가에서 이를 국내 정책에 반영하고 있다.

문화경관과 보호 지역, 더 넓게는 문화와 환경의 관계에 대한 개념적·현실적인 새로운 패러다임을 이끈 것은 IUCN의 노력이었다.

모세 프로젝트는 베네치아를 구할 수 있을까?

IUCN은 많은 보호 지역들이 주로 경관이나 야생에 초점을 두고 지정되었으며 문화적 가치에 대한 관심은 적었음을 인식하고 변화가 필요함을 주장하였다. 과거 호주, 아시아, 남·북미의 보호 지역에서는 그 지역의 자연적 가치에 관심을 두고 원주민 공동체를 문제로 보는 경향이 있었다. 즉, 많은 지역 공동체들이 그들이 살고 있거나 혹은 주위에 두고 있는 보호 지역으로부터 소외되는 경향이 있었다는 것이다. 그러나 IUCN은 원주민들과 여타 지역공동체가 보호 지역에 대한 지식과 이해에 있어 종종 과학적 이해보다도 더 높은 수준에 이르러 있다는 것을 인식하기 시작했고, 보호 지역을 관리함에 있어 이들을 올바르고 평등한 파트너로 존중해야 함을 주장하였다.

보호 지역에 대한 IUCN의 새로운 비전의 핵심은 중요한 문화적·무형적 가치에 대한 인식이라 할 수 있다. 보호 지역의 목적이 더욱 확대·다양화되어서, 자연스러운 환경뿐만 아니라 사람들이 사는 인간화된 경관의 중요성 또한 깨닫게 되어야 하며 자연 보존에 문화적 영역도 포함되어야 한다는 것이다.[71] 이러한 현실 인식은 문화경관에 대한 접근에도 적용할 수 있다. 문화경관은 오랜 기간 인간에 의해 변모되어온 환경을 의미하며, 지역공동체 또한 포함된다는 점에서 새로운 관점의 보호 지역과 거의 유사하다. 따라서 이러한 시각에서는 보호 지역과 문화경관의 구분이 무의미하며, 나아가 서구 사상에 깊숙이 내재해온 환경과 문화에 대한 이분법적 관점도 뛰어넘게 된다.

---

71   Phillips, Adrian, Cultural landscapes: IUCN's chaning vision of protected areas, *World Heritage Papers 7: Cultural Lanscapes: the challenges of conservation*, 2002, pp.40-45.

세계유산이나 보호 지역에서 원주민의 문화적 전통과 정치적 권리에 대한 존중이 확산하고 있다는 점도 중요하다. 이런 인식의 변화는 해러웨이가 말한 '인류세를 극복하기 위한 보다 협력적이고 탈식민주의적 해결 방식의 모색'과 연결된다. 해러웨이는 인류세라는 말 대신 다른 다양한 용어를 사용함으로써 획일성과 단일성을 피하고자 하였는데, 그중 대농장세라는 용어를 통해 유럽의 제국주의자들이 신대륙을 발견하면서 원주민들의 삶의 터전을 빼앗고 플랜테이션을 건설하여 작물을 재배함으로써 지구 생태계가 훼손되었다고 지적한다. 또한 근현대 과학의 발전은 저개발 국가·지역의 전통적인 농업 방식과 삶의 방식을 무시하였을 뿐 아니라 나아가 환경 악화의 주범으로 지목하기까지 했다. 그러나 수많은 문화생태학자와 정치생태학자 들의 누적된 연구와 IUCN과 같은 통찰력 있는 국제기구들에 의해 오히려 그들의 삶의 방식이 훨씬 친환경적이라는 것이 밝혀졌다. 따라서 눈으로 보이는 문화경관의 물질적 측면만을 보존하는 것이 아니라, 내재한 문화적 가치, 원주민들의 생활 방식에 대한 존중과 보존까지 이루어진다면 인류세가 당면한 많은 문제들의 해결책을 찾을 수 있을 것이다.

지금까지 살펴본 바와 같이 행성적 규모의 환경 위기로 일컬어지는 인류세 논의와 환경 보존을 위한 국제사회의 노력은 결코 완전히 새로운 것이 아니다. 멀리 갈 것도 없이 이미 1940년대부터 환경 파괴를 인식하고 이를 막으려는 노력들이 있었다. 그럼 최근의 인류세 논의가 말하고자 하는 바는 무엇인가? 인류세의 새로운 역사철학은 새로운

모세 프로젝트는 베네치아를 구할 수 있을까?

'역사' 개념을 수용하고, 인간 세계를 넘어 다른 종과 기술 들까지 포괄하는 것이다. 여기서 새로운 '역사' 개념이란 인간(물론 해러웨이가 지적했듯이 단일한 종으로서의 '인류'가 아닌 다양한 '휴머니티'로서의 인간의 속성들)에 의한 환경 파괴가 새로운 지질학적 시기를 구분할 만큼 심각한 수준으로 누적되었다는 경각심일 것이다. 그리고 인간 세계를 넘어 다른 종과 기술 들까지 포괄하는 것은 환경과 문화를 바라보는 기존 시각에 근본적인 변화가 필요하다고 주장하는 것 외에 라투르가 말하는 관계적 존재론과도 관련이 있다고 본다. 라투르는 지금까지 인간에게만 존재한다고 여겨진 행위할 수 있는 능력이 이종적이고 상호작용하는 부분들로 이루어진 네트워크에 의해 일어나는 '관계적 효과'로서 재구성된다고 봄으로써 비인간도 행위자로 기능할 수 있다고 보았고, 구조 역시 계속적으로 변형되는 네트워크의 한 지점으로 인식하였다. 이는 작금의 지구적 환경 위기를 관계적 효과의 결과로 볼 뿐만 아니라, 인류세 위기에 대한 대처 역시 동식물 등 인간 외의 종들을 포함한 다양한 행위자와 물질 들로 이루어진 네트워크의 한 국면이며 그 관계적 효과 또한 기대와 다를 수 있음을 인식하는 것이다.

모세 프로젝트의 인류세적 함의

다시 베네치아로 돌아가보자. '베네치아와 석호'는 문화유산의 여섯 가지 등재 기준을 모두 다 충족하는 보기 드문 세계유산이지만, 문화경관이 세계유산의 범주로 인정받게 된 1992년 이전인 1987년에 등재되었기 때문에 문화경관으로 등재된 것은 아니다. 그러나 베네치아의 형성 과정을 보면 자연환경과 인간이 상호작용하여 이룩한 대표적인 문화경관으로 보는 것이 마땅하다. 베네치아와 석호 일대는 충적 미사토(진흙)로 이루어져 있으며 수많은 석호와 사주가 있는 지역이다. 이 지역의 최초 주민은 5세기경 이민족의 공습을 피해 토르첼로, 이에솔로, 말라모코의 모래섬으로 피난 왔던 사람들로 추정되는데, 이후 피난민들이 계속 몰려들고 어부를 비롯한 정주 인구가 늘어나면서 거주지의 면적을 늘릴 필요성이 대두되었다. 이에 베네치아인들은 건물을 지을 수 있는 단단한 기초를 만들기 위해 진흙투성이의 습지대에 물기에 강한 오리나무 말뚝을 깊고 촘촘하게 박아 넣었다. 그리고 이 나무 말뚝 위에 이스트리아 석회암 판을 올린 뒤 건물을 지었다. 척박한 자연환경에 적응하고 극복하기 위한 건축 방식을 고안해내어 독특한 도시 형태를 이룩한 것이다.

이렇게 시작한 자연과의 상호작용은 베네치아의 역사 속에서 계속된다. 베네치아는 지반이 약하여 지반침하가 발생하고 바다와 바로 연해 있어 조수 변동으로 인한 침수 현상이 반복되는데, 이에 대한 대책을 끊임없이 강구해온 것이다. 특히 1966년 홍수로 인해 수위

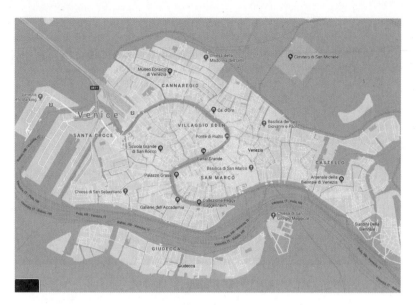

— 모세 프로젝트의 인공 장벽 설치 위치. (출처: MOSE Project.)

— 모세 시스템의 작동 방식. (출처: MOSE Project.)

— 실제로 구현된 모세 시스템. (출처: MOSE Projects.)

가 194센티미터까지 올라 베네치아 전 지역이 침수되는 일이 있은 후인 1984년 이탈리아는 유명 엔지니어들을 모아 모세(Modulo Sperimentale Elettromeccanico, MOSE; 실험적 전자 기계 모듈) 프로젝트를 설계했다. 베네치아 석호를 둘러싼 사주 부분에 조수 유입을 차단하는 전자 기계 모듈, 즉 인공 장벽을 설치한다는 계획이었다. 이 모듈은 평상시에는 바닷속에 잠겨 있다가 조수 수위가 110센티미터를 넘으면 공기가 주입되어 가벼워지면서 수면 위로 올라와 베네치아로 들어오는 조수를 차단하게 된다. 모세 프로젝트는 오랜 설계 끝에 2003년 착공했지만, 환경 보호론자들의 반대와 일부 정치인들의 사업 지연 시도, 시 당국의 예산 부족으로 중단되기를 반복하였다. 2014년에는 공사 입찰 과정에서 정치인들이 기업의 뒷돈을 받았다는 사실이 밝혀지며 부패 스캔들이 불

모세 프로젝트는 베네치아를 구할 수 있을까?

거지기도 했으며, 그 가운데 완공 시점이 2016년에서 2021년으로 연기되었고 사업비도 16억 유로(약 2조 6백억 원)에서 55억 유로(약 7조 8백억 원)로 증액되었다.

2019년 11월 53년 만에 수위가 187센티미터까지 올라가는 대홍수를 겪은 베네치아는 30년째 추진 중인 모세 프로젝트 추진에 속도를 내겠다고 밝혔다. 그러나 전문가들은 모세 프로젝트의 장기적인 홍수 예방 효과를 두고 엇갈린 견해를 보인다. 시스템을 설계한 엔지니어들과 베네치아시 당국은 모세 시스템이 완공되면 3미터 높이의 조수까지 차단할 수 있다고 주장하지만, 일부 전문가 집단의 반응은 회의적이다. 2011년 유네스코 보고서 역시 모세 프로젝트가 몇 년간은 홍수 예방에 도움이 되겠으나 기후변화가 촉발한 해수면 상승으로 인해 결국 조수 높이는 시스템이 막을 수 없는 수준에 이를 것이라고 예상했다.[72]

경제적 발전에 대한 끝없는 탐욕으로 전 세계 탄소 배출량은 유례없이 증가했다. 그리고 여기서 촉발된 기후변화는 다시 해수면 상승과 이상기후라는 형태로 돌아와 인간이 환경에 적응해 만든 독특하고 아름다운 문화경관 베네치아를 위기에 빠뜨렸다. 인간은 이에 대하여 조수를 막기 위한 방벽을 세운다는, 기술적인 해결책을 내놓았다. 다시 환경을 컨트롤할 수 있다는 자신감에 차 있는 것이다.

30년째 추진 중인 모세 프로젝트는 과연 베네치아를 위기에서 구

---

72   「기후변화로 수몰 위기 직면한 伊 베네치아… '모세'가 구할까」《연합뉴스》, 2019.11.15.

할 수 있을 것인가? 인류세 논의가 베네치아의 모세 프로젝트에 함의하는 바는 무엇일까? 앞서 기술한 바와 같이 우리는 인류세라 불릴 정도로 축적된 지구의 환경문제는 인간과 비인간 행위자 네트워크의 관계적 효과이기에, 그에 대한 대처 역시 다양한 행위자와 물질 들의 네트워크의 한 국면으로 인식하며 그 관계적 효과 또한 기대와 다를 수 있음을 알아야 한다. 바닷속에 인공 장벽을 세운다는 모세 프로젝트 역시 과학기술과 건축 공법, 조수, 해수면 상승, 계절풍 시로코와 하강풍 보라, 이미 설치되어 일부 부식이 일어나고 있는 바닷속 구조물, 만성적 재정난에 시달리는 베네치아시 당국, 인공 장벽 시스템을 유지·보수하는 데 소요되는 비용, 환경보호론자, 정치인, 세계유산협약, 유네스코, IUCN과 같은 국제기구 등 수많은 인간 및 비인간 행위자들로 이루어진 네트워크의 효과로서 우리가 예상치 못한 결과를 가져올 수도 있을 것이다.

모세 프로젝트는 베네치아를 구할 수 있을까?

참고문헌

● 기사

「기후변화로 수몰 위기 직면한 伊 베네치아… '모세'가 구할까」, 《연합뉴스》,
　　2019.11.15.

「'물의 도시' 베네치아, 홍수로 90% 침수 피해」, 《국민일보》, 2019.11.15.

「[사진으로 본 세계] 베네치아 '최악의 침수'」, 《경향신문》, 2019.11.14.

「'최악의 물 난리' 이탈리아 베네치아 홍수에 '국가비상사태' 선포」, 《세계일보》,
　　2019.11.16.

● 논문

김숙진, 「행위자–연결망 이론을 통한 과학과 자연의 재해석」, 『대한지리학회지』
　　45(4), 2006.

김숙진, 「국제개발협력에서 문화와 발전 논의의 전개와 한계, 그리고 관계적 장
　　소 개념의 필요성」, 『대한지리학회지』 제51권 제6호, 2016.

Kunkel, Benjamin, The Capitalocene, *London Review of Books* 39(5), 2017.

● 단행본

권정화, 『지리사상사 강의노트』, 한울아카데미, 2005.

김환석, 『과학사회학의 쟁점들』, 문학과지성사, 2006.

Braun, Bruce, Towards a new earth and a new humanity: nature, ontology,
　　politics, *David Harvey: A Critical Reader*, Blackwell, Oxford, U. K., 2006.

Geoffrey, Martin, *All possible worlds: a history of geographical idea*, John
　　Wiley&Sons INC., 1972.

Haraway, Donna, Tsing, Anna, Reflections on the Plantationocene, *a
　　conversation with Donna Haraway & Anna Tsing moderated by Gregg
　　Mitman*, 2019.

Latour, Bruno, *Science in Action: How to Follow Scientists and Engineers through Society*, Cambridge: Harvard University Press, 1987.

Latour, Bruno, *We have never been Modern*, Cambridge: Harvard University Press, 1993.

Peet, Rechard, Watts Michael, Liberation ecology: development, sustainability, and environment in an age of market triumphalism, *Liberation Ecologies: environment, development, social movement*, Routledge, New York and London, 1996.

Porter, Philip, Cultural Ecology, for Neil J. Smelser&Paul B. Baltes (eds.), *International Encyclopedia of the Social and Behavioral Sciences*, London: Elsevier, 1999.

Robbins, Paul, *Political ecology: a criticial introduction*, Blackwell Publishing Ltd, Malden, USA., 2004.

Turner, Bryan, Nature—Society in Geography, for Neil J. Smelser&Paul B. Baltes (eds.), *International Encyclopedia of the Social and Behavioral Sciences*, London: Elsevier, 1999.

● 보고서

Phillips, Adrian, Cultural landscapes: IUCN's chaning vision of protected areas, *World Heritage Papers 7: Cultural Lanscapes: the challenges of conservation*, 2002.

UN, 2010, Resolution A/RES/65/166.

UN, 2011, Resolution A/RES/66/208.

UNESCO, Operational Guidelines for the Implementation of the World Heritage Convention, 1994.

UNESCO, Our Creative Diversity, 1995.

● 기타

모세 프로젝트(Mose Project) 웹사이트
(https://www.mosevenezia.eu/project/?lang=en)

'You have stolen my dreams and my childhood with your empty words,' climate activist Greta Thunberg has told world leaders at the 2019 UN climate action summit in New York. In an emotionally charged speech, she accused them of ignoring the science behind the climate crisis, saying: 'We are in the beginning of a mass extinction and all you can talk about is money and fairy tales of eternal economic growth - how dare you!'

retary gener   'turning p   climate crisi
deo was p   d on 24   er 2019 to   e a short
ch that   out i   version

06

황혜진

이규보의
생태문학에서 읽는
공존의 가치

멸종의 시대, 조화로운 공존을 위한 인문학적 사유

'인류세'라는 말을 들었을 때 우리가 충격을 받는 것은 이 용어가 '인류'를 대상화하기 때문이다. 상상해보자. 먼 미래, 더 이상 인류가 지상에 존재하지 않게 된 시점에 지구의 지질을 탐사하러 온 어떤 지적 생명체가 과거 특정 시기 인류라는 종이 지구를 지배했었음을 확인하면서 이 시기를 전 시기와 구별되는 새로운 지질학적 시기, 즉 '인류세(人類世, Anthropocene)'라고 칭하기로 합의하는 모습을.[73] 상상을 이어가보

---

[73]　인류세의 기점에 대해서는 신석기시대의 농업혁명, 유럽인의 신대륙 진출, 증기 엔진의 사용으로부터 시작된 산업혁명 등 다양한 논의가 있으나, 인류세를 결정하는 인구, 산업, 에너지 사용, 온실가스 배출, 생태계와 경관 변화 등을 근거로 산업혁명을 기점으로 하는 논의가 우세하다. (이현걸, 「"인류세" 담론과 역사학」 교원대 석사, 2018, 25쪽.) 덧붙여, 20세기 중반 이후는 '대가속기(The Great Acceleration)'라 하여 그 심각성이 더욱 강조된다. (Will, Steffen, Paul, Crutzen, John, McNeill, The Anthropocene: Are Human Now Overwhelming the Great Forces of Nature?, *Ambio 36*, 2007, pp.617-618.)

자.[74]

외계의 과학자들은 이산화탄소와 메탄의 양이 갑자기 증가하는 동시에, 새로운 방사능 물질이 발견되는 지층을 확인했다. 또 이들은 해당 지층에서 썩지 않고 남아 있는 플라스틱과 어마어마하게 많은 양의 닭 뼈를 찾아냈다. 인간이 화석을 통해 쥐라기 지구에 공룡이 번성하였음을 확인했듯, 이들 역시 처음엔 이 시기 지구상에 닭이 이토록 많았나 고개를 갸웃하다가, 그게 아니라 인류라는 종이 플라스틱과 닭을 소비한 것임을 밝혀냈다. 그리고 그들의 이름을 따서 이 지질학적 시기를 '인류세'라고 부르기로 했다.

한 외계 과학자는 인류라는 놀라운 종을 다음과 같이 설명했다. 45억 년 역사 속에서 수많은 종들이 지구를 거쳐 갔다. 그중 호모사피엔스라는 인류종이 출현한 것은 아무리 멀게 잡아도 50만 년 전이다. 그렇다면 인류의 역사는 지구 역사의 만 분의 일에 지나지 않는다. 지구의 역사를 24시간으로 환산했을 때 인류는 23시 59분 55초에 등장한 꼴이다. 이 짧은 시간 동안 생물량biomass으로는 0.01퍼센트에 불과한 인간이 야생 포유동물의 83퍼센트, 식물의 50퍼센트를 멸종시켰다.[75]

설명을 듣던 다른 과학자는 이 시기를 인류세라 부르지 말고 인류

---

74   물론 외계종이 인류세란 이름을 붙인 것은 아니다. 인류세란 용어를 널리 알리고 그 중요성을 전파한 인물은 파울 크뤼천이다. 그는 앞으로 지구의 기후가 자연적인 흐름과는 매우 다르게 진행될 것이라 예측하면서, 지난 1만~1만 2천 년간의 홀로세와는 달리 인간에 의해 지배를 받고 있는 현재를 지칭하기에 인류세라는 용어가 적합하다고 주장했다. (Paul, Crutzen, Geology of Mankind, *Nature* 415, 2002, pp.23.)

75   이는 론 밀로가 이끄는 이스라엘 와이즈만 과학연구소의 발표에 근거한 내용이다. (Yinon, Bar-On, Rob, Phillips, Ron, Milo, The Biomass Distribution on Earth, *PNAS* 115, 2018, pp.6506-6511.)

라는 이기적인 종이 생태계를 파괴하며 홀로 생존을 도모한 시기라 하여, '고독세'[76]라고 칭하자 제안했다. 그러자 또 다른 과학자가 인류가 고독한 종으로 살아남았던 시기도 얼마 되지 않는다면서, 오히려 포악한 인류가 지구상의 생명체를 괴멸하고 그 자신도 멸종해간 '멸종세'라고 칭하자고 하여 주목을 받았다. 이상 외계 과학자들의 회의 장면에 대한 상상은 단순 공상이 아니다. 실제로 인류세를 멸종세로 부르자는 논의도 있으며 인간을 제외한 다른 종의 멸종 속도가 가속되는 것도 사실이다. 1만 년 전 인류의 개체 수는 100만에서 200만 정도였으나, 건강 상태가 개선되고 수명이 길어지며 2020년에 이르러서는 77억 명에 달하게 되었다. 그러나 인간을 제외한 야생 생물종들의 생활 여건은 악화 일로를 걷고 있다. 남획으로 인해 수많은 대형 동물들이 멸종한 것은 물론, 생활 터전 및 농업 용지, 가축 방목지 확보를 위한 산림 파괴, 해양 산성화, 토양 및 수질 오염 등으로 서식지를 잃고 사라져간 생물종은 헤아릴 수도 없다.

호모사피엔스는 농업이 전 지구적인 차원에서 시작되기도 전에 이미 네안데르탈인을 포함한 모든 인류종을 절멸했고, 호주에 살던 대형 동물 90퍼센트와 매머드와 같은 대형 육상 포유류의 50퍼센트를 멸종으로 내몰았다.[77] 멸종 속도는 더욱 빨라지고 있다. 20세기 포유류의

---

76 에드워드 윌슨(Edward Wilson, 1929~)은 『인간 존재의 의미』(이한음 옮김, 사이언스북스, 2016)에서 다른 모든 생명이 사라지고 지구에 인간종만이 생존하는 시대를 에메모세(Eremocene), 즉 고독의 시대라고 불렀다.

77 유발 하라리, 김명주 옮김, 『호모 데우스』 김영사, 2017, 10쪽.

멸종 속도는 자연 상태에 비해 40배나 빠르고, 새의 경우는 약 1000배 더 빠르다. 이런 속도면 앞으로 한두 세기 내에 육상 생물종의 30퍼센트에서 50퍼센트가 사라질 것이라고 한다.[78]

이 글에서는 멸종기라고도 볼 수 있는 인류세에 다른 종과 조화로운 공존을 이루기 위한 인문학적 사유와 감수성을 탐색하려 한다. 사실 우리가 인류세를 인식하기 시작한 지는 그리 오래 되지 않았다. 그러나 다른 존재의 관점에서 인간을 바라보는 공감적 상상력, 사유 방식, 감수성에 대한 전통이 장구한 영역이 있다. 바로 문학이다. 그중에서도 특히 고려 시대 대문장가인 이규보(李奎報, 1168~1241)의 문학을 중심으로 인류세를 살아가는 인간에게 필요한 인문학적 상상력과 다른 종에 대한 공감과 연민을 이야기하고자 한다.

이규보 문학에는 풍부한 생태적 사유가 담겨 있다. 박희병은 이규보 문학이 보여주는 인간 이외의 다른 종이나 사물에 대한 애정과 연민을 물物과 이웃한다는 의미의 '여물與物'이라 부르며, 그 사상의 핵심을 도가적인 만물일류萬物一類로 규정했다.[79] 그렇지만 이규보는 불교의 공생共生과 생명 존중, 만물의 상호 의존성을 수용하는 한편, 측은지심惻隱之心의 연민하는 태도로 약하고 흠 있는 존재를 포용하는 유교적 태도를 보이기도 했다. 이처럼 이규보는 사상적 경계를 자유롭게

78 J. R. 맥닐, 홍욱희 옮김, 『20세기 환경의 역사』 에코리브르, 2008, 412~413쪽.

79 박희병, 『한국의 생태사상』 돌베개, 1999, 39~134쪽.

넘나들며 전통 사상의 생태주의적 사유의 핵심들을 아우르고 있다.

또한 그는 자연과 만물을 존재하게 하며 통제하는 조물주는 없으며, 만물은 스스로 생성되어 그만의 방식으로 존재하는 것이라 여겼다. 이에 이규보는 자연 사물의 생태를 그대로 인정하고 존중하는 생태학자로서의 면모를 가졌다 평가되기도 한다.[80] 이규보의 사상과 문학의 바탕을 이루는 것은 자연과 사물에 대한 애정과 관찰이다. 주관으로 외물外物의 세계를 재단하지 않고 인간을 포함하는 생태계가 가지는 고유의 원리(道)를 탐구한 이규보의 문학은 예나 지금이나 외물과 인간의 관계에 대한 지극한 깨달음의 원천이 된다.

80　박수밀, 「이규보 문학에 나타난 생태 정신과 생태글쓰기」, 『동방학』 제37호, 한서대학교 동양고전연구소, 2017.

인드라 망의 생명 공동체에 대한
새로운 감수성이 필요하다

한반도에서도 옛이야기 속에 자주 등장하는 늑대와 여우, 호랑이를 비롯하여 많은 종들이 사라지고 있다. 표범, 삵, 담비, 물개, 물범, 하늘다람쥐, 크낙새, 두루미, 황새, 고니, 독수리, 따오기, 뜸부기, 솔개, 올빼미, 구렁이, 맹꽁이, 남생이, 가시고기, 열목어, 비단벌레, 수염풍뎅이, 장수하늘소, 꼬마잠자리, 물방개, 소똥구리, 나팔고등, 참달팽이, 해송…… 그 이름을 부르는 것이 초혼招魂이 되지 않기를 바라지만 안타깝게도 이들은 모두 국립생물자원관이 멸종 위기종으로 지정한 야생생물들이다.[81]

몇몇 야생동물종이 사라지는 것이 내 삶과 무슨 상관이 있을까. 야생 생물의 멸종은 일견 내 삶에 그 어떤 영향도 미치지 못하는 것처럼 보인다. 그러나 이들 역시 인간이 속한 생태계의 성원이다. 생태계를 불교에서 일컫는 맑은 구슬 그물, 인드라Indra망으로 이해해 보자. 투명한 구슬에 어떤 물체가 비치면 그 모습은 다시 옆에 있는 구슬에 반사되어, 결국 모든 구슬에 물체의 상이 담기게 된다. 한 구슬 안에 다른 모든 구슬의 모습이 투영되며(상호 침투, 相入), 모든 구슬은 한 구슬을

---

[81] 국립생물자원관에서는 멸종 위기 야생동물을 I, II급으로 나누어 정보와 이미지를 제시하고 있는데, 2020년 1월 27일 기준 총 267종에 달한다. 전구적으로 2018년 기준 멸종 위기에 직면한 종은 16,928종으로 알려져 있다. 이 수치는 국제자연보전연맹(IUCN)이 발간한 「멸종 위기에 처한 동식물 보고서Red data book」에 근거한 것이다.

이루는 일부로서 영향을 주고받는다(상호 교섭, 相卽).[82]

　단지 서로가 서로를 구성하기만 하는 것은 아니다. 수많은 구슬들로 이루어진 망으로 인해, 하나의 구슬은 전체의 한 부분으로서 존재할 수 있다. 그물코마다 매달린 투명한 구슬로 짜인 그물, 이것이 우리가 속한 생태계이다. 모든 것이 관계되어 있기에 하나의 변화로 말미암아(緣) 연관된 다른 모든 것이 변화하기(起) 마련이다. 이것이 바로 불교에서 말하는 연기적緣起的 세계이다.

　아인슈타인은 꿀벌이 사라지면 인류는 4년 내에 망한다고 했다. 즉각 이해되지 않는 말이다. 인간이 꿀벌을 잡아먹고 사는 것도 아니고, 정 벌꿀이 아쉽다 해도 설탕이라는 대체재를 섭취하면 된다. 그러나 중요한 것은 인간과 꿀벌 사이에 얽혀 있는 수많은 투명 구슬들이다. 꿀벌은 꿀을 모으기 위해 이 꽃 저 꽃 옮겨 다닌다. 이 과정에서 꿀벌의 몸에 묻은 꽃가루가 다른 꽃으로 옮겨져 식물은 열매를 맺게 된다. 꿀벌의 수분 활동이 전체 식량 생산에 차지하는 비율은 33퍼센트나 되는데, 만약 꿀벌이 멸종한다면 주요 작물들의 생산량이 감소하여 식량문제가 야기될 것이다. 연기적 세계를 보여주는 사례이다.

　그런데 실제로 무서운 일이 생겼다. 10여 년 전부터 꿀을 채취하러 나간 일벌들이 벌집으로 돌아오지 않는 일이 잦아진 것이다. 꿀을 나르는 일벌이 사라지자 여왕벌과 애벌레들이 굶어 죽으며 꿀벌 군집이 붕괴하는 CCD 현상이 나타났다. 도시의 전자파, 농촌의 살충제, 유

82　고영섭, 『연기와 자비의 생태학』, 연기사, 2001, 44~45쪽.

— "참새는 해로운 새이다." 단 한마디로 참새와의 전쟁을 선포한 마오쩌둥.

전자 변형 작물, 신종 바이러스, 지구온난화 등 다양한 원인이 언급되고 있지만, 분명히 밝혀진 것이 없어 대비법조차 마땅치 않다.[83] 큰 위기이다.

　이런 일도 있었다. 1958년, 중국의 최고 지도자 마오쩌둥은 쓰촨성의 한 농촌을 순시하던 중 참새가 쌀알을 쪼아먹는 것을 보고 소탕명령을 내렸다. 이후, 공산당국은 참새와의 전쟁을 선포했으며, 과학자들은 참새만 없애도 70만 명분에 상당하는 쌀을 추가로 생산할 수 있다는 연구를 발표하며 부질없는 전쟁을 부추겼다. 그 결과, 1958년 한 해에만 참새 약 2억 1천만 마리가 떼죽음을 당하며 중국 땅의 참새는

83　「불타는 노트르담서도 생존… 꿀벌 없인 인류 4년 내 멸종」《중앙일보》, 2019.07.21.

少先队员们！小朋友们！
为消灭麻雀·增产粮食而斗争！

— 참새 소탕을 독려하기 위한 중국의 포스터.

씨가 말라갔다.

대대적인 참새와의 전쟁을 성공적으로 수행한 중국인들은 식량 증산을 확신했다. 그러나 결과는 참담했다. 해충을 잡아먹는 참새를 마구 사냥한 탓에 쌀의 수확량이 오히려 대폭 줄어, 1958년부터 3년 동안 4천만 명 이상이 굶어 죽은 것이다.[84] 인드라망의 연기적 법칙을 무시할 때 벌어지는 대참사이다.

인간과 인드라망을 공유하는 꿀벌과 참새. 아무리 미미한 존재라도 존재 이유와 공존할 가치가 있다. 한 치 앞도 못 보는 인간의 시각으로 자연을 판단하고 생태계에 개입하는 것은 대단히 위험한 일이다. 꿀

---

84 「중국인 4천만 명 죽은 이유가 '참새' 때문?」, 《에듀진》, 2017. 12. 07.

벌 군집 붕괴 현상과 참새 박멸 운동의 사례는 생명의 사슬, 나아가 지구적 시스템인 인드라망을 유지하는 일이 결국 우리의 생존과 생명에 직결되어 있음을 보여준다.

종의 관점에서 인간의 역사를 서술한 유발 하라리(Yuval Harari, 1976~)는 인간이 다른 생명체와 결정적인 차이를 갖게 된 계기를 7만 년 전에 일어난 '인지혁명'으로 보았다.[85] 인류는 인지혁명을 통해 지구상에 존재하는 뭇 생명체의 지배자로 군림할 수 있게 되었다. 하라리는 오늘날 인류가 위기, 혹은 '중요한 선택의 기로'에 있다고 판단하며, 생물적 행위자가 아니라 지구 시스템 자체에 영향을 끼치는 '지구물리적 행위자'가 된 인류에게 그 영향력에 걸맞은 책임 있는 선택과 결정이 요구된다고 역설했다.

인간은 이제 다른 종뿐 아니라 자기 종 자체를 소멸할 수도 있는 '자연의 힘' 그 자체다.[86] 더 이상 인간과 자연을 분리하여 생각할 수 없는 인류세에, 인간에게는 새로운 '인지혁명'이 필요하다. 인간 중심 사고에서 생명 중심 사고로의 대전환이 요구되는 것이다. 상상력과 사유 방식, 감수성을 바꾸는 것은 어쩌면 가장 어려운 일일지 모른다. 오랜 세월 인류가 성취해온 인간 중심적 자부심과 정체성까지 변화시켜야 하기 때문이다. 그러나 하나의 생명으로서 이 천지에 붙어사는 이상,

---

85   유발 하라리, 앞의 책, 107쪽.

86   디페시 차크라바르티, 조지형·김용우 엮음, 「역사의 기후: 네 가지 테제」 『지구사의 도전』 서해문집, 2010, 355~364쪽.

이러한 변화는 스스로를 구원하기 위한 것이기도 하다. 더 이상 회피할

수는 없다.

이규보, 미물의 마음을 헤아리다

인간으로 태어나 살아가는 우리가 다른 종에 대한 인간 중심적 관점을 벗어나기란 어려운 일이다. 더욱이 그 질긴 습관은 앞서 언급한 것처럼 7만 년 전부터 인간의 문화적 유전자에 새겨져 있던 것이다. 이규보 역시 마찬가지였다. 아무리 생태주의적으로 각성한 이라 할지라도 귓가에서 윙윙대며 단잠을 깨우는 파리 소리에는 짜증이 나기 마련이다. 그러나 파리를 소재로 한 이규보의 시들을 보면 인간이 어떻게 편견을 벗어나 다른 종에 공감하고 연민까지 느낄 수 있는지 배울 수 있다.

> 平生厭汝逐人偏 몹시도 사람을 괴롭히는 평생에 가장 얄미운 놈
> 第一深憎鬪耳邊 귓가에서 바스락댈 땐 짝이 없이 괘씸하구나
> 病裏逢來重値病 몸 시달려 더욱 병이 심해져
> 滋繁此物怨皇天 파리를 번식시킨 하늘을 원망하네
> _又病中疾繩 (병석에서 파리를 미워하며)

사람을 끈질기게 쫓아다니며 괴롭히는 파리가 얼마나 미웠으면 이런 시까지 썼을까. 건강한 몸이라면 대수롭지 않게 파리를 쫓을 수 있으련만 병중이라 움직임도 수월찮다. 병마와 싸우느라 잠드는 것조차 어려운데 귓가에 윙윙대는 파리 소리. 저놈의 파리 때문에 병이 더 심해지는 듯하다. 도대체 하늘은 왜 파리 같은 것을 만들어서 사람을 괴롭히나 하는 의문을 갖게 된다. 우리는 이규보의 다른 시를 통해 이

의문에 대한 그의 결론을 들어볼 수 있다.

汝似讒人吾固畏 너는 참언하는 사람 같아서 본디 두려워했었지만
不妨權許共盃巵 임시로 술잔 같이하기를 허락해도 무방하겠네
墮來輒死眞堪惜 떨어져서는 금방 죽으니 참으로 애석하구나
墮來輒死眞堪惜 조심스레 건져준 자애를 잊지 말아라
　拯墮酒蠅(술에 빠진 파리를 건지면서)

처음 이규보는 파리를 낸 하늘을 원망할 정도로 파리를 미워했다. 파리가 병든 몸을 괴롭히기 때문이기도 하지만, 그 모습이 손을 비벼대며 귓가에 아첨하는 간신을 연상하게 해서였다. 그러나 이규보는 파리가 술잔에 날아와 같이 술을 마시는 정도는 용납하는 아량을 베푼다. 또 파리가 술에 빠져 허우적대자, 차마 두고 보지 못하고 결국 건져내어 살려주는 연민을 보이기도 한다. 파리의 목숨을 하찮은 '파리 목숨'처럼 여기지 않는 태도이다.

이蝨에 대해서도 마찬가지이다.

宰相長捫蝨 재상이 노상 이를 잡는 건
非予更有誰 나 아니고야 또 누가 있겠는가
豈無爐火燼 어찌 타오르는 화롯불이 없겠냐만
投地是吾慈 땅에 던져버리는 것이 나의 자비이다

雖云貧宰相 가난한 재상이라고 하지마는

未至如回臭 안회같이 냄새 날 지경엔 이르지 않았네

何必若尋來 하필 애써 찾아내노라고

捫搜煩我手 더듬는 내 손만 괴롭다

汝亦無所寄 너 역시 붙어살 데 없어서

以我爲之家 나를 집으로 삼은 것이네

無我則無是 내가 없으면 이것 없을 것이라

益發有身嗟 더욱 몸을 가진 개탄이 나온다

_捫蝨(이를 잡다) 3수

　　재상이었으나 가난한 신세를 면치 못했던 이규보는 몸에 이를 달고 다니는 처지였다. 그래서 재상이면서 노상 이를 잡는 건 자기뿐일 것이라 자조한다. 그런데 이규보는 다른 사람들이 하는 것처럼 잡은 이를 화로에 태워 죽이는 대신 땅에 던져버리곤 했다. 그가 이를 방생放生하는 까닭은 이와 인간을 공생하는 관계로 파악했기 때문이다. 이는 사람의 몸에 붙어 그 양분으로 살아갈 수밖에 없기에 붙어살 데를 찾다가 '나'도 빌붙어 살아가는 내 몸뚱이를 찾아왔을 뿐이라는 것이다.

　　이를 다정하게 '너'라 부르며, 너 '역시' 붙어살 데가 없구나 하고 말하는 부분에 주목해보자. '나' 역시 붙어살 데가 마땅치 않아 몸뚱이에 빌붙어 살아가고 있다. 몸뚱이가 있는 인간은 끊임없이 음식과 공기를 필요로 한다. 또 이 몸뚱이는 추위와 더위는 물론 맹수와 해충에도 취약하다. 그러나 이 모든 것을 다 알면서도 '나 역시' 이 비루한 몸뚱이에 빌붙어 살아갈 수밖에 없는 숙명을 지녔다. 이규보는 이와 자신이 약한 몸뚱이라는 집을 공유하고 있음을 깨달았다. 또 무언가에 의존해 위태롭게 한세상 살아간다는 점에서 동질감을 느껴, 이를 살려주기로 선택한다.

人盜天生物 사람은 천생의 물건을 훔치는데
爾盜人所盜 너는 다른 사람이 훔친 것을 훔치는구나
均爲口腹謀 다 같이 먹기 위해 하는 일이니
何獨於汝討 어찌 너만 나무라랴
_放鼠(쥐를 놓아줌)

쥐를 놓아주는 이유도 같은 맥락에서 이해할 수 있다. 사람이 쥐를 미워하는 것은 정성껏 기른 곡식을 훔쳐가기 때문이다. 그런데 곰곰이 생각해보면, 사람의 먹는 일도 하늘이 내어준 물건을 함부로 자기 것으로 삼는 도적질과 다름없다. 쥐는 사람이 하늘로부터 훔친 것을 다시 훔치는 것뿐이니, 사람이 하는 일과 쥐가 하는 일이 크게 다르지 않은 것이다. 또 그 모든 것이 다 몸뚱이를 가진 존재로서 먹고살기 위해 하는 일이니 나무랄 수 없다.

미물에 대한 이규보의 생각과 감정이 나타난 시들을 살펴보았다.

파리와 이, 쥐를 제재로 한 시를 고른 까닭은 가장 미천해 보이는 존재들에 대한 태도에 이규보가 지닌 생명관의 핵심이 담겨 있다고 보기 때문이다. 이규보의 시를 통해 우리는 미물에게 자리를 내어주는 포용력과 미물의 처지에서 헤아리는 상상력, 미물의 마음에 공감하며 불쌍히 여기는 연민을 읽어낼 수 있다. 이규보의 시에 담긴 생태적 사유와 감수성을 단계적으로 진전시켜보자.

한 걸음:
공존, 모든 종은 각자의 그물코에 달린 구슬이다

이규보가 마련해준 걸음 자리를 따라 연기적 생명의 세계로 발자국을 떼어보자. 파리나 이, 쥐는 인간의 입장에서는 해로운 존재들로 보인다. 호생심好生心을 발휘하고 싶지만 여간 미운 것이 아니어서 없애버리고 싶은 마음이 솟구치기도 한다. 이규보 역시 파리를 낸 하늘을 원망할 정도로 파리를 미워했지만 술잔에 빠져 허우적거리는 파리를 건져 살려주고, 몸을 샅샅이 더듬어 이를 찾아냈지만 기껏 잡은 이를 죽이지 않고 놓아주었다. (아마도 그 이는 다시 이규보의 옷 속으로 파고들었을 것이다.)

쥐에 대해서도 이규보는 '너'나 인간이나 다 훔쳐 먹기는 마찬가지라고 인식했다. 그런데 그렇다고 해도 쥐는 그 정도가 너무 심하다. 이규보는 "음식을 훔치는 것은 너희들 역시 배를 채우기 위한 것이겠지만, 무엇 때문에 의복을 쏠아 동강 내어 못 입게 만들며, 무엇 때문에 실오리를 씹어놓아 비단을 못 짜게 만드느냐"며 그 잘못을 논하기도 했다.[87] 원망 끝에 내놓은 이규보의 대책이 흥미롭다. 내 집에서 빨리 떠나지 않으면 고양이를 놓아 섬멸할 것이라는 글로 쥐를 협박하는 것이다.

아무리 위협적이고 설득력 있는 글로 쥐에 대한 분노를 풀어놓는

---

87   이규보, 「呪鼠文(쥐를 저주하노라)」.

다 한들 쥐가 알아들을 수 있으랴만 단지 글로써 원망을 풀 뿐이다. 그래서 쥐를 저주하는 글은 설사 그 내용이 극도로 위협적이라 해도, 미물의 생명을 지극히 아끼는 이규보의 마음을 미루어 알게 한다. 제 생명을 유지하려는 본성에 따라 생존을 도모하는 쥐를 차마 직접 해칠 수 없었던 이규보는 마음에 남는 의아심과 원망을 가상의 조물주에게 쏟아낸다. 다음에 나오는 내용은 이규보의 「조물주에 묻다問造物」의 일부이다.

내가 조물주에게 물었다. "대개 하늘이 사람을 낼 때에, 사람을 내고 나서 오곡五穀을 내었으므로 사람이 그것을 먹고, 그런 다음에 뽕나무와 삼麻을 내었으므로 사람이 그것으로 옷을 입으니, 이로써 보면, 하늘은 사람을 사랑하여 그를 살리고자 하는 것 같다. 그런데 왜 한편으로는 독毒을 가진 물건들을 내었는가. 큰 것은 곰·범·늑대·승냥이 같은 놈, 작은 것은 모기·등에·벼룩·이 따위가 사람을 이토록 심하게 해치니, 미루어보면 하늘은 사람이 미워서 그를 죽이고자 하는 것 같다. 그 미워하고 사랑함이 이렇듯 일정하지 않음은 무슨 까닭인가."

흥미로운 질문이다. 이 세상에는 사람을 이롭게 하는 게 많아 조물주가 인간을 특별히 사랑해서 인간이란 종을 살리고자 하는 것임이 분명해 보이는데, 왜 한편으로는 맹수와 해충을 만들어 사람을 괴롭히게 하는가? 왜 조물주는 일관되지 못하게 사람을 사랑하는 한편 미워하고, 살리려는 한편 죽이려 하는가? 이에 대한 조물주의 대답을 들어보자. 조물주의 대답도 꽤나 설득력 있다.

조물주가 말하기를, "그대가 묻는 바 사람과 사물이 나는 것은 모두 아득한 징조冥兆에 정하여져 자연스럽게 발發하는 것이니, 하늘도 알지 못하고 조물주도 알지 못하는 것이다. 대개 사람이 태어남은 저 스스로 날 뿐이요, 하늘이 냄이 아니며, 오곡과 뽕나무·삼이 나는 것도 저 스스로 남이요, 하늘이 냄이 아니다. 하물며 무슨 이로움(利)과 독함을 분별하여, 그 사이에 조처措處함이 있겠는가."

모든 종과 개별 생명체들은 자연스럽게 생겨나는 것이지 하늘이나 조물주가 인위적으로 만들어내는 게 아니라는 것이다. 조물주의 답변에 따르면, 인간이나 인간에게 이로운 것이나 해로운 것이나 스스로 나서 존재할 뿐, 여기에 하늘이나 조물주가 개입하는 바는 없다. 단지 인간들이 자기를 기준으로 이로움과 해로움이라는 잣대를 들이댈 뿐, 조물주는 인간을 위하거나 위하지 않으려는 의지가 전혀 없다. 이 답변을 명쾌하다 여긴 이규보는 남은 의혹을 풀기 위해 한 번 더 질문을 던진다.

내가, "내 의심은 이제 환히 풀렸다. 다만 모를 것은, 그대의 말에 '하늘도 스스로 알지 못하고 나도 알지 못한다' 하니, 하늘은 의식적으로 함이 아니니(無爲) 스스로 알지 못함이 마땅하거니와, 조물주인 네가 왜 모를 수 있는가." 하니, 조물주는, "내가 손으로 물건을 만드는 것을 네가 보았느냐. 대개 물건이 저 스스로 나고 저 스스로 화化할 뿐, 내가 무엇을 만들겠는가. 내가 무엇을 아는가. 나를 조물주라 한 것을 나도 모르겠다" 하였다.

이규보의 마지막 질문은, 하늘이야 의지를 가지고 무언가를 만들어내지 않는다 해도 조물주 너는 어떻게 네가 만든 세상에 대해 이토록 무지하고 무심할 수 있는가 따지는 것이다. 이에 대해 조물주는 자기 존재마저 부정하는 답을 내어놓는다. 내가 뭘 만드는 것을 네가 봤냐? 나는 아무것도 만들지 않았다. 내가 모든 것을 아는지 네가 어떻게 아느냐? 넌 왜 내가 모든 것을 알고 있다고 여기느냐? 난 내가 조물주라 불리는 이유조차 모르겠다.

여기서 조물주는 이규보의 질문에 답하는 주체이지만, 답함으로써 자기 존재를 지우는 희한한 논법을 구사하고 있다. 이는 인드라망을 만들고 통제하는 조물주를 상정하고 그를 인간의 편으로 삼으면서 다른 종들을 이용하고 지배하려 하는 인간 본위의 상상을 비판하기 위한 글쓰기 전략일 수 있다. 모든 사물은 제각각 존재 근거와 고유의 변화 원리를 갖는 하나의 독자적인 구슬일 뿐, 인간이라는 특정 존재를 위해 다른 사물들이 있는 것은 아니며, 인간 중심의 상상력과 사유 방식이 다른 존재에도 똑같이 적용되는 것은 아니다.

이런 깨달음을 얻은 사람이라면 개나 이나 똑같다는 논리에 수긍할 수 있다. 사람이 애정을 쏟는 개나 사람이 미워하는 이나 동등한 존재라는 것이다. 개와 이를 각자 인드라망에 얽힌 개별적 구슬로 바라보는 것인데, 어떻게 사람과 동물, 해충이 동등할 수 있을까? 그 목숨의 무게가 같기 때문이다.

어떤 손이 나에게 말하기를,

"어제저녁에 어떤 불량자가 큰 몽둥이로 돌아다니는 개를 쳐 죽이는 것을 보았는데, 그 광경이 너무 비참하여 아픈 마음을 금할 수 없었네. 그래서 이제부터는 맹세코 개나 돼지고기를 먹지 않을 것이네"

하기에, 내가 대응하기를,

"어제 어떤 사람이 불이 이글이글한 화로를 끼고 이를 잡아 태워 죽이는 것을 보고 나는 아픈 마음을 금할 수 없었네. 그래서 맹세코 다시는 이를 잡지 않을 것이네"

하였더니, 손은 실망한 태도로 말하기를,

"이는 미물이 아닌가? 내가 큰 물건이 죽는 것을 보고 비참한 생각이 들기에 말한 것인데, 그대가 이런 것으로 대응하니 이는 나를 놀리는 것이 아닌가?"

하기에, 나는 말하기를,

"무릇 혈기가 있는 것이라면 사람으로부터 소·말·돼지·양·곤충·개미에 이르기까지 삶을 원하고 죽음을 싫어하는 마음은 동일하다네. 어찌 큰 것만 죽음을 싫어하고 작은 것은 그렇지 않겠는가? 그렇다면 개와 이의 죽음은 동일한 것이네. 그래서 그것을 들어 적절한 대응으로 삼은 것이지, 어찌 놀리는 말이겠는가? 그대가 나의 말을 믿지 못하거든 그대의 열 손가락을 깨물어보게나. 엄지손가락만 아프고 그 나머지는 아프지 않겠는가? 한 몸에 있는 것은 대소지절支節을 막론하고 모두 혈육이 있기 때문에 그 아픔이 동일한 것일세. 더구나 각기 기식氣息을 품수稟受한 것인데, 어찌 저것은 죽음을 싫어하고 이것은 죽음을 좋아할 리 있겠는가? 그대는 물러가서 눈을 감고 고요히 생각해보게나. 그리하여 달팽이뿔을 쇠뿔과 같이 보고, 메추리를 큰 붕새와 동일하게 보게나. 그런 뒤에야 내가 그대와 더불어 도道를 말하겠네" 하였다.

중학교 교과서에도 자주 등장하는 「슬견설蝨犬說」의 전문이다. 사실 뜬금없이 이와 개가 같다고 하니 학생들은 이규보를 궤변론자 정도로 여길지도 모르겠다. 그러나 이규보는 일부러 손님의 화를 돋우기 위해, '너는 개를 불쌍히 여기느냐, 나는 이를 불쌍히 여긴다'라고 말한 것이 아니다. 이규보는 모든 생명은 피와 살을 가지고 있어 똑같은 아픔을 느끼기 마련이라는 것, 또 생명의 견지에서 크든 작든 모든 존재들은 죽음을 꺼리며 어떻게든 살아가려 애쓰는 존재라는 것을 깨우쳐주기 위해 인간에게 사랑을 받는 개와 미움을 받는 이를 대비해 그 목숨의 무게가 같다고 한 것이다.

그물코에 매달린 모든 존재들은 아픔을 느낄 수밖에 없는 몸으로 자기 생존을 도모한다는 인식은 서로의 영역에 대한 존중으로 이어진다. 이규보는 「지지헌기止止軒記」에서 범, 표범, 사슴, 뿔 없는 용 등은 숲과 못과 굴을 그것들이 그쳐야 할 데로 알고 그치는 미덕을 가지고 있다고 했다. 그들의 서식지는 사람이 모이는 도회지와 같다. 만약 사람이 깊은 숲이나 못 속에 있으면 범, 표범 등이 성안의 도회지에 들어온 것과 같은 변괴라 사람을 몰아낼 것이라 하였다. (혹은 바이러스를 내줄 수도 있다. 서로 그칠 데를 알아 만날 일이 없도록 했어야 할 인간과 야생동물이 인간의 침해로 인해 병원체를 나누게 된 것이 2020년 코로나19 사태의 근본 원인이다.)

종종 멧돼지나 뱀이 도시에 나타날 때 우리는 함민복 시에 등장하는 '사람들'처럼 소스라치게 놀란다. "뱀을 볼 때마다/ 소스라치게 놀란다고/ 말하는 사람들// 사람들을 볼 때마다/ 소스라치게 놀랐을 뱀, 바위, 나무, 하늘// 지상 모든/ 생명들/ 무생명들"[88] 그러나 반대로 우리가 그들의 서식지에 너무 깊숙이 들어간 것은 아닐까. 그들은 자신들의 서식지를 존중하지 않고 침해를 거듭하는 뻔뻔하고 무서운 인간들에게 우리가 놀라는 것보다 더 소스라치게 놀라지 않을까?

각자의 생존과 번영을 목표로 살아가는 종들이 서로의 삶의 터전을 인정하고 침범하지 않으려면 지지止止, 즉 그칠 때 그치는 미덕이 필요하다. 종끼리 '거리'를 두는 것은 공존을 위한 최소한의 윤리이다. 인드라망의 비유를 활용해 설명하자면, 거리 두기는 모든 종이 하나의 구슬로서 각자의 그물코에 얽혀 있는 제한된 존재라는 것, 인간도 하나의 구슬로서 다른 구슬과 이웃하고 있을 뿐 특권적인 자리에 있는 가장

---

88 함민복, 「소스라치다」, 『말랑말랑한 힘』, 문학세계사, 2005.

크고 빛나는 구슬은 아님을 인정할 수 있게 한다.

인간의 호오好惡와 상관없이 다른 종은, 고유의 존재 원리로 지구 시스템에 기여하는 성원이다. 잠을 설치게 하며 사람을 괴롭히는 파리조차 사체를 녹여내어 구더기의 먹이가 되게 함으로써 지구 표면이 죽은 것들로 뒤덮이지 않게 한다. 인간이 힘들게 거둔 곡식을 훔쳐가는 듯 보이는 참새도 곡식 생산에 해로운 벌레를 잡아먹으며 인간에게 도움을 준다. 이렇게 인간에게 해로운 듯 보이는 미미한 종, 나아가 무생물조차 인류와 함께 이 생태계를 구성하며 인류의 생존을 가능케 하는 것이다.

두 걸음: 공감, 서로를 비추다

쥐나 파리, 이같이 하찮아 보일뿐더러 인간에게 해가 되는 생물에게까지 미치는 이규보의 연민과 이해심은 대단해 보이긴 하지만 오지랖이 과한 것이 아닐까 하는 생각도 든다. 주변에 다른 불쌍히 여길 만한 것도 많은데 굳이 파리나 이, 쥐 따위에게 연민을 느끼다니 말이다. 연민을 느끼기 위해서는 타자에 대한 공감적 상상력이 필요하다. 그렇다면 이규보는 어떻게 쥐, 파리, 이에 대해 공감적 상상력을 발휘하고 연민을 느낄 수 있었을까?

모든 존재는 고유의 생명 원리를 가졌으며, 이 세상에 생겨난 이상 다 자신의 생존을 도모하기 위해 애쓰며 살아간다는 보편적 존재 원리에 대한 인식은 공감적 상상력의 기반을 이룬다. 더불어, 인간도 파리처럼 쉬 죽을 수 있는 필멸의 존재, 이처럼 어딘가에 붙어살아갈 수밖에 없는 취약한 존재, 쥐처럼 자기 생존을 위해 다른 것들의 도움이 필요한 의존적 존재라는 인식은 약한 것들에 대한 연민을 불러일으키는 공감적 상상력을 작동시킨다.

앞서 인드라망에서 구슬 간의 '거리'에 대해 이야기했다. 인간도 연기적 세계에 존재하는 한 구슬에 지나지 않는다는 자기 인식과 성찰을 바탕으로 이웃한 다른 종을 또 하나의 구슬로 인정할 때, 다른 존재나 종을 '너'라고 부르는 평등한 관계 맺음이 가능해진다. '너' 역시 내

마음과 같을 것이라 여기는 서恕[89]의 태도로 다른 종을 헤아리는 것이
바로 공감이며, 이것이 인류세에 걸맞은 인성humanities의 기초가 된다.

前灘富魚蝦 앞 여울에 고기와 새우 많아서
有意劈波入 백로가 물결을 뚫고 들어가려다
見人忽驚起 사람을 보고 문득 놀라 일어나
蓼岸還飛集 여뀌꽃 언덕에 도로 날아 앉았네
翹頸待人歸 목을 들고 사람 가기 기다리나니
細雨毛衣濕 보슬비에 온몸의 털 다 젖는구나
心猶在灘魚 그 마음은 오히려 여울 물고기에 있는데
人導忘機立 사람들은 그를 한가하게 서 있다고 이르네
_蓼花白鷺(여뀌꽃과 백로)

이 시는 그림을 보고 지은 제화시題畫詩이다. 이규보가 본 그림이
무엇인지는 확인하기 어렵지만, 시의 내용으로 보아 여뀌꽃 언덕에 앉
아 강물을 바라보는 백로가 화제畫題였으리라 짐작된다. 이규보는 어
느 날 벗의 집에 방문했다가 그곳에서 이 그림을 보았다. 함께 자리한
사람들은 그림을 보고 하나같이 여뀌꽃 언덕에서 우아하게 목을 빼고
있는 백로의 모습에서 한가로움이 느껴진다고 극찬했다. 그러나 이규
보는 여기에 동의하지 않았다.

89　'용서할 서(恕)'는 '같을 여(如)'와 '마음 심(心)'을 합한 모양을 하고 있다.

우선 백로가 여뀌꽃 언덕에 올라가 앉은 까닭은 몰려온 사람들을 보고 놀랐기 때문이라 했다. 목을 길게 뺀 자태는 사람들 보기 좋으라고 그런 것이 아니라 사람들 가기를 기다리는 것이고, 강가 풍경을 운치 있게 만드는 보슬비조차 백로의 털을 젖게 하는 시련일 뿐이란다. 백로의 바람은 자기를 놀라게 하는 구경꾼들이 어서 빨리 사라지는 것이다. 사람들이 사라진 후, 여울에 들어가 고기와 새우를 배불리 먹고는 비를 피할 수 있는 곳에서 쉬고 싶을 뿐이다.

사람들은 백로의 겉모습만 보고 고고함, 탈속脫俗, 무욕無慾 등의 의미를 부여하면서 관습적 상징으로 '사용'해왔다. 그러나 백로도 먹이 잡아먹으면 배부르고, 날개 젖으면 불편한 새의 한 종일 뿐이다. 집요하게 먹이에 집착하는 식탐을 사람들이 알게 된다고 해서 과연 백로가 부끄러워할까? 백로는 인간들이 자기를 이렇게나 칭송하는 줄 알까? 그걸 알면 백로는 과연 좋아할까? 아니, 자기가 백로라 불리는 건 알까?

인간 중심적 상상력을 벗어나 다른 존재의 입장에서 그 마음으로 세계를 경험하는 공감적 상상력은 조선의 성리학자들이 자연을 보는 시각과 대비된다. 「반타석盤陀石」이라는 이황(李滉, 1501~1570)의 시는 자연이라는 객관적 대상을 노래하는 듯하지만 자신의 관념을 확인하고 재생산하기 위해 자연을 활용하는 방식을 잘 보여준다. 이황의 자호는 퇴계退溪인데 이는 "톳계"라는 낙동강의 지류를 이르며, '반타석'은 톳계의 바닥에 놓인 널따란 바위를 지칭한다.

黃濁滔滔便隱形 누르고 탁한 도도한 물결에는 문득 모습을 감췄
　　　　　　다가
安流帖帖始分明 잔잔히 흐르는 물결에는 비로소 모습을 드러내네
可憐如許奔衝裏 가련하구나, 날뛰며 부딪치는 물결 속에서
千古盤陀不轉傾 천고의 반타석은 구르고 기울지 않는구나

　이황은 사화士禍를 당해 고향에 은거하던 중, 톳계에서 자신의 도
학과 신념을 닮은 바위를 발견하였다. 흙탕물이 흐를 때 보이지 않던
바위는 잔잔히 흐르는 물결 속에서 그 모습을 드러냈다. 아무리 물결이
날뛰고 부딪치며 출렁거려도 바위는 구르거나 기울어지지 않고 의연
히 그 자리를 지켜낸 것이다. 이런 바위의 모습에서 이황은 천변만화하
는 기氣에도 변하지 않는 이理를 발견하였으며, 변화무쌍한 인간사에
도 흔들리지 않는 자신의 도심道心을 찾을 수 있었다.

　이렇게 강호에 노닐면서 자연과 인간의 도를 발견하고 향유하는
기쁨을 노래하는 도학자의 태도가 바로 '강호가도江湖歌道'이다. 이황
과 같은 성리학자들은 자연에 철학적·인간적·윤리적 의미를 부여하였
다. 그러나 제아무리 그 의미가 인간적 가치관으로 보아 훌륭할지라도
이는 자신의 관념으로 세상 만물에 의미를 부여하려 한 인간 중심적 관
점이지, 바위의 마음을 그대로 읊은 공감적 상상력의 소산이라 하긴 힘
들다.

　반면 이규보는 종을 넘나드는 자유로운 상상력으로 백로의 입장
에서 인간을 바라보았다. 어찌 그럴 수 있었을까. 만약 인드라망 안의

구슬이 투명하지 않다면 그물코로 연결되어 있는 다른 구슬들의 모습을 자기 안에 투영하지 못할 것이다. 이규보는 인간이라는 자기중심적 관념과 욕심을 비워낸 허심虛心의 투명함으로 백로의 마음을 읽어낼 수 있었던 것이 아닐까.

花時多顚風 꽃 필 땐 미친 바람도 많으니

人道是妬花 사람들 이것을 꽃샘바람이라 했다

天工放紅紫 조물주가 모든 꽃을 만들 제

如剪綺與羅 마치 한없는 비단을 가위질해놓은 듯

旣自費功力 이미 그토록 공력을 허비했으니

愛惜固應多 꽃 아끼는 마음 응당 적지 않으련만

豈反妬其艶 어찌 그 고운 것을 시기하여

而遣顚風加 도리어 미친 바람 보냈는가

風若矯天令 바람이 만일 하늘을 어긴다면

天豈不罪耶 하늘이 어찌 죄 주지 않으랴

此理必不爾 이런 이치 반드시 없을 것이니

我道人言訛 나는 사람들 말이 잘못이라 한다네

鼓舞風所職 바람의 직책은 만물을 고무하는 것

被物無私阿 만물에 입히는 공덕 후박이 없는 걸세

惜花若停簁 만일 꽃 아껴 불지 않는다면

其奈生長何 그 꽃 영원히 생장할 수 있으랴

花開雖可賞 꽃 피는 것도 좋지만

花落亦何嗟 꽃 지는 것 또한 슬퍼할 게 뭐랴

開落摠自然 피고 지는 것 모두가 자연인데

有實必代華 열매가 있으면 또 꽃을 낳는 것이야

莫問天機密 아서라 오묘한 이치 묻지 말고

把杯且高歌 술잔 잡고 소리 높여 노래나 부르자

_妬花風(꽃샘바람)

이 시는 자기 마음을 비우는 허심이 어떻게 가능한지에 대한 통찰을 담고 있다. 조물주가 고운 비단을 펼쳐낸 듯 아름다운 봄날의 꽃밭. 이규보는 막 피어난 꽃잎들이 꽃샘바람에 속절없이 훼손되는 것을 안타까워했다. 조물주도 원망스럽다. 왜 고운 것을 만들어놓은 뒤 미친 바람을 보내 망가뜨리는지. 그러나 그렇다고 바람에게 죄 있다 할 수는 없다. 바람은 만물을 고무하는 자기 역할을 하는 것일 뿐 사심이 있는 것이 아니기 때문이다. 더 생각해보자. 바람이 꽃을 아껴 피해 가면 그 꽃이 영원히 생장할 수 있겠는가.

생각이 여기에 이르자 꽃이 지는 것을 아쉬워하고 슬퍼했던 마음도 사라진다. "꽃 피는 것도 좋지만 꽃 지는 것 또한 슬퍼할 게 뭐랴." 꽃이 져야 열매를 맺고 그래야 그 열매가 다시 꽃을 피울 수 있다. 인간의 사사로운 감정을 넘어서는 자연의 오묘한 이치가 있다는 믿음은 인간의 마음을 겸허하게 한다. 인간 중심적 생각과 욕심으로 자연을 판단하지 않고 절로 생겨나 저절로 변화하는 자연의 순리를 인정하는 것. 이것이 시적 화자가 마음을 비우고 객관적 대상을 보는 허심의 요체가 되었다.

다음으로 살펴볼 시 역시 자기를 비웠기에 다른 존재의 마음을 품을 수 있었던 빛나는 순간을 잘 포착하고 있다. 고려 중기 제주 출신의 문인 고조기(高兆基, 1088-1157)의 「산장의 밤 비山庄夜雨」라는 시이다.

昨夜松堂雨 어젯밤 송당에 비가 왔는지
溪聲一枕西 베갯머리 서편에선 시냇물 소리
平明看庭樹 새벽녘 뜨락의 나무를 보니
宿鳥未離棲 자던 새는 둥지를 아직 떠나지 않았네

이 한시가 묘사하는 정경은 매우 단순하다. 산장에서 밤을 보낸 시적 화자는 잠자리에서 일어나기 전, 누운 채 시냇물 소리를 들었다. 간밤에 비가 왔는지 불어난 물소리가 거세다. 청신한 비 기운을 느끼며 시적 화자가 방문을 열었을 때, 마침 뜨락의 나뭇가지에 앉은 새와 눈이 마주쳤다. 시의 제재가 될 만한 것인지 의심스러울 만큼 단순한 그림이다. 이를 확인한 독자는 산장에서 할 일이 얼마나 없었으면 아침에 일어나 새를 본 것을 가지고 시를 썼을까, 시인이 대단히 한가한 사람인가 보다 생각할지도 모른다.

그런데 왜 새는 아직 둥지를 떠나지 않았을까? 둥지 속에는 어미가 먹이를 물어다 주기를 기다리는 새끼 새들이 울고 있을 터인데 말이다. 어미 새가 먹이를 구하러 둥지를 떠나지 못한 까닭은 비가 오면 나뭇잎에 사는 먹이들이 비를 피해 잎사귀 뒤로 숨기 때문이다. 어미 새는 안타까운 마음으로 어서 해가 나서 나뭇잎 위의 물방울들을 걷어주길, 그리하여 먹잇감이 될 벌레들이 다시 반짝이는 잎 위로 올라오길 기다리고 있는 것이다. 이렇게 이 시의 화자는 어미 새와 눈을 맞추며 그 마음을 헤아리고 있다.

잠이 덜 깬 게슴츠레한 눈빛과 어미 새의 안타깝고 초조한 눈빛이 마주치는 순간, 새와 인간의 교감이 일어났다. 인드라망의 구슬끼리 서로를 비추는 아름다운 공감의 순간이다. 공감은 결과적으로는 타자의 처지에 맞는 정서적 반응이지만, 과정적으로는 타자에 대한 이해나 관점 취하기 등 인지적 활동이 요구된다. 즉, 공감적 반응을 위해서는 타자의 처지에 대한 앎이 선행되어야 한다는 것이다. 우리는 그러한 앎을 바탕으로 타자의 입장에서 타자의 세계를 그려보며 그가 느꼈을 법한 감정을 공유할 수 있다.[90]

앞서 본 시의 화자는 비가 오면 벌레들이 나뭇잎에서 미끄러지지 않고 비를 피하기 위해 잎의 뒷면에 숨는다는 것, 그래서 비 오는 날에는 새들이 먹이를 찾기 힘들다는 것, 다시 말해 비, 나무, 벌레, 새 들이 인연을 이루는 관계망을 인지하고 있었다. 이런 관계 속의 새의 처지를 이해하고 새와 눈을 맞추니, 어미 새의 배고픈 고통, 나아가 새끼들에

---

90   애덤 스미스의 설명을 참조하여 공감과 상상력의 관계를 파악할 수 있다. "우리는 타인이 느끼는 것을 직접적으로 체험할 수도 없고, 따라서 그들이 어떻게 느끼고 있는지 알 수도 없다. 그러나 상상을 통해 우리는 그와 유사한 상황에 처해 있다면 어떻게 느끼게 될지를 상상할 수 있다." (애덤 스미스, 박세일 옮김, 『도덕감정론』 비봉출판사, 2009, 4쪽.)

게 먹이를 물어다 주지 못한 안타까움과 초조함까지 공감할 수 있었던 것이다. 이처럼 각각의 종이나 개별 존재들의 생태와 처지에 대한 앎은 공감의 필수 요건이 된다.

알아야 느낄 수 있다. 그 전에 자기중심적 시각을 버리고 인간적 사심을 비우는 허심이 요구된다. 나를 투명한 구슬처럼 만들어야 다른 존재를 비춰낼 수 있으니 말이다. 허심이 없다면 아무리 타자가 되기 위한 상상력을 작동시켜도 재생산된 자신의 모습을 비춰보는 자기애의 수준에서 나아가지 못한다. 자기를 비운 후, 자기 고유의 생명 원리를 지니고 살아가는 다른 종의 처지에서 그 세계를 경험해야 한다. 이러한 타자 되기의 지혜를 가질 때 비로소 인간과 다른 종의 진정한 교감과 공감이 이루어질 수 있다.

세 걸음: 연민, 네가 아프니 나도 아프다

공감적 상상력이 있다고 그 목숨을 애석히 여기며 다른 존재를 돕고자 하는 연민이 생겨나는 것은 아니다. 공감적 상상력이 뛰어난 고문 기술자가 있다고 하자. 그는 상대가 어디를 가장 아파하며 어떤 방식의 고문이 가장 큰 고통을 유발할지 알고 있다. 그는 최상의 공감적 상상력을 발휘해 상대의 감정을 이해하고 그 고통을 헤아리지만 오히려 잔혹한 고문을 멈추지 않고 자기 목적을 이룰 수 있다. 타인의 고통이 자신을 아프게 하지 않기 때문이다.

공감적 상상력이 뛰어난 고문 기술자는 공감은 하지만 연민을 느끼지 않는다. 그의 공감적 상상력은 타인의 고통을 줄여주기는커녕 효과적인 고문 기술과 방법을 고안하여 더욱 가중하는 데 소용된다. 이런 사례를 볼 때, 연민은 타인의 아픔에 나도 아파한다는 점에서 공감적 상상력과 결정적 차이를 갖는다. 단지 상상하는 것과는 달리, '네가 아프니 나도 아프다'라고 말할 수 있는 상태가 바로 연민이다. 다음에 나오는 이규보의 시를 통해 연민에 대한 이해를 심화해보자.

莫笞牛牛可憐 소를 매질하지 말라 그 가련한 소를
牛雖爾牛不必笞 소가 비록 네 소지만 매질해선 안 되리
牛於汝何負 소가 너에게 무엇을 잘못했기에
乃反嗔牛爲 소를 미워해 매질하는고
負重行萬里 무거운 짐 싣고 만 리 길을 다녀

이규보의 생태문학에서 읽는 공존의 가치

代爾兩肩疲 너의 두 어깨 피로함을 대신했고

喘舌耕甫田 숨을 헐떡이며 넓은 밭을 갈아

使汝口腹滋 너를 배부르게 해주었으니

此尙供爾厚 이것만 해도 네게 제공함이 후하거늘

爾復喜跨騎 너는 또 올라타기를 좋아하누나

橫笛汝自樂 피리 불며 너 스스로는 즐겁지만

牛倦行遲遲 소가 지쳐 걸음이 혹 느리면

行遲又益嗔 너는 또 느리다고 화를 내어

屢以捶鞭施 더욱더 매질하기를 서슴지 않는구나

莫笞牛牛可憐 소를 매질하지 말라 그 가련한 소를

一朝牛死爾何資 하루아침에 소가 죽으면 너는 어찌 하리

牛童牛童爾苦癡 목동아, 목동아, 너야말로 어리석구나

如非鐵牛安可支 몸이 쇠가 아니거니 소가 어찌 배겨낼거나

_莫笞牛行(소를 매질하지 마라)

인드라망의 체계에서 소는 인간과 독립된 종인데 인간은 소를 가축으로 만들어 함부로 부리고 사육한다. 어쩌다 인간에 가까운 구슬이 되어 인간에게 부림과 사육을 당하는 신세가 되었으니 소의 입장에서는 상당히 억울할 만하다. 농경사회에서 소는 인간을 위해 짐을 싣고 밭을 갈며, 심지어는 인간의 유흥을 돕는 역할까지 하였다. 기계가 많지 않았던 시절, 소보다 힘이 세지도 못하고 덩치도 크지 않은 인간은 이렇게 소의 힘을 빌려 삶의 편리를 도모하였다.

너무 오래 빌린 물건은 자기 것으로 착각하게 되는 법. 자연물뿐 아니라 천하의 공물公物인 권력이나 재물도 마찬가지이다. 인간이 잠시 빌렸던 소의 힘을 자기 것으로 여겨 자기 마음대로 부리려는 대표적인 횡포가 채찍질이다. 무자비한 채찍질에 소의 몸이 배겨나지 못하고 죽으면 결국 소로 인해 덜 수 있었던 무거움, 배고픔, 무료함은 인간의 몫이 된다. 이를 깨닫지 못하는 어리석은 목동은 결국 우리의 초상이나 다름없다.

외계의 지적 생명체가 이 모습을 보았다 치자. 왜 인간이란 종은 수평적 관계에 있는 다른 종들을 함부로 자기 것으로 여기면서 착취할까? 우주에서 지구가 높낮이가 구분되지 않는 둥근 구슬같이 보이는 것처럼, 지구 시스템과 동떨어진 외계 생명체의 시각에서 인간과 소는 그리 달라 보이지 않을 것이다. 그런데 한 종은 다른 종을 무지막지하게 이용하고, 한 종은 다른 종을 위해서 살아서는 자신의 힘을 내어주고 죽어서는 뼈와 살까지 제공한다. 너무나 불공평한 일방적 착취이다.

호랑이는 치받을 뿔이 없고 소에는 날카로운 이가 없는 것이 하늘의 공평함이다. 인간은 무기가 될 만한 신체 기관이 없는 대신 지혜를 가졌다. 이로써 인간은 서로 협동하며 다른 종들을 상대한다. 이 과정에서 인간은 다른 종들의 서식지를 빼앗아 자신의 생활 터전으로 삼거나 다른 종들을 제압해 길들여왔다. 길들지 않는 야생의 것들은 가차 없이 멸종으로 내몰기도 했다. 신중한 관찰자가 인간에게 당하기만 하는 다른 종들의 모습을 본다면, 인간이 부당한 행위를 하고 있다고 여길 것이다.

더구나 인간은 다른 종과 얽혀 있는 생태계에 속하여, 그들에 의존하며 살아가는 주체에 불과하다. 그런 인간이 다른 종을 학대하며 심지어는 멸종까지 초래하고 있다. 이 생태계 밖에 지적 생명체가 존재하여 이 사실을 안다면 큰 충격을 받을 것이다. 스스로 관계를 파괴하며 생태계를 헤집어놓는 행위가 결과적으로 자신에게 해가 될 것임은 명약관화하다. 그런데도 자제하지 않고 어리석은 행위를 지속하는 인류에게 지구상 뭇 생명들 위에 군림할 자격이 있을까? 아니, 그전에 그런 인류를 과연 지적 존재라 할 수 있을까? 왜 인간에게는 생명 공동체에 속한 이웃 종들에 대한 연민이 없을까?

마사 누스바움(Martha Nussbaum, 1947~)에 따르면, 연민compassion은 '다른 존재가 부당하게 불행을 겪고 있다는 인식에서 오는 고통스러운 감정'이다. 타자의 고통과 슬픔에 특별히 주목한다는 점에서 '공감'과 차이가 있으며, 단순히 감정적으로 교류하는 것을 넘어 이제 자기의 것이기도 한 고통을 경감하기 위해 무언가를 하지 않으면 안 될 것 같다고 느끼는 감정적 상태가 바로 연민인 것이다. 누스바움처럼 감정이 인지적 기반을 가지고 있다고 보는 관점에서, 연민은 다음과 같은 인지적 조건을 필요로 한다.[91]

첫째, 다른 존재의 고통이 결코 사소하지 않으며 심각한 것이라는 평가이다. 가령 여행지 호텔에서 칫솔을 잃어버린 것은 연민을 일으키

---

91   마사 누스바움, 조형준 옮김, 『감정의 격동 2: 연민』 새물결, 2015, 670~722쪽.

지 않는다. 지극히 경미한 불행으로 여겨지기 때문이다. 둘째, 연민의 대상이 겪고 있는 고통에 대해 아무 책임이 없거나 사소한 잘못에 비해 과중한 고통을 겪고 있다고 여기는 판단이다. 해외 호텔에서 여권을 잃어버린 것은 심각한 문제다. 더욱이 그것이 분실한 사람의 부주의가 아니라 호텔 측의 과실 때문이라면 여권을 잃어버린 이에 대해 연민을 느낄 수밖에 없다. 셋째는 연민의 대상이 내 행복과 밀접한 관련이 있다는 생각이다.

연민의 감정을 죽어가거나 멸종되는 생물종에 적용해보면서, 우리가 이들에 대해 연민을 느낄 수 있을지 가늠해보자. 먼저, 멸종되어가는 생물종에 있어 종의 사멸은 엄청나게 심각한 것임에 누구나 동의할 것이니 첫 번째 조건은 충족한다. 두 번째 조건도 따져보자. 멸종되어가는 생물종은 스스로 멸종을 초래하지 않았다. 소행성 충돌과 같은 우주적 대사건으로 인해 어쩔 수 없이 종말을 맞게 된 것도 아니다. 이들이 겪는 고통을 직간접적으로 초래한 존재는 지구 시스템에 영향을 주는 지구 물리적 행위자인 인류이다. 여기까지는 사실의 영역이니 연민의 인지적 요소들을 갖추는 데 큰 어려움이 없다.

관건이 되는 것은 세 번째 조건, 즉 고통을 당하고 있는 존재가 내 좋은 삶good life을 위한 기획과 관련이 있는지, 또 관련되어 있다면 그 기획 안에서 얼마나 중요한 존재인가 하는 것이다. 다른 종과의 공존이 과연 내 삶을 행복하고 가치 있는 것으로 만들어주는가? 개와 고양이를 키우면서 즐거움을 느끼는 사람도 있고, 소갈비와 돼지 삼겹살, 맥주와 함께 먹는 치킨에 행복감을 느끼는 사람도 있다. 그러나 다른 종

— 호주 산불 현장서 구조된 뒤 소방관이 건넨 물을 벌컥벌컥 받아 마시는 코알라.

과의 공존은 이와는 다른 수준의 탈인간적 상상력을 필요로 한다.

인드라망의 비유를 떠올려보자. 모든 종은 이슬처럼 사라지거나 유리같이 부서지기 쉽다. 인류도 다른 종이 그물코를 이루어 지탱해주고 있는 망 덕에 간신히 떨어져 나가지 않고 살아가는 것이다. 이가 인간의 몸뚱이에 붙어사는 것처럼, 인간도 다른 종이 제공하는 자원이나 도움으로 근근이 살아갈 수 있다. '너'의 사라짐은 '나'의 생존과 직결된 문제일 뿐만 아니라, 내 존재의 소멸 가능성을 보여주는 전조이니 내가 어찌 너의 고통을 모른 척하랴.

최근의 사례에서 연민을 이해할 수 있다. 2019년에서 2020년까지 이어진 호주 산불 현장에서 구조된 코알라가 물을 벌컥벌컥 마시는 사진은 큰 화제가 되었다. 기후 재앙이 불러온 이 산불로 코알라 서식지의 80퍼센트가 파괴되었으며, 코알라 종 전체가 '기능적 멸종' 국면에 들어섰다. 이 단계에서는 살아남은 일부 코알라가 번식하더라도 전체 개체 수가 적고 질병에 걸릴 위험이 높기 때문에 장기적으로 볼 때 종의 생존 가능성이 낮다고 한다.

그러나 이 사진이 정말 인상적인 까닭은 따로 있다. 바로 코알라가 원래 물을 먹지 않는 동물이기 때문이다. 호주 원주민 말로 '코알라'는 '물을 먹지 않는다'라는 뜻이다. (후에 이주민인 영국인도 그 말을 따라 부르게 되면서 명칭으로 굳어졌다고 한다.) 본래 코알라는 수분과 유분이 많은 유칼립투스 잎을 먹는 까닭에 물을 마시지 않고도 살아갈 수 있다. 그런데 그런 코알라가 사진 속에서는 물을 벌컥벌컥 들이키고 있다. 말 그대로 '타는 목마름'의 고통이 전해져 오는 듯하다.

코알라의 불행은 멸종이 더할 나위 없는 고통이라는 점과 코알라가 호주의 유칼립투스 군락지에 살고 있었을 뿐 기후 재앙을 일으킨 주된 행위자는 아니라는 점에서 앞서 언급했던 연민의 두 조건을 충족한다. 문제는 마지막 조건이다. 코알라의 생존이 내 행복과 관련 있는가?

많은 사람들은 자연 친화적인 삶이 행복하다는 믿음을 갖고 있다. 식물을 가꾸고 반려동물을 키우는 등 다른 종과 공존하는 데에서 기쁨을 얻거나, 경이로운 자연을 즐기는 여행에서 행복감을 느낀다. 더 나아가 인류가 다른 종과 우호적이고 호혜적인 관계를 맺음으로써 이 지구상에 존재하는 인드라망이 안정적으로 유지되고 있다는 믿음은 우리를 안심시킨다. 내가 속한 인류가 앞으로 다른 종과 조화로운 관계를 맺으며 지속적인 생존과 번영을 도모할 것이라는 믿음은 내 좋은 삶의 기초가 되는 것이다.

그러나 꿀벌이 꿀을 채집해 다시 벌집으로 돌아오는 것이 당연하다는 생각, 호주에 가면 순하고 귀여운 코알라를 쉽게 볼 수 있다는 믿음은 이미 깨졌다. 소소하지만 당연한 전제로 여겨왔던 믿음의 파탄은 내가 속한 생태계가 언제 깨질지 모른다는 불안을 야기하며, 개별적 존재로서 내 좋은 삶을 기획하는 데도 깊은 균열을 생성한다. 종 자체가 절멸할 수 있는 위험 속에서 개별적으로 좋은 삶을 기획하거나 행복을 위해 노력하는 것 자체가 부질없어 보이기까지 한다.

화상을 입은 코알라가 물을 들이키는 한 장의 사진에서 우리가 이토록 강렬한 연민의 감정을 느끼는 것은, 급작스럽고 파괴적인 환경 변화로 인해 멸종 위기에 처한 코알라의 상황이 곧 인류의 운명이 될 수도 있다는 인식이 엄습하기 때문이다. 우리는 2020년 코알라의 위기가 다시는 이 생태계가 유기체적 평형을 찾을 수 없음을 상징적으로 보여주는 사건이 아니기를 간절히 바란다. 그리고 그 마음으로 서식지를 잃고 화상을 입은 코알라의 아픔에 함께 괴로워한다. 이것이 바로 연민이다.

그런데 코알라에 대한 연민은 다른 감정과 혼효되어 있다. 바로 죄책감이다. 코알라 당사자는 멸종 위기에 처한 것에 대하여 아무 책임이 없다. 코알라가 기능적 멸종 상태에 이른 까닭은 6개월 이상 지속된 산불로 인해 서식지가 사라졌기 때문이다. 자연 발생적 산불을 일으키고 그토록 오랫동안 지속되게 한 것은 기후 온난화로 인한 장기 가뭄과 이상 고온이다. 그리고 기후 급변을 불러온 것은 다름 아닌 인류이다.

산업주의 문명의 편리함과 이기를 누리는 우리가 바로 파국을 만들어 낸 행위자이다. 코알라의 멸종에 대한 책임이 우리에게 있는 것이다.

자신의 잘못을 부끄러워하며 다른 이의 잘못을 미워하는 마음을 맹자(孟子, 기원전 372?~기원전 289?)는 '수오지심羞惡之心'이라 했다. 코알라의 멸종은 인仁의 심성을 대변해주는 측은지심惻隱之心, 즉 연민과 더불어, 상대의 고통에 대한 책임이 다름 아닌 바로 나 자신에게 있다는 인식에서 비롯된 수오지심, 즉 죄책감을 발생시킨다. 연민과 죄책감이 결합하면 강력한 실천적 힘을 갖게 된다. 스스로가 타자나 자신이 느끼는 고통의 원인이었다는 반전적 인식은 그 고통을 줄이고 잘못을 바로잡는 행위자로서의 실천을 촉구하기 때문이다.

연민을 넘어 실천으로

스펙터클한 고통의 이미지가 난무하는 미디어 현실에서 우리가 타인의 고통에 개입할 능력을 잃어가고 있음을 성찰한 수전 손택(Susan Sontag, 1933~2004)은 말했다. "특권을 누리는 우리와 고통을 받는 그들이 똑같은 지도상에 존재하고 있으며 우리의 특권이 (우리가 상상하고 싶지 않은 방식, 가령 우리의 부가 타인의 궁핍을 수반하는 식으로) 그들의 고통과 연결되어 있을지도 모른다는 사실을 숙고해보는 것, 그래서 전쟁과 악랄한 정치에 둘러싸인 채 타인에게 그저 연민만 베풀기를 그만두는 것이야말로 우리의 과제이다."[92]

연민만 베푸는 것은 그만두라고 말했다 하여 손택이 연민을 부정하는 것은 아니다. 여전히 연민은 타자의 고통에 개입할 수 있게 하는 인간의 소중한 능력이다. 오히려 이 말은, 대량 복제·소비를 특징으로 하는 미디어를 통해 타자의 고통을 진부한 유행거리로 소비하면서, 연민의 감정을 자신이 선한 존재임을 증명하는 근거나 나의 무고함을 보여주는 알리바이 정도로 삼지 말라는 강력한 경고로 읽어야 한다. 우리 자신이 그들의 고통과 연결되어 있다는 사실에 대한 숙고와, 부끄러움을 아는 마음으로 스스로 잘못을 교정하려는 적극적인 실천을 통해 '연민만 베풀기를 그만두는 것'이 사회적 약자뿐만 아니라 생태적 약자와도 공존할 수 있는 길이다.

---

92 수전 손택, 이재원 옮김, 『타인의 고통』 이후, 2004, 154쪽.

연민과 수오지심이 중요한 이유는 실천의 강력한 동기가 되기 때문이다. 멸종 위기 생물에 대한 연민은 어떻게 하면 멸종을 막을 수 있을지 구체적으로 고민하고 실천 방안을 모색하게 한다. (타자의 고통을 함께 느끼는 연민 자체가 스스로 고통스럽기에 무언가를 하고자 하는 마음의 발현이다.) 한편, 맹자는 "수치가 없음을 수치스럽게 여긴다면 수치가 없을 것이다無恥之恥 無恥矣"라고 말했다. 인류가 과오에 대해 부끄러움을 느껴 부끄러운 행동을 그칠 때, 비로소 인드라망에 속한 다른 존재들과 자기 자신에게 부끄럽지 않은 존재가 될 것이다.

생태계 내 다양한 종의 공존을 표상하는 세계상으로서 인드라망을 제시하면서 글을 갈무리하고자 한다. 먼저, 삼라만상參羅萬像은 그물코에 매달린 구슬과 같은 존재들이다. 모든 종들은 제각기 그물코에 매달려 살아가는 것일 뿐 인간이나 어떤 특정 종을 위해 존재하는 것은 아니다. 그 종들은 서로 빛을 나누는 투명한 구슬과 같다. 인간이 자기중심성을 벗어날 때 다른 구슬에서 비추는 모습을 제 안으로 받아들이는 '공감'이 가능하다.

나아가 전체적인 관점에서 다른 구슬들이 사라지는 것은 인드라망이 찢어지는 손실이며 인간의 고통이기도 하다. 우리는 오늘날 그러한 고통을 초래하고 있는 행위자가 다름 아닌 인간이란 사실에 부끄러움을 느껴야 한다. 아직 우리 앞에는 선택지가 남아 있다. 다른 구슬의 아픔을 함께 느끼는 '연민'을 통해 고통의 연대를 이루고, "하늘을 우러러 한 점 부끄럼 없기를" 바라는 마음으로, 또 스스로를 구원하고자 하는 마음으로 부끄럼 없는 실천을 하는 것이다.

인류세라는 용어는 '다른 종의 멸종'이라는 과오를 저지른 행위자가 누구인지 명백히 지목하는 동시에 그 멸종의 대상에 인류도 포함되어 있음을 나타낸다. 그리고 선택이 가능한 시기도 얼마 남지 않았음을 경고하며 우리의 시급한 인지혁명과 실천을 촉구하고 있다. 천년 전 고인古人 이규보는 인간 중심적 문명의 근본적 한계와 문제를 먼저 깨닫고 오늘날 우리에게 다른 종과 공존하는 법을 일깨워주었다. 이제 우리가 답할 차례이다.

참고문헌

● 기사

「불타는 노트르담서도 생존… 꿀벌 없인 인류 4년 내 멸종」, 《중앙일보》,
　2019.07.21.
「중국인 4천만 명 죽은 이유가 '참새' 때문?」, 《에듀진》, 2017. 12. 07.

● 논문

박수밀, 「이규보 문학에 나타난 생태 정신과 생태글쓰기」, 『동방학』 제37호, 한
　서대학교 동양고전연구소, 2017.

Paul, Crutzen, Geology of Mankind, *Nature* 415, 2002.
Will, Steffen, Paul, Crutzen, John, McNeill, The Anthropocene: Are Human
　Now Overwhelming the Great Forces of Nature?, *Ambio* 36, 2007.
Yinon, Bar-On, Rob, Phillips, Ron, Milo, The Biomass Distribution on Earth,
　PNAS 115, 2018.

● 단행본

고영섭, 『연기와 자비의 생태학』, 연기사, 2001.
디페시 차크라바르티, 조지형 · 김용우 엮음, 『지구사의 도전』, 서해문집, 2010.
마사 누스바움, 조형준 옮김, 『감정의 격동 2: 연민』, 새물결, 2015.
박희병, 『한국의 생태사상』, 돌베개, 1999.
수전 손택, 이재원 옮김, 『타인의 고통』, 이후, 2004.
애덤 스미스, 박세일 옮김, 『도덕감정론』, 비봉출판사, 2009.
에드워드 윌슨, 이한음 옮김, 『인간 존재의 의미』, 사이언스북스, 2016.
유발 하라리, 김명주 옮김, 『호모 데우스』, 김영사, 2017.
J. R. 맥닐, 홍욱희 옮김, 『20세기 환경의 역사』, 에코리브르, 2008.
함민복, 『말랑말랑한 힘』, 문학세계사, 2005.

● 보고서

IUCN, Red data book.

07

당윤희

중국의 생태문학에서
발견한 우리가 함께
가야 할 길

인류세, 그리고 이웃 나라 중국

2020년을 맞이한 기쁨도 잠시, 새해 벽두에 전 세계를 강타한 코로나19 바이러스가 불러일으킨 공포는 변종 바이러스가 인류에 미치는 영향이 얼마나 빠르고 강력한 것인지 보여주었다. 그리고 이 바이러스의 진원지가 박쥐, 천산갑, 고슴도치, 사슴, 악어 등 야생동물을 잡아 판매하던 화난 시장이었음이 밝혀지면서, "발 달린 것은 의자를 제외하고는 다 먹는다"고 자랑하던 식도락의 나라 중국은 크게 체면 상하고 말았다.

최근 한 연구팀은 "우한 코로나 바이러스의 자연 숙주는 박쥐일 수 있"으나 "박쥐와 인간 사이에 알려지지 않은 중간 매개체가 있을 것"이라고 설명했는데, 멸종 위기 동물 천산갑에서 나온 균주 샘플과 코로나19 바이러스의 게놈 서열이 99퍼센트 일치한다는 점으로 보아 천산갑이 중간 매개체일 가능성이 크다고 결론지었다. 독특한 생태로 인해 인공 사육이나 번식이 극히 어려운 천산갑은 멸종 위기종으로 지정돼 있다.[93] 그러나 비교적 포획이 쉽고 고기 맛이 좋아 중국에서 고급 식재료로 널리 거래되는데, 특히 천산갑의 등비늘이 정력에 좋다고 소문 나는 바람에 밀렵이 끊이지 않고 있다.

이제 환경과 생태 보호는 더 이상 어느 특정 국가들에게만 해당하는 문제가 아니다. 지구의 미래를 위해서 전 인류가 공유해야 할 과제가 되고 있는 것이다. 이것이 우리나라의 환경문제뿐만 아니라 다른 나라의 환경에 대한 인식은 어떠한지, 국제공조는 어떻게 이루어지고 있는지 관심을 가져야 하는 이유이다. 온실가스 배출 2위국이라는 불명예스러운 지위를 가지고 있는 미국은 19세기 들어 가장 많은 양의 온실가스를 배출하였으며, 한국 역시 지난해에만 5억 7천7백만 톤을 배출하며 8위에 올랐다. 1위국은 중국이다. 중국은 지난 10년 사이 온실가스 배출량이 3배 가까이 늘어 세계 온실가스 배출량의 무려 30퍼센트가량을 차지하고 있다. 온실가스뿐만이 아니다. 몇 해 전부터 서풍을 타고 국내로 대량 유입되고 있는 중국발 초미세먼지 역시 심각한 문제다. 현재 한국의 초미세먼지 수준은 경제협력개발기구(OECD) 회원국 평균인 $12.5\mu g/m^3$의 두 배가 넘는 $25\mu g/m^3$이다.[94]

이제 한국과 일본, 나아가 전 세계에까지 영향을 미치고 있는 중국의 환경문제는 더 이상 좌시할 수 없는 사안이 되었다. 동아시아 3개

---

93 「'천산갑의 역습' 정력에 좋다고 그렇게 잡아먹더니…」《뉴스1》, 2020.2.8.

94 「21대 국회에 필요한 기후변화·지구온난화 전문가」《세계일보》, 2020.1.6.

국은 이와 관련한 정치적·행정적 조치를 강구하기 위해 보다 적극적으로 협의하는 자리를 만들어가고 있다. 우선 한-일, 한-중 간 양자회담을 통해 다양한 환경 현안에 대해 논의했는데, 특히 2019년 11월 4일 개최된 한-중 양자회담에서는 양국 국제협력 담당 국장을 '청천(晴天, 맑은 하늘)계획' 이행의 책임자로 지정하고, 세부 추진 계획과 이행 관리 방안을 논의했다. 그리고 논의 결과 중국은 징진지(베이징·톈진·허베이) 및 주변 지역의 가을과 겨울 대기질 상황, 미세먼지 저감 조치에 대한 정보를 한중환경협력센터에 제공하게 되었다.

2019년 11월 23일부터 24일까지 일본 기타큐슈에서 열린 '제21차 한·중·일 환경장관회의(TEMM 21)'에서 우리나라와 일본, 중국의 환경장관들이 동북아 환경문제에 대한 공동합의문을 채택한 것도 그 일환이다. 한·중·일 환경장관은 본회의에서 동북아 및 지구적 차원의 환경문제에 대응하기 위한 전략과 상호 협력 방안을 논의하고, 차기 '3국 공동행동계획(2020~2024년)'의 우선 협력 분야를 선정했는데, 그것은 '대기질 개선' '순환경제' '해양·물 환경 관리' '기후변화 대응' '생물다양성' '화학물질 관리' '환경재난 대응' '녹색경제로의 전환' '환경교육 및 참여' 등이다.[95]

이와 같은 일련의 정책 대응이 이루어지는 것은 환경문제는 일국에 국한되지 않기에, 이웃하고 있는 국가들의 긴밀한 협력을 통해서만 대응할 수 있다는 인식 때문이다. 중국은 현재 우리나라와 환경 및 생

---

95 「한·중·일 환경장관, 8대 공동협력 분야 합의」《이투뉴스》, 2019.11.25.

태 문제로 인해 갈등을 겪고 있긴 하지만, 긴밀히 공조하지 않으면 안 될 나라이기도 하다. 따라서 우리는 중국이 자연과 환경 문제에 대해 어떻게 인식하고 대응하고 있는지에 대해 관심을 가지고 적극적으로 알아볼 필요가 있다. 인류세 또는 인류기人類紀라 번역되는 전 지구적인 위기 상황에 직면한 지금, 중국은 자연과 생태, 환경 문제에 어떠한 의식과 문화 윤리를 가지고 대처하고 있을까.

중국의 생태문학에서 발견한 우리가 함께 가야 할 길

옛 중국의 자연시에서 찾은 자연 친화적 철학

우리가 익히 알다시피 옛 중국의 사상과 철학에는 인간을 자연의 일부로 보는 자연 친화적인 세계관이 깊게 뿌리 내려 여러 가지 다양한 문화와 풍습으로 나타났다. 일상생활과 신념 체계 속에 자연스럽게 스며들어 우리 전통 사회 문화의 근간을 이루었던 음양오행설이나 풍수지리설 등과 같은 민간 신앙과 풍습도 여기서 영향을 받은 것이다.

중국은 옛날부터 자연과 인간의 관계를 유기적인 것으로 보는 철학적 사고를 가지고 있었다. 세계를 구성하는 세 가지 요소 천天, 지地, 인人을 통칭하는 삼재三才라는 말은 그야말로 하늘과 땅, 그 사이에 있는 사람은 서로 긴밀히 연결되어 있음을 표현한 것이다. 이러한 생각은 자연과 인간이 어울려 세계를 이룬다는 중국 특유의 자연 친화적 사상의 정합성을 보여주는 근거가 된다. 중국의 고대 철학 사상 중에서도 특히 노자와 장자로 대표되는 도가 사상 중에 나타나는 자연관과 세계관은 "사람과 자연이 조화를 이룰 때 나타나는 미"라는 현대 생태미학의 핵심과 맞닿아 있다.[96]

중국의 도가 사상 중에 나타나는 자연 친화적 생태의식에서 가장 중요한 점은 하나의 유기체인 우주 안에서 만물은 생명체로서 평등하다는 원칙이다. 노자가 "도道는 하나를 낳고, 하나는 둘을 낳고, 둘은 셋을 낳고, 셋은 만물을 낳는다"고 천명하였듯이, 도가 사상에서 천지

---

[96]   양군, 「한중생태환경시 연구」, 성균관대학교 국어국문학과 박사학위논문, 2007.

만물은 하나의 유기체가 된다. 노자는 도란 우주의 본원이고 대자연의 본체로서, 본체의 근원이 음양으로 나뉘고 순환을 반복하면서 삼라만상이 나타나게 되었다고 보았다. 세상의 만물이 도로부터 나왔기 때문에 높고 낮음과 귀하고 천한 것에 구분이 없고, 사람 역시 우주 만물 중 하나의 구성 성분일 뿐이다. "천지는 나와 함께 생겼고, 만물도 나와 하나가 된다"는 사상은 중국 도가 사상의 기본 정신을 형성하였다. 그리고 인류의 생명과 자연 만물의 근본은 같으므로 생명과 환경은 서로 불가분의 관계를 가지게 되었다.

따라서 도가 사상에서 생명과 자연환경은 독립적이거나 대립적이지 않고 상생상보相生相補하는 관계가 된다. 노자는 자연을 따르고 자연의 본성에 순응하여야 인간이 자신에게 주어진 본성에 따라 천수를 누릴 수 있다고 생각하였으며, 인간 사회의 질서도 인위人爲를 버리고 무위無爲로 자연스럽게 다스릴 수 있다고 주장하였다. 또 "물오리의 다리가 비록 짧다고 이어주면 오히려 근심이 된다. 학의 다리가 길다고 그것을 잘라내면 슬퍼할 것이다. 그러므로 사물의 본성이 긴 것을 짧게 해서는 안 되고 그 본성이 짧은 것을 길게 늘여서도 안 된다"고 하였던 말처럼, 도가 사상은 인간이 스스로 자연에 순응해야 할 뿐만 아니라 다른 생명의 자연적인 본성과 자연의 질서도 존중하여야 한다고 주장하였다.

도가에서 인간과 자연이 하나의 유기체로서 서로 상생상보하는 관계라고 여기는 데에는 생명이 윤회한다는 사상이 내포되어 있다. 생명이 도에서 비롯되어 생장하고 쇠락을 거쳐 사망에 이르고 다시 도로 돌아가는 과정은, 마치 자연의 사계절과 같다. 대자연은 생사가 전환되는 장소이고, 자연의 생명력은 소멸하고 다시 태어나는 순환이 거듭되는 영원한 고리와 같다. 우주 만물은 자연의 순환 법칙에 의해 유지되며 만약 인간이 대자연의 본성을 거슬러 자연의 법칙을 파괴하고 균형을 깨뜨리면 혼란과 재앙을 불러일으키게 된다.

도가 사상의 생명관과 자연관은 중국 문인들의 고유한 인간관과 세계관, 학술과 문화 등의 원천이 되었다. 특히 인간을 자연과 대립하는 존재로 보지 않고 자연의 일부로 여기는 생명관과 자연관은 전통 시가 문학 가운데 자연스럽게 깃들어 자연시自然詩라고 하는 독특한 풍격의 시가 문학을 형성했다. 중국의 자연시는 제재에 따라 크게 산수시山水詩와 전원시田園詩의 두 가지로 나뉜다.

— 조선 후기 화가 김윤보(1865~미상)의 「무릉도원도」.

산수시와 전원시가 본격적으로 중국 문단에 등장한 것은 불교와 도교, 민간신앙, 문학, 음악, 미술, 미학 등이 발달하며 제2의 백가쟁명 百家爭鳴 시기로 불리던 위진남북조魏晉南北朝 시기이다. 이 시기는 전

란과 내홍으로 왕조가 자주 바뀌었던 사회적 혼란기이자 정치적인 암흑기였으므로 사대부들 중에는 어지럽고 혼탁한 정계를 떠나 자연 속에 은일하고자 하는 사람이 많았다. 귀족계급의 문인들은 관직과 부귀를 버리고 산수 자연의 아름다움 속에 자신의 생을 의탁하고 즐기는 것을 청렴하고 고상한 행위이자 이상적인 경지로 보았다. 당시 중국 문인 사회에서 성행하던 현학玄學 풍조는 사대부들로 하여금 형이상학적인 고담준론高談峻論을 즐기며 자연의 산수 가운데서 인생의 진리와 흥취를 탐색하는 것을 숭상하도록 하였다. 또 시인들은 자연 속에서 누리는 한가롭고 낙천적인 정감을 담은 시를 창작하면서 산수시파를 개창하였다.

이 시기의 문인으로 잘 알려진 도연명(陶淵明, 365~427) 역시 명예와 관직을 경시하고 직접 들판에서 농사를 지으며 전원생활에 안분자족하는 지식인의 모습을 자신의 작품 안에 형상화하면서 전원시의 비조라 불리게 되었다. 도연명의 시는 풍격 면에서 볼 때 화려한 시어를 사용하는 수사법을 배제하고 순박하고 진솔한 언어로 일상생활의 감정을 표현하였으며 시인의 감정과 자연 속의 풍경을 일체화했다. 나아가 도연명은 대자연과 융화된 친밀하고 일상적인 경험 속에서 종종 자신의 생명과 자연의 기운이 하나로 조화를 이루어 물아일치物我一致의 경지에 이르는 체험을 시 속에 담아내기도 했다.

도연명은 「귀거래사歸去來辭」라는 작품의 첫 구절을 통해 탄식한다. "전원이 황폐해지려 하니 어찌 돌아가지 않겠는가?" 1500년이라는 세월이 지났음에도 이 말이 계속 회자되는 이유는, 많은 문인들에게 세속적인 물질과 제도에 구속된 스스로의 모습에 대한 반성과 함께 전원에의 회귀로부터 얻는 안식과 자유에 대한 갈망을 환기하는 한마디이기 때문이 아닐까 한다. 역대 중국에는 수많은 문인들이 있었지만, 도연명은 자연과 화합하며 그 느긋하고 여유로운 질서를 자신의 인생과 인격으로 체화하는 삶의 자세로 옛 지식인 형상의 본보기가 되었다. 그는 또 산문 작품인 「도화원기桃花園記」에서 국가도 제도도 없이 자연 속에 묻혀 평온하고 즐겁게 살아가는 소국과민小國寡民의 전원 마을을 묘사하여 동아시아의 문인들에게 무릉도원武陵桃源이라는 영원한 이상향을 제시하기도 하였다.

중국의 자연시는 당대唐代에 한시의 내용과 형식이 완성됨에 따라 더욱 성숙하였으며, 자연환경과 인간의 감정을 하나로 융합하여 현세를 초월하는 경지에까지 이르게 되었다. 특히 성당盛唐[97] 시기 대표적인 자연시인 맹호연(孟浩然, 689~740)이나 왕유(王維, 699~759)는 마치 화폭 속에 담긴 풍경을 보는 것처럼 깨끗하고 맑으며, 조용하고 아름다운 자연을 그려내었고, 그 가운데 인생의 그윽하고 깊은 뜻을 드러내는 시적인 정취를 담아내었다. 왕유의 시편 중에 「전원의 즐거움田園樂」이라는 시를 살펴보면, 전원생활의 편안함과 한가로움이 묻어나는 중국 자연시의 흥취를 느낄 수 있다.

萋萋芳草春綠 한껏 우거진 향기로운 풀들은 봄을 맞아 푸르고

---

[97]   사당(四唐)의 둘째 시기. 현종 2년(713)에서 대종 때까지의 시기로 이백(李白), 두보(杜甫), 왕유, 맹호연과 같은 위대한 시인이 나왔다. 이 시기에 당나라 시가 가장 융성하였다.

落落長松夏寒 긴 가지 늘어진 큰 소나무는 여름이 되면 서늘하구나

牛羊自歸村巷 소와 양들은 스스로 마을 길을 찾아 돌아오고

童稚不識衣冠 아이놈은 의관을 갖춘 관리를 알아보지 못하네

중국의 생태문학에서 발견한 우리가 함께 가야 할 길

중국 경제 발전의 그림자를 포착한
생태보고문학

그러나 인간과 자연이 조화롭게 일체화된 삶을 이상으로 꿈꾸었던 중국 전통 시기 문인들은 역사의 뒤안길로 사라져갔고, 오늘날의 중국 사회는 심상치 않게 빠른 발걸음으로 인류 역사상 최대 규모의 공업화·산업화 발전 과정에 참여하고 있다. 1980년대 이래 중국의 경제 발전은 줄곧 가속되어왔는데, 그 방대한 인구와 광활한 면적만큼 중국의 자원과 재화 소비 속도가 자국 및 전 세계의 환경에 미치는 영향은 손꼽힐 정도다. 오늘날의 환경문제를 바라봄에 있어, 단연 주목해야 할 국가가 되었다는 것이다.

실제로 경제 발전에 집중하여 자연 자원을 무분별하게 개발하고 소비한 나머지, 중국의 자연과 생태 환경 곳곳에 위험 수위를 알리는 빨간 불이 켜지기 시작했다. 수천 년 동안 중국을 풍요롭게 해왔던 대자연은 대기오염, 삼림과 오존층 훼손, 황사의 습격, 경작지와 수자원의 부족 등 공전의 파괴를 경험하게 되었다. 전 지구상의 경제와 생태 환경 시스템의 관계가 악화 일로를 걷고 있는 가운데, 중국은 더욱 급속도로 심각한 위기에 직면하게 된 것이다.

1980년대 이후 현대 중국 문학계에서도 생태문제에 관심을 보이는 작가들이 나타나기 시작했다. 중국의 사회문제에 비판적인 시각을 지닌 작가들이 작품 창작을 통하여 자연 생태 위기를 폭로하고 비판하며 중국 사회의 각성을 촉구하게 된 것이다. 이들이 그 수단으로 선택한 것은 '보고문학報告文學', 즉 르포문학reportage이었는데, 르포문학은 그 속성상 강한 사회 연계성을 가지고 있고, 형식상 '전달'과 '보급'의 임무를 빠르고 적절하게 수행할 수 있기 때문이다.

생태 환경 문제의 폭로와 고발, 극복이란 현실적 과업이 보고문학이라는 특정한 문체와 결합하여 "생태의 균형 상실과 환경 위기를 주요 내용으로 하고 인간과 자연의 관계를 집중적으로 탐색하며 생태와 환경보호를 주장하는" 생태보고문학生態報告文學이라는 새로운 문학 장르가 탄생하게 되었다. 주요한 작가와 작품을 살펴보면 중국 작가들의 생태 환경 문제에 대한 관심이 어느 영역에 걸쳐 있는지 확인할 수 있을 것이다.[98]

중국의 생태보고문학 작품은 1970년대 말부터 간간이 발표되기 시작하였는데, 초원의 사막화와 황사문제를 다룬 장항(張抗)의 『모래폭풍沙暴』(1978)을 시작으로 삼림 보호를 주장하는 장창(張長)의 『희망의 푸른 잎希望的綠葉』(1980), 환경오염을 고발하는 리헝위(李杭育)의 『마지막 어부最後一個漁佬兒』(1983)를 통해 그 기틀이 형성되기 시작하였다. 하지만 중국의 생태 환경 문제를 전면적으로 다룬 보고문학 작품은 쉬강(徐剛)이 1988년 발표한 『벌목자여, 깨어나라!伐木者, 醒來!』라고 평가된다. 이 소설은 1987년 5월에 발생하여 한 달간 지속된 산불로 5만여 명의 이재민과 193명의 사망자를 기록하며 중국 동북 지

---

98   이태준, 「중국 생태보고문학 연구」, 『중어중문학』 제53집, 2012.

역 원시림에 치명적인 상처를 입힌 다싱안링 화재 사건을 소재로 삼고, 삼림 자원이 파괴된 현장과 그로 인한 재난을 현실적으로 그려낸 작품이다. 쉬강은 개혁 개방 이후 경제, 성장, 발전 등의 구호 아래 대규모의 남벌이 자행되고 있음을 고발하였고, 일말의 문제의식도 없이 생태계 내에서도 가장 복원하기 어렵고 후유증이 심각하다고 알려진 삼림을 파괴하는 인간의 탐욕과 어리석음을 신랄하게 비난하며 탄식하였다.

이외에도 주목해 보아야 할 쉬강의 생태보고문학 작품으로『정원 지키기守望家園』가 있다. 이 책은 그가 10년간의 답사를 통해 생태 환경 문제를 폭넓게 조사한 후, 총 6개의 대주제로 나누어 6권에 이르는 방대한 편폭으로 담아낸 역작이다. 그 자료의 세밀성과 광범위함으로 인해 이 책은 '생태 환경 영역의 작은 백과사전'으로까지 평가받는다. 쉬강은 '정원'이라는 개념을 전 지구와 우주 차원으로 확대하여, 해양·토지·하천·삼림·동물·우주로 나뉘는 자연환경이 하나의 커다란 정원을 이루는 것이라고 보았는데, 지구의 중요한 생태 환경이 인간에 의하여 파괴되는 가운데 인류의 생존도 중대한 위기를 맞고 있음을 지적하였다.

쉬강은 중국 생태보고문학이 초보적인 수준일 때부터 시작하여 가장 오랫동안 생태 환경 문제에 집중하였으며 폭넓은 시야와 부단한 창작열로 다양한 제재를 다루었다. 삼림 파괴, 사막화, 동식물 멸종, 수질오염 등 1980년대 중반 이래로 쉬강이 다루어온 주제들을 살펴보면 중국 사회에 불거졌던 거의 모든 생태 환경 문제를 작품에 반영하였다고 봐도 과언이 아닐 정도다. 그의 작품들은 생태보고문학의 한계로 지적되었던 편협성과 단순성을 극복해내었다고 평가받는다. 그는 일찍이 "문학은 인간과 인간의 관계를 써 내려가야 할 뿐 아니라 인간과 자연의 관계에도 관심을 가져야 한다. 생명은 인간에게만 속한 것이 아니라, 지구상의 모든 만물에 속해 있다. 작가는 인류의 탐욕과 이기심을 조장해서는 안 되며, 생명의 광활함과 아름다움을 노래해야 한다"고 말한 바 있다.

인간과 자연의 관계를 탐구하는 중국 생태보고문학 작품들의 내용과 소재를 간략히 살펴보면 다음과 같다. 우선 수질 환경과 수자원 문제에 관해 쓴 작품으로는 쉬강의『중국 보고: 우리는 장강을 잃을 것이다報告中國: 我們將失去長江』『강물은 결코 영원히 흐르지 않으리江河幷非萬古流』등과 위에페이치우(岳非丘)의『장강은 하나뿐이다只有一條長江』가 있는데, 이 작품들은 양자강 오염으로 인한 하천 어류의 떼죽음을 사실적으로 그려내었고, 강 유역 삼림의 남벌로 인한 토양 유실의 심각성을 알렸다. 사칭(沙青)의『균형 잃은 북경北京失去平衡』은 환경오염과 자원 낭비 및 인구 증가로 인하여 북경이 수자원 위기에 직면해 있음을 고발하였다. 우즈펑(嗚志峰)의『영원한 태호永遠的太湖』와 천구이두이(陳桂棣)의『회하의 경고淮河的警告』역시 여러 가지 다양한 데이터를 바탕으로 태호와 회하의 오염 실태, 수자원 오염을 고발한 작품이다.

리칭송(李青松)의『고별! 벌목시대告別伐木時代』는 녹색 생태의 중심이 되는 삼림이 남벌로 인하여 공전의 위기를 겪고 있음을 서술하

— 벌목 현장의 모습.

면서 천연림 보호를 촉구한 작품이다. 이외에도 마이쥔(馬役軍)은 『검은 땅 누런 땅黑土地 黃土地』에서 인간이 도시화를 위해 토지를 개발하고 잠식하면서 생긴 경작지 부족 문제를 거론하였고, 허젠밍(河建明)은 『공화국의 성급共和國的急』에서 야만적인 채광으로 인한 금·석탄·주석 등 광물자원의 유실을 경고하였다.

멸종위기의 동식물에 대해 고발한 작품들로는 앞서 언급한 쉬강의 『정원 지키기』와 『신성한 야생동물神聖野種』, 리칭송이 전국의 숲을 두루 섭렵하며 취재한 『마지막 생물군最後的種群』『머나먼 호랑이 울음遙遠的虎嘯』『뱀 쓸개 소송蛇膽的訴訟』『친링의 판다秦岭大雄猫』등이 있다. 이들 작품은 호랑이, 판다, 뱀 등 각종 희귀 야생동물이 남획으로 인해 멸종 위기에 직면한 상황을 고발하고 자연 생태계의 파괴에서 오는 피해는 결국 인류에게 돌아온다는 사실을 지적하였다.

그 외 장하오(江浩)의 『밀렵 폭로盜獵揭密』는 간부급 공무원들의 직권 남용으로 자행되는 밀렵 행위를 비판한 작품이다. 정후이린(鄭惠林)의 『파양호에 들어가며走進鄱陽湖』는 첨단 과학기술로 늪을 말려 물고기를 잡는 무분별한 어로 행위에 대하여 반성을 촉구하였다. 리우다웨이(劉大偉)와 황차오후이(黃朝暉)의 『백조의 죽음白天鵝之死』은 인류는 생태 윤리에 대한 의식 부족과 둔감증을 직시하고 자연의 지배자라는 오만을 버려야 한다고 주장하였다.

인류세를 그린 소설 『인류세』

2016년에 출간된 장편소설 『인류세人類世』의 작가 자오더파(趙德發, 1955~)는 산동성 쥐난현 출신으로 1980년부터 소설 작품을 습작하고 발표하기 시작했으며, 교사와 기관 간부를 겸직하면서도 꾸준히 창작 활동을 이어갔다. 그는 1988년에서 1990년까지 산동대학 중문과 작가반에서 공부한 후 전문 작가로서의 활동을 시작하여, 현재는 중국작가협회 전국위원이자 산동성 작가협회 부주석을 맡고 있다.

주요 작품으로는 '농민 3부작'이라 불리는 장편소설 『미련 그리고 단절繾綣與決絕』 『군자의 꿈君子夢』 『푸른 연기 혹은 흰 안개青煙或白霧』와 '종교문화 시리즈'로 불리는 『손을 모아 합장하다雙手合十』 『하늘의 도와 땅의 도乾道坤道』 『인류세』, 2019년에 발표한 『산과 바다를 지나다經山海』 등이 있다. 수상 경력도 화려하여, 제3회 인민문학상, 『소설월보』의 제4회와 제8회 백화상, 제1회 제로문학상, 제1회와 제4회 태산문예상 등을 수상했으며, 『산과 바다를 지나다』는 제15회 정신문명 건설 오개일공정상을 수상했다.

작가로서 자오더파의 성취는 그의 고향인 기몽산에서 체득한, 자연환경과 인문환경이 밀접하게 연관되어 조화를 이루는 농촌의 정취와 자연에 대한 정감에 기반하고 있다. 자오더파는 1990년대 초에 발표한 『다리 주무르기通腿儿』 등의 작품을 통해 향토와 농촌의 정서를 기반으로 독자적인 심미성을 확립한 개성 있는 작가로 이름을 알렸다. 이후 1990년대 중후반부터는 『미련 그리고 단절』 『군자의 꿈』 『푸른 연기 혹은 흰 안개』를 발표하여, 중국의 농촌 현실과 농민문제를 재조명하는 한편 다문화 시대의 사회적 윤리 충돌과 모순으로 인해 농촌의 삶이 굴절되는 양상을 핍진하게 묘사하였다는 평가를 받았다.

또한 2007년 이후 발표한 종교문화 시리즈의 작품들은 중국적 윤리 문화의 재건을 주제 의식으로 삼고 있다. 자오더파는 신사회주의 중국 사회에서 윤리와 규범의 기준이 점차 모호해지고 있는 현실과 도덕적 해이를 비판하며 그 해결책을 종교에서 찾고자 하였다. 2016년에 발표한『인류세』는 21세기의 국제화·다면화 흐름에 부응하기 위해 중국 사회에 필요한 '신문화질서'의 개념을 문학적으로 수용한 작품이라고 할 수 있다. 이 작품은 중국 사회가 신문화질서를 구축하는 과도기에 겪을 수 있는 다양한 현실문제를 문학적으로 구현하고 반영해내었다.

자오더파의 창작 궤적을 살펴보면, 그의 작가로서의 관심이 시대의 현실문제에 상당히 밀착되어 있으며, 그 작품 역시 1990년대 이래 중국과 전 세계의 시대적 흐름과 추세에 민감하게 대응하고 있다는 것을 알 수 있다. 자오더파의 작품은 소재가 다양하고, 내용적으로도 풍부하며, 현실문제에 대한 작가의 깊이 있는 이해와 고민이 녹아들어 사상적으로도 깊이 있는 울림을 전한다. 그래서 그의 문학적 성과는 '자오더파 현상'이라 불러도 과언이 아니라는 찬사를 받기도 한다.

여기서는 자오더파의 장편소설『인류세』를 중점적으로 살펴보고자 한다. 2016년 창장 문예출판사에서 출간된 이 소설은 해변 도시를 주요 배경으로 급격하게 변화하는 지구의 생태 환경과 그로부터 발생하는 사회문제, 거기에 반응하는 인간 군상의 여러 면면을 39만 자에 달하는 분량으로 그려내었다. 이 소설은 '인류세'라는 지질역사학의 새로운 개념에 착안하여 중국의 환경문제를 조명하면서 오늘날의 생태 파괴와 환경오염에 대한 우려를 나타내는 동시에, 바람직한 '생태문명'을 건설하는 효과적인 방법으로 종교와 철학을 이야기한다.

또한 이 소설은 사상적 깊이와 넓이의 범위를 중국으로만 한정하지 않으려고 노력한다는 점에서 더 큰 가능성이 엿보이는 작품이다. 자오더파는 2016년 한 매체와의 인터뷰를 통해 이 소설의 창작 동기를 다음과 같이 말하였다.

나는 5년 전에 이 개념을 접하고 나서 줄곧 관련 문제를 생각해왔고 장편소설을 쓰기로 결정했다. 나는 개념을 도해圖解처럼 묘사하기보다는 인간의 삶을 진실하게 반영하려고 노력하였다. 왜냐하면 우리는 하늘과 땅을 굽어보는 사이, 숨 쉬는 사이, 그리고 도처에서 항상 '인류세'를 느끼고 있기 때문이다. (…) 내가 『인류세』를 쓴 것은 지질역사학적인 관점에서 지구 현황을 인식하고 인간의 행동을 되돌아보기 위함이다.[99]

자오더파는 『인류세』를 통해 세계적인 이슈로 대두된 인류와 지

99 「자오더파: 『인류세』 창작으로 시대와 생활을 진실하게 반영하다(趙德發:寫"人類世",真切反映時代生活)」, 중국: 《치루완빠오(齊魯晚報)》, 2016.08.07.

구 생태, 환경문제에 대한 관심을 불러일으켰다. 그리고 서로 멀리 떨어져서 전혀 관계가 없는 듯한 다른 나라, 종족이라도 이제는 지구라는 행성의 인류세를 함께 살고 있다는 공통점으로 묶인 '운명 공동체'로 바라보아야 한다는 생각을 중국인들의 인식 체계에 각인했다. 의도했든 의도하지 않았든 작가는 소설을 통해 그동안 인간이 생존을 위해 벌여온 일들이 일련의 문제들, 즉 자원 고갈, 생태계와 환경 파괴, 기후변화를 일으키고 나아가 전 지구의 훼손을 초래하고 있음을 말하고 있다. 그리고 이러한 현상들은 비단 특정 나라나 종족만의 문제가 아니라 인류 전체의 운명과 존폐에 영향을 미칠 수 있음을 보여주었다.

1990년대 이후 세계화는 국제적으로 가장 뚜렷하게 부각한 명제가 되었다. 그러나 오랫동안 중국 학술계는 사회와 문화의 문제를 토론함에 있어 보편성에 앞서는 전제 조건으로서 '중국 특수론'을 강조했고, 심지어 서양의 학자들 중에서도 이에 동조하는 사람들이 있었다. 그러나 '글로벌' 시대를 맞아 중국의 위상이 부상하고 중국 스스로 국제사회에서 입지를 찾기 위해 노력하게 되면서부터는, 오로지 '중국의 문제'라고 말할 수 있는 것은 없다고 보아도 과언이 아닐 정도로 모든 문제들이 다층적인 차원에서 세계적인 문제가 되고 있다.

문학 역시 다양한 측면에서 세계화의 흐름에 대응하지 않을 수 없게 되었다. 그리고 자오더파는 곧 세계화라는 새로운 문화적 환경 속에서 자신의 문학 활동이 할 수 있는 바를 찾아냈다. 그는 중국이 '세계화'되기 위해서는 세계가 직면한 공통의 문제에 관심을 가짐으로써 보편성을 획득해야 한다고 여겼고, 그것이 곧 중국의 작가가 세계로 발돋

움할 수 있는 길이 되리라고 생각한 듯하다.

세계화의 깃발이 높이 펄럭이는 오늘날, 작가라면 용감하게 세계화의 충격에 대응하여 그 충격을 감별하고, 감별한 것을 취사선택하여 자신을 강하게 해야 한다. 이런 강인함을 가지려면, 우선 '세계적 안목'을 갖추어야 하고, 인류가 공통으로 직면하고 있는 문제들에 대해 더 많은 관심을 가져야 한다. (…) 그러면, 우리 중국 작가들도 세계적인 대작을 쓸 수 있을지 모른다. 전 인류와 대화할 수 있는 대작을.

작가로서 그의 포부와 창작욕은 다소 목표 지향적이라는 인상을 주지만, 중국이라는 특수성을 벗어나 세계인의 시각에서 중국을 바라보려는 시도 그 자체만으로도 중요한 의미가 있을 것이다.

인간의 성공욕에 대한 자연의 경고

자오더파는 『인류세』에서 환경 파괴와 생태 위기가 개인과 사회, 문화와 윤리의 문제가 그 배후에 얽혀 있는 매우 복잡한 사안임을 보여주었다. 즉, 자연계의 생태문제와 환경 파괴는 인류의 구성원인 개인의 행동으로부터 비롯되지만 개인의 삶에 영향을 미치는 사회와 문화 윤리와도 밀접한 영향 관계가 있다고 인식한 것이다. 자오더파는 문제적 주인공인 쑨싼의 개인적인 성장사에 주목하여 그의 서사를 통해 생태문제 이면에 있는 사회 논리와 문화 윤리를 파헤치고자 하였다.

쑨싼은 어린 시절 농촌의 쓰레기 마을에서 자라며 어머니와 두 누이와 함께 쓰레기를 주워서 살아가는 밑바닥 생활을 한다. 이 대목에서 소설은 각종 쓰레기가 쑨싼의 일상 풍경을 이루는 모습을 묘사하며 쓰레기 마을의 열악한 생존 환경과 심각한 생태문제를 드러내고 있다. 성장한 후 쑨싼은 늑대와 같은 본능과 폭력성으로 쓰레기 마을의 주도권을 쥐게 되지만, 늘 천박하고 가난한 생활에서 벗어나고 싶어 하며 '도시인'을 꿈꾼다. 그러던 중 갓 열여덟 살 남짓 되었던 그의 큰누이가 불량 화장품을 주우려다가 쓰레기가 소용돌이치는 물속에 빠져 숨을 거두는 사고가 일어나고, 큰 충격을 받은 쑨싼은 농촌을 떠나 도시로 간다. 그곳에서 그는 고군분투하여 대학에 진학하고 미국 유학까지 다녀온 후 성공한 기업가가 된다.

"쓰레기 인간이 되면 안 돼. 꼭 사람 위의 사람이 되어라." 죽은 큰누이가 어린 그에게 해주었던 말을 가슴 깊이 품고 살아가는 쑨싼은

— 중국은 2017년 외국 쓰레기 수입금지령을 공표했다. (출처: 界面新闻, 2018.8.18.)

'성공'에 대해 남다른 집착과 강한 열망을 가진다. 그에게 있어 성공은 일종의 신학이나 마찬가지다. 그의 사유 속에서 기독교 신앙과 교리는 실용적 목적과 교묘히 접목되는데, 우리는 "성공 신학은 밝고 큰 길이다! 믿음만 있다면 백만장자가 될 수 있어. 그리고 하나님과 좋은 관계를 맺으면 성공을 거둘 수 있고 몸도 건강할 수 있어. 성공 신학의 교리에 따르면, 가난은 저주이고, 평범함도 저주이다"라고 말하는 그의 모습에서 그런 생각을 엿볼 수 있다. 이러한 그의 믿음은 강한 힘과 욕망을 갖춘 성경 속 유대인 장사의 이름을 따와 '삼손'이라는 회사를 세우고는, 자신은 기독교인이기에 하나님을 믿는 믿음으로 늘 승리하고 성공할 것임을 확신하게 한다.

그는 "영원히 성공하고 삼손처럼 무적"일 것이라고 자부하며 자신이 하지 못할 일은 없다고 생각하였다. 가난과 평범함에서 벗어나 성공에 다가가려는 욕망은 쑨싼의 마음을 장악하였고, 그는 더욱더 많은 부를 얻기 위해 공장을 차리고 삼손 빌딩을 짓는 등 도시의 판도를 바꿔가며 자신의 욕망을 실현해나간다. 그는 꿈꾸던 무지개 광장을 짓기 위해 아름다운 강가에 볼썽사나운 깊은 구덩이를 만들고 지질학적 가치가 있는 노모산을 폭파해 3600묘[100]가량의 바다를 메우는 일도 서슴지 않았다. 이는 매우 명백하게 생태계를 파괴하는 행위로, 그는 바라던 도시를 건설하기 위해 자신이 나고 자란 고향의 지형을 바꾸고 생태계에 피해를 주었다.

그러나 쑨싼은 개인과 사회, 자연 사이에 유기적으로 상호작용하는 힘을 알지 못했다. 그 결과는 무한히 확장된 개인의 자의적 욕망이 초래한 자연 생태의 위기였고, 그것은 다시 사회 환경의 위기, 개인의 환경과 정신의 해체라는 상황으로 돌아왔다. 무지개 광장을 건립하기 위해 자연환경을 훼손하고 오염함으로 인해 생태계가 파괴되었고, 그와 더불어 풍속과 전통, 신념이 변화하며 사회 환경의 위기까지 초래되었다는 것이다.

심지어 그가 마구잡이로 외국의 쓰레기를 매입해다가 땅을 메우는 바람에 마을 사람들은 모두 전염병이 창궐하는 극도로 열악한 생활 환경 속에 살게 되었고, 그의 어머니는 폐암 판정을 받는다. 쑨싼 역시 불임 판정을 받으며 생명력의 상실을 경험한다. 결국 쑨싼은 성공을 위해 자신이 그토록 벗어나고자 했던 '쓰레기 마을'을 자기 손으로 만들

100　한 묘는 한 단(段)의 십 분의 일, 곧 30평으로 약 99.174 제곱미터에 해당한다.

중국의 생태문학에서 발견한 우리가 함께 가야 할 길

어낸 것이다.

쑨싼의 부인 전전은 자신이 살던 섬이 해수 상승으로 인해 더 이상 안전하지 못하게 되자 쑨싼을 따라 낯선 도시로 왔다. 전전은 쑨싼과 결혼하여 많은 자식을 낳음으로써 '천만인의 모친이 되겠다'는 생육의 소망을 가지고 있었고, 쑨싼은 전통적인 관점에서 대를 잇고자 했다. 비록 생육에 대한 궁극적인 이해는 같지 않더라도, 자손을 생산하여 양육하겠다는 의지만은 두 사람이 공히 같았던 것이다. 그러나 그동안 여러 가지 환경오염에 노출되었던 탓인지 쑨싼은 기형 정자라는 유전적 결함을 가지고 있었으며, 이로 인해 불임 판정을 받게 된다. 그리고 쑨싼이 생육 능력을 상실했다는 사실을 알게 된 전전은 쑨싼의 본모습 위에 덧씌워진 '가면'을 깨닫고, 이별을 고한다. 전전은 말한다. "나는 진작 이곳을 떠날 생각이었어. 나는 이곳의 공기와 오염된 환경을 참을 수 없어. 설사 여기서 내가 수천 명의 후손을 가진다고 해도 결국 수천 개의 근심을 얻게 될 뿐이야."

쑨싼의 흥망성쇠는 소설의 시작부터 끝까지 주요한 줄거리를 이루는 서사이다. 그는 한 사람의 개인인 농촌 청년이 도시인이 되고자 어떻게 분투하였는지, 그의 정신적 추구와 지향은 어디로 향해갔는지, 그리고 그것이 어떻게 좌절되고 실패했는지를 보여준다. 쑨싼은 성공을 향한 욕망을 불태우며 고군분투한 끝에 상업적 성공을 거두었고 돈과 권력, 욕망 사이에서 줄타기하며 표면적으로는 성공한 도시인이 되었다. 그러나 그의 도시 지향성은 농촌의 쇠퇴와 위기를 불러왔고 스스

— 중국 산시성 위린 선무현에 위치한 석탄 산업 단지. 중국의 금융 기관과 기업들은 일대일로 참여국들의 석탄 발전소 투자에 참여해왔다.

로를 넘어뜨리는 걸림돌이 되었다. 쑨싼은 자신의 욕망을 이루기 위해 열정을 불태우면서도 종종 한편으로 "기술의 승리는 도덕적 해이를 대가로 얻는 것 같다. 인간이 자연을 통제하려 할수록 개인은 자신의 비열한 행동의 노예가 되는 것 같다"는 회의감에 스스로 젖어 들곤 하였는데, 결국 그는 그토록 피하고자 했던 실패자가 되어 심판을 받고 감옥에 들어간다. 쑨싼의 몰락은 욕망으로 가득한 인간의 쇠락을 상징적으로 보여준다.

성공을 향한 쑨싼의 사투를 통해 소설은 모든 문제의 발단은 현대인의 탐욕이라는 것을 보여준다. 자오더파는 이성적인 반성이 결핍된 현대사회의 메커니즘 속에서 쑨싼과 같이 인정사정없는 약탈자들이 생명을 거스르는 비정한 윤리와 '죽음'의 문화를 생성하고 있다고 보았으며, 이러한 비이성적인 사회와 비윤리적인 문화의 압박으로 인해 생태 위기의 확산이 가속되고 있다고 이해하였다.

개인의 성공욕에 기반한 경제 발전과 자본의 집적 현상, 무자비하게 행해지는 자연환경의 파괴와 훼손, 그로 인해 초래되는 인류의 위기는 현대사회에서 아주 익숙한 모습들이다. 자오더파는 이 모든 이야기들을 지질학의 개념인 '인류세'와 교묘하게 접목해 풀어가는 한편, 그 이론을 더욱 심화하여 해설하였다. 『인류세』는 사욕으로 생존 환경을 파괴하는 현대인과 자본 축적을 고집하는 기업가가 초래하는 난국을 집중적으로 조명한다.

자오더파는 쑨싼의 허위와 기만이 초래한 실패와 좌절을 일방적으로 비판하고 쑨싼의 생명력이 쇠락한 것을 끝으로 작품을 맺는 것이 아니라 이 사실을 출발점으로 삼아 그 해결책을 탐색하였다. 우리는 과연 어떻게 우리의 집, 우리의 지구촌을 구할 수 있을까? 작가는 현실에 드러난 문제점에 대해 깊이 반성하면서 그 모든 문제를 초래한 탐욕스럽고 무도한 인간을 비판한다. 지나친 방종과 맹목적인 욕망 추구는 짧은 쾌감을 줄 뿐 결코 진실한 마음의 위안이 될 수 없다. 욕망을 추구함으로써 채워가는 쾌감은 갈수록 더 큰 욕망과 자극을 찾게 되기 때문이다. 방종과 욕망은 결국 몸의 쇠락과 문화의 몰락으로 이어질 수밖에 없다.

상상이지만 지극히 현실적인 문제들

2016년에 출판된 『인류세』의 후기에서 자오더파는 자신이 "책 속의 인물인 쟈오스 교수와 동갑이고 지금 환갑이다. 살 날이 얼마 남지 않았지만 여전히 천세지우千歲之憂가 남아 있다"고 말했다. 문학을 통해 현실문제를 통찰하고 해결법을 모색하는 것을 소설가의 주요한 임무로 생각하는 자오더파가 현대사회의 세계화 흐름 속에서 '인류세'의 '우환의식'을 외면하지 못하는 것은 어쩌면 매우 자연스러운 일인 것 같다.

그는 소설 속에서 억만년의 세월을 겪은 노모산이 순식간에 부서져 자갈 더미로 바뀌고, 아름다운 소도시의 항만이 부동산 개발을 위해 메워지며 고요한 강가가 쓰레기로 덮이는 것을 찬찬히 묘사하였다. 그러면서 한편으로는 일언지하에 일련의 사태를 설명하고 지구 환경 문제의 심각성과 경각심을 일깨울 수 있는 캐릭터를 하나 설정하였는데, 그가 바로 지질학자 쟈오스 교수이다.

쟈오스 교수는 지질학과 고참 교수로서 독신으로 지내며 지질 연구를 평생의 직업이자 생활의 안식처, 명예로운 사명으로 여기는 사람이었지만, 몇 년 동안 대학원생을 뽑지 못할 정도로 유명한 괴짜였다. 대부분의 사람들 눈에 그는 진부하고 편집증적인 성향이 있는 괴팍한 사람이었고, 심지어 그의 학생들조차 그를 이해하지 못했다. 그러나 그는 삶에 대한 자신만의 철학과 고집이 있었고 엄격하면서도 힘든 연구가 끝난 뒤면 학생들과 술을 마시면서 마음속 얘기를 하는 소탈한 성격이었다.

쟈오스 교수는 제자들을 데리고 노모산에 가서 지층 지형을 탐사하고 온갖 샘플을 채취해 실험실로 가져가 연구하는 등 학술 활동에 매진한다. 자신감과 자부심이 충만하였던 그는 은퇴하기 전에 수억 년의 역사를 가진 노모산의 지질 연구를 마무리하고 그곳에 국제표준층서구역(Global Boundary Stratotype Section and Point, GSSP)을 표시하는 '황금 못golden spike'을 박아 자신의 지질학 연구 성과를 세계적 수준으로 공인받고자 하였다.

그러나 쑨싼이 무지개 광장을 만들기 위해 학문적 연구의 기반이 되었던 노모산을 폭파하자, 쟈오스 교수는 맥없이 주저앉아 눈시울을 붉히며 학자로서 자신의 생명은 끝났다고 선언한다. 황금 못은 쟈오스 서사의 발단이자 주요 표식이며 성취해야 할 숙원인 동시에 나아가야 할 귀착점이다. 『인류세』에는 여러 개의 상징적인 의미를 가진 황금 못이 나타나지만 쟈오스의 황금 못은 지질 연대의 기본 표식 혹은 인류세의 존재를 입증하는 표지가 된다.

쟈오스 교수는 기몽산을 답사하던 중 옛 유인원의 흔적이 남아 있는 동굴에서 '인류세'의 개념을 깨닫게 된다. 지구의 오랜 역사에 비하면 인간이 지구에 존재했던 기간은 짧은 순간일 뿐이다. 하지만 그 짧은 시간 동안 인간이 일으킨 변화는 상상과 기대를 뛰어넘는다. 먼 옛날 인류는 그들의 후손들이 언젠가는 바다를 메우고 달로 날아가며, 원자력을 사용하고 게놈을 바꿀 수 있으리라고는 상상도 하지 못했다.

"사람과 자연의 상호작용이 심화하여, 인류는 환경의 진화에 영향을 주는 중요한 힘이 되었다. 지구는 200년이라는 짧은 시간 사이에 급속히 바뀌었다." 쟈오스는 지구가 단 200년 만에 너무나 빠르게 변했음을 깨닫고 제자인 관야징에게 과학기술의 진보가 초래한 생태 환경의 변화와 인류가 직면한 위기에 대해 설명한다. 소설 속에서 쟈오스는 지구의 암석권에 축적된 자원을 소진하고, 도시를 건설하여 지구의 형태를 바꾸고, 수질을 오염시키며, 오염과 탄소 배출로 대기권에 급격한 변화를 일으키는 것 등을 문제로 지적하였다.

나아가 쟈오스는 인간의 욕망이 낳은 생물종의 급감은 심지어 인간의 자멸까지 초래할 수 있음을 깨닫는다. 특히 인류가 핵 기술을 사용하게 되면서부터는 상황이 더욱 심각해졌다. 쟈오스는 말한다. "인류세의 상한과 하한을 가리키는 황금 못이 각각 하나씩 있습니다. 상한선에 있는 하나는 이미 세계의 어느 곳에나 존재하고 있으며, 때때로 사학계가 찾아 확인합니다. 하한선에 있는 황금 못은 인류세의 종말을 맞이하였음을 표시합니다. 그러나 그 황금 못을 확인하는 일은 우리의 일, 나아가 인간의 일도 아닙니다." 인류가 멸망한 뒤 그 황금 못을 찾는 일은 과연 어떤 생물이 담당하게 될 것인가?

쟈오스는 인류세 연구를 자신의 새로운 목표로 설정한 뒤, 있는 힘을 다하여 연구를 진행한다. 그는 인류세에 대한 강좌를 만들고 강연을 하면서 『인류세』라는 책을 쓰고 인류세를 홍보하는 데 자신의 모든 것을 쏟아붓는다. 쟈오스 교수는 자오더파 작가 자신의 분신과 같다. 쟈오스의 인류세 연구는 쑨싼의 경제 발전 지향과 상업적 성공과 대치되는 소설의 또 다른 키워드로서 서사 구조를 형성한다. 쟈오스는 쑨싼으로 대표되는 인간들이 자연과 환경을 파괴하면서까지 경제 발전과 번영을 지향하는 근거가 되는 '인간중심주의'에 대해 심각하게 반성할 것을 촉구한다.

쑨싼의 흥망성쇠가 『인류세』의 기본적인 서사를 이루는 골격이라면, 평생 동안 지질학과 인류세 연구에 매진하는 쟈오스의 모습은 또 다른 중요한 서사의 흐름을 이룬다. 자오더파는 두 이야기를 병치하여 서로 다른 각도에서 인류세의 다양한 면모를 볼 수 있게 하였다. 한 인물은 인간의 재화 사용과 경제활동이 지구의 생태와 환경에 부정적인 결과를 가져오는 상황을 보여주고, 다른 한 인물은 이러한 인간의 상황을 기록하고 해설한다. 쑨싼의 경제활동이 인류세 인간의 파괴 행위를 보여준다면, 쟈오스의 연구 활동은 과학적이고 이성적으로 인간의 행위가 남긴 자취를 증명하고, 인류에게 경고의 메시지를 던진다.

중국, 인류세를 함께 걸어가는 동반자

소설 속에서 미국 유학 시절 쑨싼이 묵었던 하숙집 주인의 딸 뮤리엘은 몇 년 후 환경운동가가 된다. 그는 쑨싼이 사들인 외국 쓰레기의 유입 경로를·따라 중국으로 오고, 쓰레기의 유통과 환경오염 문제를 조사하는 가운데 쑨싼과 대립하게 된다. 여기서 환경운동가인 뮤리엘이 관심을 갖는 것은 중국이라는 한 국가, 한 지역의 환경문제가 아니라 전 세계의 환경문제라는 점에서, 『인류세』의 지향이 세계화, 전 지구화의 관점에 있다는 것은 분명해 보인다.

동양인 쑨싼과 서양인 뮤리엘이 낳은 아들 '암스트롱'은 동서양의 소통과 교류를 통한 새로운 도약을 의미한다. 혼혈인이라는 암스트롱의 신분은 동양과 서양이 지구촌이라는 이름 아래 하나로 묶이게 된 배경과 상응한다. 그리고 달에 착륙한 첫 번째 인류 닐 암스트롱의 이름에서 따온 그의 이름은 우주 속 하나의 행성이자 '인류 운명 공동체'로서의 지구의 정체성을 환기한다. 우주에 첫발을 내디딘 암스트롱은 인류 전체의 대표였으며, 그의 이상은 인간에게 새로운 서식지를 찾아주는 것이었다. 그의 존재는 '인류 운명 공동체'라는 현실에 맞닿아 있고 그의 지향은 '인류 공통의 신문화질서'를 구성하려는 시대적 흐름과 맞물려 있다.

중국 공산당은 18기 제5차 중앙위원회 전체회의에서 '녹색발전'을 5대 발전 이념 중 하나로 꼽았는데, 사람과 자연의 조화로운 어울림을 그만큼 중요한 문제로 본 것이다. 중국이 보다 질 높은 수준의 생활을 영위하는 소강小康 사회로 발전해가려면 천연자원과 에너지원뿐만 아니라 생태 환경의 질적인 개선 또한 요구된다. 즉 "소강이 전면적으로 실현될 수 있을지의 문제는 생태 환경의 질과 양이 관건이 된다"는 것이다.[101] 요약하자면 개혁개방 이후 눈에 띄는 경제적 성장을 이룬 중국이 앞으로 지속 가능한 발전을 실현하기 위해서는 사람과 자연이 조화를 이루는 사회를 만들어야 한다는 것을 인식했으며, 그 결과 생태 문명의 중요성이 부각되고 있다는 것이다.

2019년 코트라 중국 지역 본부가 선정한 중국 10대 경제 뉴스의 일곱 번째 키워드에는 '환경보호'가 자리했다. 중국 소비자의 환경보호 의식이 강화되면서 젊은 층이 주도적으로 '일회용 컵 사용 자제' 친환경 캠페인을 추진하기도 했으며, 상하이 등 주요 도시에서는 생활 쓰레기 분리수거 제도가 시행되는 등 환경 이슈가 중국인의 일상생활에 큰 영향을 미치고 있다는 것이다.[102] 이러한 현상은 근래 중국 정부의 정책 기조에서도 여실히 반영되는 것으로 보인다. 환경운동과 생태 문명에 대한 연구도 다방면에서 활발하게 진행되고 있는 양상이다. 중국의 교육 기관과 연구 기관들은 국제적으로 생태 환경 문제에 대한 관심이 고조되고 자국의 환경문제가 악화일로를 걷는 것에 경각심을 가지고 점차 생태학과 환경학에 대한 전문적인 연구를 확대해나가고 있다.

---

101 「녹색발전을 지속시켜 아름다운 중국을 건설하자(堅持綠色發展 , 建設美麗中國)」, 중국:《신화망(新華網)》, 2015.11.01.

102 「무역전쟁부터 996까지'… 2019년 중국 경제 10대 키워드-코트라, 올해 중국경제 10대 키워드 선정」,《이데일리》, 2019.12.31.

소설 『인류세』는 중국이 세계화라는 시대사조에 대해 여러 방면으로 고민하고 있을 때, 문학계가 내놓은 일종의 응답이 되었다. 『인류세』는 중국 현대사회에서 발견되는 많은 경제적·사회적 문제와 환경문제, 생태문제를 나열하면서 모든 문제의 근본이 되는 인간 내면의 정신세계 역시 파헤치고자 하였다. 그리고 인간중심주의야말로 인류와 자연 모두를 파멸의 구렁텅이로 몰아넣는 죄악의 근원이며, 인간중심주의의 오류에서 탈피하여야 인류와 자연이 화해와 상생의 공존 관계를 회복할 수 있다는 메시지를 던진다.

현대 문학사조 속에서 생태문학은 인류의 자만과 전횡으로 인해 위기에 빠진 지구의 비명을 담아내는 한편, 지구를 구하기 위해 자발적으로 윤리적인 세계시민이 될 것을 촉구하고 있다. 그리고 한 걸음 더 나아가 생태 환경 문제에 대한 각성을 우리 시대의 가치 체계와 도덕관념에 대한 성찰로까지 심화하고자 노력한다. 중국의 생태문학 역시 다양한 문학적 시도와 예술적 형상화를 통하여 중국의 생태 환경 문제에 대한 자각과 관심을 환기하며 지구촌의 일원으로서 세계의 문제에 동참하고자 하는 적극적인 행보를 이어가고 있다. 중국 문화 전통의 기저에는 예부터 이어져 내려온 대자연의 아름다움에 감사하고 대자연과 화합하고자 하는 정신이 있기에 이들의 미래는 조금 더 희망적이지 않을까 기대해본다. 인류세 시기의 중국 소설 『인류세』는 인간중심주의를 탈피하여, 인류와 자연이 공존하며 화합하였던 과거의 경험을 되찾고 우리가 잃어가고 있는 대자연에 대한 소중한 기억을 환기하고자 노력하는 현대 중국 문학계의 일면을 보여준다.

중국의 생태문학에서 발견한 우리가 함께 가야 할 길

참고문헌 ─────────────────

● 기사

「'무역전쟁부터 996까지'… 2019년 중국 경제 10대 키워드-코트라, 올해 중국
　　경제 10대 키워드 선정」,《이데일리》, 2019.12.31.
「'천산갑의 역습' 정력에 좋다고 그렇게 잡아먹더니…」,《뉴스1》, 2020.2.8.
「한 · 중 · 일 환경장관, 8대 공동협력 분야 합의」,《이투뉴스》, 2019.11.25.
「21대 국회에 필요한 기후변화 · 지구온난화 전문가」,《세계일보》, 2020.1.6.

「녹색발전을 지속시켜 아름다운 중국을 건설하자(堅持綠色發展，建設美麗中
　　國)」, 중국:《신화망(新華網)》, 2015.11.01.
「자오더파:『인류세』창작으로 시대와 생활을 진실하게 반영하다(趙德發:寫"人
　　類世",真切反映時代生活)」, 중국:《치루완빠오(齊魯晚報)》, 2016.08.07.

● 논문

양군, 「한중생태환경시 연구」, 성균관대학교 국어국문학과 박사학위논문, 2007.
이태준, 「중국 생태보고문학 연구」, 『중어중문학』 제53집, 2012.

08

김종갑

인류세와
음식의 생태윤리학

생태계를 유지하는 데 있어 음식보다 중요한 것은 없을 것이다. 무엇을 먹고 마시는가 하는 문제, 즉 먹이사슬의 문제는 생태계와 직결되어 있다. 먹이사슬은 생명체가 서로 먹고 먹히며 이루는 순환 관계에 있다는 사실을 말해준다. 그런데 인간이 최상위 포식자로 등장하면서 지금까지 자연적으로 유지되던 먹이사슬의 생태적 흐름이 끊기고 말았다. 그리고 단절된 먹이사슬은 지구 생태계 위기의 원인 중 하나가 되었다.

우리는 생태계가 위기에 봉착한 시대를 살고 있다. 만약 우리가 지금까지 그래왔던 것처럼 최고 포식자로서 탐식을 계속한다면 사태는 더욱 악화될 것이다. 인류세에 먹는 일은 더 이상 개인적인 행위가 아니라 전 인류의 생존과 직결된 윤리적인 사안이다. 생태계의 회복을 위해 우리는 현재의 산업적 음식사슬에서 벗어나야 한다. 현재 활발하게 전개되고 있는 시도 중 하나가 로컬 푸드 운동이다. 로컬 푸드 운동은 자신이 거주하는 지역에서 생산되는 식재료를 소비하는 운동을 말한다. 신토불이의 생태학적 판본이라고 할 수 있다. 그러나 로컬 푸드를 소비하는 것만으로는 충분하지 않다. 인간도 먹이 사슬의 일부라는 사실을 직시할 필요가 있다. 로컬 푸드에서 한 걸음 더 나아가 자연적 먹이사슬을 회복할 필요가 있다.

이제 먹는 것은 윤리의 문제다

극히 최근까지도 음식은 사적인 영역에 머물러 있었다. 점잖은 남자들이 터놓고 이야기하기에는 '지나치게 여성적인 영역'인 것처럼 여겨지기도 했다. 그러나 21세기에 접어들면서 음식은 공적인 담론의 영역으로 유입되기 시작하였는데, 경제학이나 농학, 인류학, 문화연구에서의 언급만을 말하는 것이 아니다. 이 시기 음식 담론은 철학과 윤리학의 영역으로까지 확장되었다.

음식에 대한 철학적 논의는 사실 20세기 후반에 이르러 이미 음식철학이라는 학문으로 자리 잡으며 환경윤리학 및 생태윤리학 등과 어깨를 나란히 하였다. 1996년 『음식윤리학』이 출간된 이후로, 피터 싱어(Peter Singer, 1946~)나 마이클 폴란(Michael Pollan, 1955~), 데이비드 캐플런(David Kaplan, 1933~)과 같은 학자들이 음식에 대한 논의를 주도하였다. 우리나라에서는 2010년을 전후해서 음식 논의가 활발하게 전개되었는데, 김종덕의 『먹을거리 위기와 로컬푸드』, 김석신·신승환의 『잃어버린 밥상 잊어버린 윤리』, 허남혁의 『내가 먹는 것이 바로 나』 등이 대표적인 사례다.

오늘날 무엇을 먹는가 하는 문제는 단순히 개인의 선택으로 그치지 않고 다른 사람과 동식물, 지구의 환경에 크고 작은 영향을 준다. 우리가 자연에서 얻은 '먹이'를 먹는 것이 아니라 농장과 축사에서 생산한 원재료를 공장에서 가공하여 만든 '음식'을 먹기 때문이다. 이제 먹는 것은 자연적 사건이 아니라 정치적·경제적·사회적 사건이다. 이 지점에서 음식을 선택하는 것 역시 윤리적·생태적 의미를 갖게 된다. 우리가 선택하는 음식이 사회·경제적 구조는 물론이고 생태계의 지형까지 바꿔놓을 수 있기 때문이다.

먹이사슬은 인간과 비인간 동물들, 환경에 이롭거나 해로운 결과를 초래하는 복잡한 경제적 공급망과 맞물려 있다. 이 점에서 먹이사슬은 윤리적인 문제가 된다. 비교적 새로운 관념이지만,[103] 일찍이 메리 더글러스(Mary Douglas, 1921~2007)는 『순수와 위험』에서 음식은 단순히 칼로리의 문제가 아니라 인간다운 삶과 문화의 문제라고 주장한 바 있다. 먹을 수 있는 것과 먹을 수 없는 것을 구별하는 데서 인간적 삶이 시작된다는 것이다.

만약 우리가 너무나 가난해서 밥과 김치 외에는 선택의 여지가 없다면 음식은 윤리와 무관한 문제가 될 것이다. 음식 취향이 이미 유전자에 내재해 있어 유칼립투스만 섭취하는 코알라 역시 윤리적 딜레마에 직면하지 않는다. 윤리는 선택 가능성을 전제로 하기 때문이다. 하지만 우리는 어떤 음식을 먹거나 먹지 않기로 선택할 수 있다. 나아가 특정 종류의 식재료나 음식의 판매와 취식을 금지할 수도 있다. 단순히 개인적 취향의 차원을 넘어서, 우리가 선택하는 음식이 지구의 환경과 생태계를 망칠 수도 있다는 판단으로 인해.

먹이사슬은 지구의 모든 생물이 처해 있는, 서로 먹고 먹히는 순

---

[103]   Paul, Thompson, *From Field to Fork: Food Ethics for Everyone*, Oxford: Oxford UP, 2015.

환적 관계를 가리킨다. 그리고 당연한 이야기지만, 먹이사슬에는 인간만 존재하는 것이 아니다. 인간의 음식사슬은 먹이사슬의 극히 일부에 불과하다. 나무와 꽃, 호랑이와 강아지부터 눈에 보이지 않는 미생물에 이르기까지 모든 생명체는 서로 먹고 먹히는 관계에 있으며, 거기서 발생하는 먹이사슬이 지구의 생태계를 형성한다.

그런데 만약 영화 〈불가사리〉(론 언더우드 감독, 1990)의 불가사리처럼 가축이건 애완견이건 사람이건 모든 것을 가리지 않고 먹어치우는 포식자가 등장한다면 어떤 일이 벌어질까? 네바다주의 사막을 배경으로 전개되는 이 영화에서 악어와 같은 이빨을 가진 불가사리는 눈에 띄는 모든 것을 다 먹어도 여전히 굶주림에 허덕인다. 이와 같은 포식자의 존재는 먹이사슬에 교란을 초래하고, 생태계의 균형을 파괴한다. 최상위 포식자 하면 우리는 호랑이와 사자 같은 맹수를 떠올린다. 그러나 엄밀히 말해서 최상위 포식자는 인간이다. 맹수 중 맹수라는 호랑이도 사냥꾼의 총알을 피할 수는 없었다. 그 결과 19세기까지만 해도 사람들의 간담을 서늘하게 하던 호랑이는 이제 우리나라에서는 멸종하고 말았다. 결국 먹이사슬에서 인간 위에 군림하는 존재는 없다는 것이다. 그렇다면 우리는 최상위 포식자인 인간에 대하여 이러한 질문을 던질 수 있다. 인간은 먹고 먹히는 생태계의 순환 구조에서 과연 어떠한 역할을 하고 있을까? 먹이사슬의 최상단에서 일방적으로 먹기만 하고 먹히지는 않는 불가사리와 같은 존재는 아닐까?

최근 음식 윤리에 대한 논의가 풍성해지고 있지만, 먹이사슬이 주목받은 적은 없다. 논의되는 대상은 대부분 먹이가 아니라 음식이었다. 이 지점에서 우리는 먼저 먹이와 음식의 차이를 분명히 해둘 필요가 있다. 동물은 자연을 통해 얻을 수 있는 야생의 먹이를 먹지만 인간은 가공하고 요리한 음식을 먹는다. 클로드 레비-스트로스(Claude Levi-Strauss, 1908~2009)는 『날것과 익힌 것』에서 인간과 동물을 구분하는 기준은 요리라고 설명하였다. 사자가 사냥한 짐승, 즉 자연을 먹는다면 인간은 고기를 요리한 스테이크, 즉 문화를 먹는다. 여기에 더해 수저와 포크, 접시, 커피, 테이블과 같은 일련의 식기들은 먹이와 음식의 간극을 더욱 벌려놓는다. 리처드 와랑함(Richard Wrangham, 1948~) 역시 『화식: 요리가 인간을 만들었다*Catching Fire: How Cooking Made Us Human*』에서 화식을 통해서 침팬지가 호모사피엔스로 진화한 것이라고 주장했다.

자연의 먹이사슬에 묶여 있는 비인간 동물들과 달리 인간은 자연의 굴레에서 자유로운 음식사슬에 속해 있다. 전자는 자연에서 먹잇감을 획득하지만, 후자는 마트에서 돈을 주고 식재료를 구입한다. 이러한 자율성으로 인해서 우리 음식에서 자연적 먹이사슬의 흔적을 찾아보기란 어려운 일이 되었다. 인간의 식재료는 사냥당하는 짐승이 아니라 공장식 농장에서 사육·도축한 후 가공해서 만든 상품이기 때문에, 음식에 대한 논의에 먹이사슬이 들어설 여지가 없는 것이다.

그러나 2010년 이후 인류세 담론이 등장하면서 음식은 더 중대한 문제가 되었다. 이제 음식 윤리는 먹이사슬과 관련해서 논의되어야 한다. 인류세는 인간이 농경시대와 산업혁명을 통해 지구에 가한 엄청난 충격으로 인해 지구의 생태적 균형이 깨졌다는 사실을 의미한다. 과학기술 문명은 인간에게 풍요롭고 쾌적한 삶을 안겨주는 동시에 다른 한편으로는 지구를 망가뜨리는 주범이 되었다. 생각해보라. 인간의 수명이 획기적으로 늘어나면서 인구가 폭발적으로 증가했지만, 과거 지구 표면을 점령했던 수많은 동식물종들은 급속하게 멸종하고 있다. 자연에 의존하여 살던 인간이 이제는 자연의 파괴자가 된 것이다. 자연의 먹이사슬이 문명의 음식사슬로 바뀌었다는 사실은 이러한 전 지구적 변화를 가장 잘 설명해주는 사건이다.

인간이 지구의 먹이사슬에 끼친 부정적인 영향은 상상을 초월한다. 세계자연기금이 작성한 「지구 생명 보고서」에 따르면 1970년에서 2012년까지, 불과 40여 년 사이에 전 세계 척추동물의 개체 수는 무려 58퍼센트나 줄었다. 특히 포유동물들의 경우, 대부분 멸종하거나 초원을 자유롭게 뛰놀던 입장에서 가축 신세로 전락하였다. 오늘날 지구의 전체 포유동물 가운데 가축이 60퍼센트, 인간이 36퍼센트의 비중을 차지하지만, 야생 포유동물은 불과 4퍼센트에 지나지 않는다. 이것이 무엇을 의미하는가? 자연의 먹이사슬이 아예 사라져가고 있거나 인간 음식사슬의 아주 작은 일부로 축소되었다는 사실이다. 인류세는 이와 같이 역전된 지구와 인간의 관계를 가리키는 개념이다. 인간이 자연을 문명화한 이후 생물 다양성의 파괴는 이전보다 1000배나 더 빠르게 진행되었다고 한다. 지구 생물량의 0.01퍼센트에 불과한 인간이 야생 포유동물의 83퍼센트와 식물의 절반가량을 파괴했다.[104] 에드워드 윌슨(Edward Wilson, 1929~)은 멸종의 속도가 더욱 빨라지면 종래에는 지구

---

104 「인간이 야생 포유류 83%·식물 절반 파괴」, 《한겨레》, 2018.05.25.

에 다른 생명체라고는 찾아볼 수 없고 인간만이 남게 되는 '고독한 시대Eremocene'가 올 것이라고 경고하였다.[105]

지구의 생태적 균형이 심각하게 파괴되면서 인류의 생존도 위기에 처했다. 과거 인간이 생존과 안락을 위해서 지구를 마음껏 이용하고 훼손하였다면 이제는 지구의 생태 환경을 되살려놓지 않으면 인간의 생존도 보장받을 수 없는 시대에 진입한 것이다. 우리는 더 이상 자연을 단순히 자원의 수준으로 바라볼 수 없다. 일방적으로 먹어치우기만 해서는 안 된다는 것이다. 음식사슬이라는 형태로 탈자연화되었던 먹이사슬을 다시 지구의 생태계에 돌려주어야 한다. 먹이사슬의 균형이 회복되어야 다른 동식물들이 생존할 수 있고, 그래야 인간도 살아남을 수 있기 때문이다.

---

105   에드워드 윌슨, 이한음 옮김, 『인간 존재의 의미』, 사이언스북스, 2016, 139~140쪽.

먹이사슬과 음식사슬,
그리고 인간이라는 불가사리

지구에 위기가 닥친다면 가장 먼저 해결해야 할 문제는 식량일 것이다. 인류세를 주제로 하는 영화들이 먹을 것을 중심으로 이야기를 풀어가는 것은 우연이 아니다. 봉준호 감독의 〈설국열차〉(2013)는 과거에 공룡을 전멸했던 빙하기가 다시 지구를 강타하는 장면으로 시작하는데, 인류 최후의 생존자들은 열차라는 폐쇄된 공간에서 저장된 음식을 나눠 먹으며 간신히 목숨을 부지한다. 하지만 모든 생존자들이 식량 부족으로 고생하는 것은 아니다. 신분 차이에 따라 위계적인 음식 배분 구조가 운영되기 때문이다. 그 결과 최하층 생존자는 바퀴벌레로 허기를 채우지만, 최상위 계층의 생존자는 맛있는 음식을 독식한다.

이러한 상황을 극단적으로 보여주는 영화가 〈인간, 공간, 시간 그리고 인간〉(2018)이다. 이 영화에서 인류 최후의 생존자들은 낡은 군함에 모여 살아간다. 그러던 어느 날 저장된 양식이 완전히 바닥나자, 모두가 굶주려 죽어가는 가운데 식인이 시작된다. 식량이 떨어지자 군함에서 가장 약한 인간들이 먹이사슬의 최하층에 자리하게 되었다. 그렇다고 안심할 수는 없다. 그들마저 모두 사라지면 그전까지 사냥꾼이었던 인간도 사냥감이 될 수 있으니. 이 영화는 에드워드 윌슨이 염려했던 최악의 시나리오, 고독한 세계의 끔찍한 민낯을 적나라하게 보여준다.

식인은 비단 이 영화에서만 묘사된 장면은 아니다. 그림 형제 민

담집의 「헨젤과 그레텔」, 희랍 신화의 라미아Lamia, 『성경』의 식인 이야기, 『수호지』의 인육 만두, 아즈텍 문명의 인신 공양 풍습 등 동서양의 신화나 동화, 소설, 역사서를 살펴보면 이와 유사한 사건들이 헤아릴 수 없이 많다.[106] (심지어 몽테뉴의 『수상록』은 아예 한 장을 「식인에 대하여」라는 제목으로 할애하고 있다.)

먹을 것이 사라지면 소비자와 생산자, 포식자와 먹잇감, 몸과 살의 차이 역시 소멸하기 시작한다. 먹이사슬이 축소되면 먹는 몸이 먹히는 살이 된다. 몸이 고기로 전락하는 것이다. 〈설국열차〉는 이러한 극한 상황으로까지는 치닫지 않는다. 폭동과 열차 탈선 사고로 대부분의 생존자들이 사망하기 때문이다. 영화는 인류 최후의 생존자인 두 아이를 보여주는 것으로 막을 내린다. 이와 같이 인간의 개체 수가 최소화된 지구에서는 새로운 먹이사슬 질서가 형성되기 시작할 것이다. 어쩌면 인간의 멸종이 생태계 안정을 되찾기 위한 유일한 방법일지도 모른다.[107] 인간의 개체 수가 너무나 많으면 생태계의 회복이 불가능해지는 것이다.

먹이사슬이 0으로 수렴하는 지점에서 먹는 몸이 먹히는 살이 된다는 사실을 무시하고서 음식 윤리에 관해 논할 수는 없다. 먹기만 하고 먹히지 않는 포식자의 개체 수가 무한대로 증가하면 결국 먹이사슬

---

106 관련 도서로는 마빈 해리스의 『식인문화의 수수께끼』, 윌리엄 아렌스의 『사람을 먹는 신화: 인류학과 식인 풍습The Man-Eating Myth: Anthropology and Anthropophagy』 등이 있음.

107 개릿 하딘은 「구명정 윤리Lifeboat Ethics」라는 논문에서 환경문제가 발생한 근본 원인을 수용능력 이상의 인구 증가로 보았다.

이 완벽하게 파괴되는 결과를 초래한다. 그런데 먹이사슬에서 먹는 자와 먹히는 자의 거리가 멀어지면 이러한 사실을 쉽게 인지할 수 없게 되고, 그 결과 먹는 자와 먹히는 자는 존재론적으로 양립할 수 없는 관계가 되고 만다. 인간이 최상위 포식자이자, 일방적으로 먹기만 하는 존재가 되기 때문이다.

앞서 음식사슬은 먹이사슬에서 분리된 인간들의 자율적 먹이사슬이라고 설명하였지만, 먹이사슬과 음식사슬의 차이는 우리가 먹이와 관계하는 태도에서 확연히 드러난다. 우리가 소비하는 육류는 공장식 농장에서 사육한 가축을 공정 과정을 통해 상품으로 변형한 것이다. 이때, 동물의 원래 모습은 수많은 공정과 변형 단계들을 겪으며 지워진 까닭에 보이지 않는다. 이러한 모습은 『숲은 생각한다』에서 에두아르도 콘(Eduardo Kohn, 1968~)이 묘사한 아마존 원주민의 식문화와는 매우 대조적이다. 사냥감 중 하나인 재규어로 예를 들어보자면, 이들은 재규어를 마치 인간처럼 대한다. 인간과 재규어는 스피노자적 의미의 코나투스를 지닌다. 즉 계속해서 살려고 하는 성향을 본질로 가지고 있다는 점에서는 똑같은 존재이다. 인간과 마찬가지로 재규어도 죽지 않고 계속해서 생존하고 싶어한다. 원주민들은 재규어 역시 생태계의 일부라는 사실을 인정하기 때문에 사냥당한 재규어에게 감사하는 마음을 가진다. 그것뿐만이 아니다. 재규어의 고기를 먹으면 자기 몸의 일부도 재규어가 되고, 죽은 재규어는 조상의 영혼이 된다고 믿는다. 물론 재규어는 재규어이고 사람은 사람이기 때문에 양자의 차이를 무시할 수는 없다. 그러나 양자가 먹고 먹히는 관계로 서로를 향해 열려 있는 존재라는 것만은 분명하다.

먹이를 얻기 위해 재규어를 죽여야만 하는 아마존 원주민들에게는 재규어를 죽인 것에 대한 미안함과 먹잇감으로 죽어준 재규어에 대한 고마움이라는 양가적 감정이 공존한다. 그러나 마트에서 소고기를 구입하는 우리에게는 좀처럼 그러한 감정이 생기지 않는다. 원주민에게 재규어는 자신과 같은 '생명'이지만 우리에게 소고기는 그저 '상품'에 불과하기 때문이다. 만약 우리가 음식에 대해 감사하는 마음을 품는다 해도 그것은 소가 아니라 목축업자나 상인에 대한 것일 때가 대부분이다.

이 지점에서 우리는 아마존 원주민의 먹이사슬에서 인간과 재규어의 거리가 매우 가깝다는 점을 주목해 생각해볼 필요가 있다. 다시 영화 〈인간, 공간, 시간 그리고 인간〉을 돌아보자. 영화 속 군함에서 처음부터 식인이 일어난 것은 아니었다. 초기에는 마치 노아의 방주처럼 개와 닭 같은 가축들도 함께 타고 있었기에 이들을 소비하는 동안에는 인간이 인간을 먹는 최악의 상황을 면할 수 있었던 것이다. 군함을 하나의 작은 생태계로 보았을 때, 결국 인간이 인육으로 전락하는 사태가 발생한 것은 먹이사슬의 매개항이 되는 가축들이 모두 사라졌기 때문이다. 하지만 아마존 원주민의 생태계에서는 절대 이런 일이 일어나지 않을 것이다. 이들은 재규어의 멸종은 궁극적으로 인간의 멸종을 의미하기에, 먹이사슬의 균형을 유지하는 일이 무엇보다 중요하다는 것을 잘 알고 있기 때문이다. 그래서 한꺼번에 많은 재규어를 무분별하게 사냥하지 않는다.

생태계는 자신을 소비하는 동시에 재생산하는 시스템이고, 먹이
사슬은 지구 생태계의 중심이다. 지구는 자신의 살을 먹이로 내어주고
또 그것을 먹으면서 평형을 유지한다. 물론 수많은 생물이 먹고 먹히는
관계들로 이뤄지는 먹이사슬에서는 먹는 자와 먹히는 자가 일치하지
않는다. 인간은 인간이 아니라 재규어를 먹는다. 그리고 재규어를 먹은
인간은 박테리아와 같은 분해자에 의해 분해되어 식물의 자양분이 되
는데, 식물을 먹고 사는 원숭이는 다시 재규어의 먹잇감이 된다. 이 점
에서 인간이 먹는 재규어는 먹이사슬의 여러 단계를 거치면서 다른 언
어로 번역된 인간이라고 할 수 있다. 오비디우스『변신』의 플롯을 빌린
다면 인간은 재규어로 변신한 인간을 먹는 것이라고 표현할 수 있겠다.
인간은 자신을 재규어나 식물, 원숭이 등의 형태로 식탁에 초대하는 것
이다.

농경시대로 접어들면서 지구의 생태계에는 엄청난 변화가 발생하
였다. 스스로를 먹이로 내어주지 않으면서 먹어치우기만 하는 불가사
리 같은 인간이 출현한 것이다. 이제 인간은 "먹이사슬의 일부가 아니
라 그것의 바깥에서 먹이사슬을 통제하는 주인이 되었다." 인간은 매
일 헤아릴 수 없이 많은 동물들을 먹고 있지만, 정작 그 자신은 다른 생
명의 먹이가 되지 않는다.[108] 현재의 기업식 음식사슬에서 인간보다 상

---

108   Val, Plumwood, Being prey, *Terra Nova* 1(3), 1996, pp.32-44.

280
281

위의 포식자는 존재하지 않는다. 호랑이나 사자와 같이 과거에 인간의 생명을 위협하던 맹수들조차 이제는 동물원이나 동물 보호 구역에서 인간의 통제를 받고 있다.

20세기 중반 이후로 인류는 과거 그 어느 때보다도 풍요로운 사회에 진입하게 되었다. 우리가 살아오면서 이렇게 풍요로운 적이 있었던가 싶을 정도로 모든 것이 주체할 수 없이 넘쳐나는 시대를 살고 있다.[109] 먹을 것이 부족해서가 아니라 넘쳐서, 못 먹어서가 아니라 너무 많이 먹어서 비만이 문제가 되는 사회에 살고 있는 것이다.[110] 2017년 기준 미국 성인의 38.2퍼센트가 비만인데 2030년에는 46.6퍼센트까지 증가할 것이라고 한다. WHO에 따르면 매해 비만과 과체중으로 인한 사망자 수는 전 세계적으로 약 260만에 이른다.[111] 이러한 풍요가 언제까지 지속될지는 알 수 없지만, 기후변화, 해수면 상승, 땅과 물의 오염 등이 더욱 심각해지면 어느 순간에 〈설국열차〉와 〈인간, 공간, 시간 그리고 인간〉과 같은 재앙이 현실로 몰아닥칠 수도 있다.

109 　변현단, 「서평: 잡식동물이 죽음의 밥상에서 벗어나는 길」『환경과 생명』, 2008, 229~239쪽.

110 　물론 이것은 선진국의 이야기이다. UN의 2017년 자료에 의하면, 아직까지도 전 세계 인구의 약 11퍼센트에 해당하는 8억 1천5백만 명이 영양부족과 영양실조로 고통받고 있다. (「세계 기아 인구 증가 반전… 전체 인구 11%, 영양부족」 《연합뉴스》, 2017.09.19.)

111 　「WHO, 비만으로 매년 260만명 사망」 《한겨레》, 2010.2.18.

음식사슬이 누락한 관계성에 대하여

이제 우리는 인간이 아니라 비인간의 관점에서 먹거리문제를 바라보아야 한다. 음식이라는 용어는 지나치게 인간 중심적이다. 음식이 아니라 먹이, 인간이 독점하는 음식사슬이 아니라 인간 역시 하나의 요소로 편입되는 먹이사슬로의 이행이 필요하다. 현대의 풍요가 가능해진 배경에는 공장 생산에 힘입어 자연의 먹이사슬로부터 독립적으로 구성한 음식사슬이 있다. 세계화가 가속되면서 음식사슬은 시간과 공간의 제약까지 벗어나게 되었다. 우리는 더 이상 때에 맞춰 숲이나 들판으로 나가 먹거리를 구하지 않아도 된다. 공장 시스템이 음식을 생산하고 제공해주기 때문이다.

폴란은 오늘날의 먹거리 생산 방식을 과거와 구분하기 위해서 '산업적 먹이사슬'이라는 용어를 사용하였다. 20세기 이전에는 '전원적 먹이사슬'이 지배적이었다. 전원적 먹이사슬은 소도시의 범위를 벗어나지 않았으며 대량생산이라는 것도 존재하지 않았다. "150년 전 서양에서는 먹거리의 95퍼센트가 그 지역의 교회 첨탑에서 내려다볼 수 있는 반경 내에서 생산되었다."[112] 일종의 촌락이나 소도시 단위의 자급자족이었다고 말할 수 있겠다. 그러나 먹이 생산과 소비에 산업적 시스템이 도입되면서 먹이사슬은 대도시, 나아가 전 세계로까지 확대되었다. 이제 농부는 지역 주민이 아니라 평생 얼굴 한 번 본 적 없는 다른

---

[112] 김종덕, 『먹을거리 위기와 로컬푸드』 이후, 2009, 18~19쪽.

나라 사람을 위해서 농작물을 생산한다. 수확량도 과거와 비교할 수 없을 정도로 급증하였다. 단일 작물 재배mono-croping를 도입하고 합성비료를 사용한 결과다. 육류 생산 역시 전 세계를 대상으로 공급하는 공장식 사육factory farming으로 발전하였다.

전원적 먹이사슬과 달리 산업적 먹이사슬은 먹거리 생산과 소비의 완전한 관리와 통제를 지향한다. 자연의 먹이사슬에서는 어떠한 일이 발생할지 예측할 수가 없다. 과거에는 무시로 발생하는 흉년과 가뭄이 인간을 사지로 몰아넣었다. 인류 문명사는 이러한 자연의 변덕으로부터 벗어나기 위한 투쟁의 역사라고 해도 과언이 아닐 것이다. 스피노자는 『윤리학』에서 자연의 법칙에서 벗어난 인간의 자유로운 영역, 즉 "자연 왕국 내에 있는 또 다른 왕국kingdom within kingdom"은 없다고 주장하였지만, 산업적 음식사슬은 자연의 먹이사슬로부터 자유로운 먹이사슬이 존재할 수 있다는 것을 보여주었다.

자연의 먹이사슬에서는 생물들이 서로 먹고 먹히는 관계를 통해 생태적 균형이 유지되지만, 산업적 음식사슬에는 그와 같이 먹고 먹히는 피드백 루프가 철저하게 배제되어 있다. 그 안에서 인간은 경쟁자 없는 최상위 포식자로서 먹기만 하는 존재가 된다. 게다가 시간과 공간으로부터도 자유롭다. 산업적 음식사슬 속에서 인간은 자신의 욕망을 무한정적으로 충족할 수 있는 것이다.

이렇게 된 배경에는 음식사슬의 글로벌화를 빼놓을 수가 없다. 과거의 전원적 먹이사슬은 철저하게 시간과 공간의 지배 아래 있었다. 먹이사슬의 공간적 범위가 소도시 내로 제한되어 있었기 때문에 그 도시에서 생산되지 않는 먹거리는 먹을 수가 없었다. 제철이 아닌 과일을 먹는 것은 더더욱 상상할 수도 없었다. 전원적 먹이사슬 안에서 먹거리는 지구의 생태계와 상응하는 관계에 있었다. 하지만 산업적 음식사슬이 확대되면서 자연과 먹거리의 밀접한 관계는 점점 단절되기 시작하였다. 글로벌화된 음식 시스템에서 우리는 자신이 처해 있는 시공간을 따져보지 않아도 된다. 칠레는 약 20,480킬로미터, 미국은 약 9,604킬로미터나 떨어져 있지만, 우리는 원한다면 언제든 식탁에 칠레산 포도나 미국산 오렌지를 올려놓을 수 있다.[113] 계절의 구분도 사라졌다.

음식사슬이 시공간의 제약을 벗어나 전 지구의 범위로 확대되면서 먹이는 상품으로 변형되었다. 본래 먹이사슬은 생명이 생명을 먹고 먹히는 순환 관계로 이루어지지만, 산업적 음식사슬에서는 그러한 관계성을 발견하기가 좀처럼 쉽지 않다. 소비자가 음식에서 생명의 원형을 찾아볼 수 없게 되었기 때문이다. 일례로 우리는 치킨에서 요리되기 이전에 살아 움직이던 닭의 모습을 연상할 수 없다. 생산이 소비로부터, 닭이 치킨으로부터 분리되어 있기 때문이다. 음식 윤리를 연구하는 사람이 초등학생에게 "쌀은 어디서 나오죠?"라고 물었다고 한다. 초등학생은 대답했다. "이마트요." 연구자는 재차 물었다. "그럼 치킨은요?" 그러자 "KFC요"라는 대답이 돌아왔다고.[114] 단순히 웃어넘기고

---

113   변순용, 「먹을거리의 인간학적, 윤리적 의미에 대한 연구」, 『범한철학』 제53호, 2009, 339~361쪽.

114   변현단, 앞의 글, 239쪽.

말 에피소드는 아닌 것 같다.

    음식사슬에서 누락된 생산 과정에 주목해야 한다. 폴란은『잡식동물 분투기』서두에서 "음식이 어디에서 왔는지 생각해보지 않다가" 그것이 생산·공급되는 과정에 관심을 갖게 된 순간에 윤리적 딜레마에 직면하게 되었다고 회상했다.

먹이사슬의 공동체를 회복한다는 것

앞서도 언급하였듯, 분업과 대량생산으로 탈자연화된 음식사슬의 문제는 먹거리에서 자연의 흔적을 지워버린다는 것이다. 오늘 저녁으로 치킨을 먹는다고 생각해보자. 식탁에 올라오기까지 닭은 수많은 공정 단계를 거치게 된다. 우선 육계농장에서 출하된 닭들은 도축장에서 도축되어 원료육으로 포장된다. 치킨집은 이 원료육을 냉장고에서 숙성하고 기름에 튀겨 포장한 뒤 배달원에게 건네준다. 이때 완제품 치킨은 닭이 아니라 마트에서 구입하는 과자처럼 가공된 상품이다. 우리가 과자를 먹을 때 굳이 원재료의 모습을 떠올려보지 않는 것처럼 치킨의 경우도 마찬가지다.

그 결과 음식 섭취는 생태계의 균형 유지와는 무관하게, 개체의 생명 유지에 필요한 활동 정도로 축소된다. 다시 아마존 원주민의 경우로 돌아가 보자. 이들에게 먹는 것은 생계 유지의 차원을 넘어 의식적인ritual 의미를 가진다. 음식을 먹을 때 자신이 속한 생태적 먹이사슬을 동시에 경험하기 때문이다. 음식은 먹이로 변형된 생명이다. 닭고기를 먹기 위해서는 살아 있는 닭의 목을 따고 피를 빼야 한다. 음식을 먹고 생명을 유지하기 위해서 또 다른 생명을 죽여야 하는 것이다. 또 먹는 행위의 의미는 단순히 먹잇감을 잡아서 요리한 음식을 소화하는 데서 그치지 않는다. 죽은 생명은 먹히고 소화되면서 포식자의 피와 살을 이룬다. 먹히는 자가 먹는 자의 일부가 되는 것이다.

음식 윤리는 우리가 무심코 소비하는 음식에서 배제된 생태적 관계를 회복하려는 시도이다. 유기농이 윤리적인 이유는 그것이 안심하고 먹을 수 있는 먹거리를 생산하기 때문이라기보다는 우리가 상실한 자연과의 유대를 더욱 강조하기 때문이다. 『희망의 밥상』에서 제인 구달(Jane Goodall, 1934~)과 게리 매커보이(Gary McAvoy, 1951~)는 유기농의 목적을 자연과 조화를 이루는 건강한 식품을 생산하고, 지역 농산물의 다양성을 보존하며 식품 유통의 새로운 길을 개척하는 데서 찾았다.[115]

구달에 따르면 가장 중요한 것은, 생산자와 생산 과정을 알 수 없을 정도로 확대된 음식사슬을 로컬 푸드의 규모로 축소하는 것이다. 그러면 소비자는 자기가 먹는 음식이 생산되는 과정을 직접 확인하고 참여할 수도 있으며, 생산자와 공동체적 유대도 다질 수 있다. 음식이 단순히 개인의 건강을 위해 영양을 공급해주는 데서 그치지 않고 자연 및 지역공동체와의 관계도 형성해주는 것이다. 또 김석신은 생명 존중과 정의, 환경 보전, 소비자 최우선, 안정성 최우선, 동적 평형을 여섯 가지 원칙으로 제시하며, 우리가 앞으로도 계속 안심하고 먹을 수 있는 음식을 마련하기 위해서는, 우리와 직접적인 관계가 없는 듯 보이는 자연과 생명도 보존해야 한다고 주장했다. 자연이 훼손되면 먹거리도 사라질 수밖에 없기 때문이다. 이 점에서 그는 동적 평형의 원리로 "절제와 균형"을 강조하였다.[116]

제인 구달과 김석신의 주장은 지역공동체적이고 자연 친화적인

---

115   제인 구달·게리 매커보이·게일 허드슨, 김은영 옮김, 『희망의 밥상』, 사이언스북스, 2006, 258쪽.
116   김석신, 「음식 윤리의 원리에 대한 실질적 접근」, 『환경철학』 제21호, 2016, 171~200쪽.

음식 윤리로 요약할 수 있는데, 무너진 생태계를 회복하기 위해서 그러한 음식 윤리가 반드시 필요함은 부정할 수 없지만, 그럼에도 여전히 지나치게 휴머니즘적이라는 인상을 떨칠 수 없다. 특히 우리가 지구의 미래를 예측할 수 없는 인류세를 살고 있다는 사실을 생각하면 더욱 그러하다. 이들이 말하는 음식 윤리의 목적은 믿고 안심하며 먹을 수 있는 건강한 식자재 확보에 있기 때문이다. 슬로우 푸드 운동도 마찬가지이다. 지역의 농부와 어부, 소를 방목하면서 풀을 먹이는 목축업자 들을 통해 신뢰하고 먹을 수 있는 맛 좋은 음식을 얻을 수 있다는 데 초점을 둔다. 이러한 논의에는 여전히 인간과 비인간을 포함하는 먹이사슬에 대한 깊이 있는 고민이 빠져 있다.

먹이사슬을 생각할 때 고려해야 하는 요소에는 단순히 먹이의 생산과 공급만 있는 것이 아니다. 공동체 형성도 먹이사슬을 중심으로 이루어지기 때문이다. 인간 공동체는 자율적이고 독립적인 단위가 아니라 생태 공동체의 일부이다. 중요한 것은, 음식 소비가 다시 음식 생산으로 되돌아오는 순환이 이루어져야 한다는 사실이다. 먹이사슬의 본질은 생산자와 소비자, 분해자가 서로 순환하는 과정에 있기 때문이다. 녹색식물이 생산자라면, 채식·육식동물이 소비자이고, 박테리아와 같은 미생물은 분해자다. 이때 녹색식물은 인간에게 먹히기 위해 존재하는 것이 아니라 인간과 마찬가지로 먹으며 살고자 하는 생명체이다. 모든 생물이 먹는 주체인 동시에 먹이가 된다는 것인데, 인간과 비인간의 공진화는 이러한 상호 의존적 관계 속에서 이루어진다.[117]

로컬 푸드는 생태 공동체를 회복하기 위한 첫 단계이다. 로컬 푸드에서 안심하고 먹을 수 있는 식자재의 생산과 공급보다 더욱 중요한 것은 지역 주민과의 공동체적 유대이다. 그러나 인간들의 유대만으로는 충분하지 않으며, 비인간 존재와의 생태적 관계로까지 확장되어야 한다. 우리는 인간만이 먹는 주체이며 지구의 다른 동식물들은 인간에게 먹히기 위한 존재인 것처럼 생각해서는 안 된다. 비인간 동물들 역시 인간과 마찬가지로 먹는 주체이다. 그러나 식재료의 생산과 공급, 소비로 끝나는 음식사슬에는 그러한 비인간 주체들이 들어설 자리가 없다.

물론 나 역시 비인간 주체들과 인간이 만들어가야 할 새로운 관계가 어떠한 것인지 정확히는 알지 못한다. 다만 공장식으로 사육하던 가축을 방목해서 키우는 것이 한 가지 방법이 될 수 있겠다는 생각이 든다. 페이스북의 창립자 마크 저커버그는 자기가 먹을 고기는 슈퍼마켓에서 사지 않고 스스로 도축하여 마련한다고 한다. 고기를 먹는 행위에는 살아 있는 생명을 죽이는 일이 수반된다는 것을 잊지 않기 위함이다. 상업적 음식사슬에 갇히지 않고 자연적 먹이사슬 속 관계를 인식하기 위한 방법에는 이외에도 여러 가지가 있을 것이다.

인간과 토양, 물, 동식물 등은 모두 생태 공동체의 구성원이다. 먹고 먹히는 관계 속에서 서로가 자신의 몫을 차지하도록 허용해야 한다. 20세기 중후반만 하더라도 우리는 자연 자원이 무궁무진하며 아무

---

117   Michael, Pollan, Ibid, pp.102.

리 써도 바닥나지 않으리라고 믿었다. 우리의 물질적 풍요는 이러한 잘 못된 신념 위에 형성된 것이었다. 우리는 물질 자원과 에너지가 유한하다는 사실을 너무나 늦게 깨달았다. 저렴하고 풍부한 음식에 대한 신화에서는 그보다 빨리 벗어날 수 있기를 소망한다. 마이클 캐롤란(Michael Carolan)[118]은 『값싼 음식의 실제 가격 *The Real Cost of Cheap Food*』에서 효율성만 추구하는 최근의 경제학은 있는 것을 다 먹어치우는 돼지우리 경제학pigpen economics이라고 비난하였다. 그렇다. 먹이사슬을 건강하게 유지하기 위해서는 생산자와 소비자, 분해자 간의 상호 조절과 균형이 필수적이다. 그런데 대량생산과 대량 소비는 그러한 균형을 파괴해버렸다. 그 결과 비옥하던 토양이 척박해지고 수많은 동식물이 멸종하였으며, 먹이사슬이 붕괴되었다.

만약 우리에게 또 하나의 혹성이 여유분으로 있다면 지금과 같은 공장식 생산과 소비의 패턴을 계속 유지해도 무방하다. 지구가 쓰레기로 덮이고 생태계의 균형이 무너져도 걱정할 필요 없을 것이다. 이 땅이 인간이 살 수 없는 불모지가 되면 주거지를 옮기듯 다른 혹성으로 떠나며 지구에게 안식년을 주고, 생태계가 회복되는 대로 되돌아오면 되니까. 그러나 우리에게 또 다른 지구는 없다.

---

118   콜로라도주립대 사회학과 교수. 『아무도 혼식하지 않는다 *No One Eats Alone: Food as a Social Enterprise*』를 비롯해서 많은 책과 논문을 저술했다.

참고문헌

● 기사

「세계 기아인구 증가 반전… 전체 인구 11%, 영양부족」, 《연합뉴스》,
    2017.09.19.
「인간이 야생 포유류 83%·식물 절반 파괴」, 《한겨레》, 2018.05.25.
「WHO, 비만으로 매년 260만명 사망」, 《한겨레》, 2010.2.18.

● 논문

김석신, 「음식 윤리의 원리에 대한 실질적 접근」, 『환경철학』 제21호, 2016,
    171~200쪽.
변순용, 「먹을거리의 인간학적, 윤리적 의미에 대한 연구」, 『범한철학』 제53호,
    2009.
변현단, 「서평: 잡식동물이 죽음의 밥상에서 벗어나는 길」, 『환경과 생명』, 2008.

Val, Plumwood, Being prey, Terra Nova 1(3), 1996.

● 단행본

김종덕, 『먹을거리 위기와 로컬푸드』, 이후, 2009.
에드워드 윌슨, 이한음 옮김, 『인간 존재의 의미』, 사이언스북스, 2016.
제인 구달·게리 매커보이·게일 허드슨, 김은영 옮김, 『희망의 밥상』, 사이언스북
    스, 2006.

Paul Thompson, From Field to Fork: Food Ethics for Everyone, Oxford:
    Oxford UP, 2015.